教職シリーズ 1
新井邦二郎・新井保幸 監修

教職論

新井保幸・江口勇治 編著

培風館

◆ 執筆者一覧 ◆
(2022 年 4 月現在)

新井 保幸 (あらい やすゆき)	筑波大学名誉教授	〔編者, 1, 4, 6, 7, 8 章, 付録〕
江口 勇治 (えぐち ゆうじ)	筑波大学名誉教授	〔編者, 11, 12 章〕
中村 弘行 (なかむら ひろゆき)	小田原短期大学教授	〔2, 10 章〕
石田 貴子 (いしだ たかこ)	大阪成蹊大学教育学部教授	〔3 章〕
滝沢 和彦 (たきざわ かずひこ)	大正大学人間学部教授	〔5 章〕
飯田 浩之 (いいだ ひろゆき)	筑波大学人間系准教授	〔9 章〕

本書の無断複写は，著作権法上での例外を除き，禁じられています。
本書を複写される場合は，その都度当社の許諾を得てください。

◆ 「教職シリーズ」の刊行に寄せて ◆

　私たち監修者は大学にて教職科目を担当してきた教育学や心理学の教員です．今回，培風館から「教職シリーズ」として次のような本を刊行します．

1. 『教職論』（編者：新井保幸・江口勇治）
2. 『教育基礎学』（編者：新井保幸）
3. 『教育内容・方法』（編者：根津朋実・吉江森男）
4. 『道徳教育論』（編者：高橋勝）
5. 『特別活動』（編者：林尚示）
6. 『生徒指導・教育相談』（編者：庄司一子・佐藤有耕）
7. 『進路指導』（編者：新井邦二郎）

　なお，『教育心理学』については，培風館の「心理学の世界」シリーズの『教育心理学』（新井邦二郎・濱口佳和・佐藤純　共著）として既刊されていますので，ご利用ください．

　文部科学省がまとめた「魅力ある教員を求めて」を見るまでもなく，教員の資質向上は常に求められています．学生は大学を卒業して教員として採用されると，即実践の場へと向かわなければなりません．教職として必要な知識をしっかりと学べるのは，大学時代に限られています．そこで本シリーズでは，魅力ある教員となるのに必要な知識とともに，実践の場でも役立てることができるような情報を取り込んでいます．また，教員採用試験直前になって本シリーズの本を振り返ることで試験対策となり，現場に立ってから本シリーズを振り返っても有益となるような情報がまとめられています．

　今日，日本の教育が大きな曲がり角に直面していることは誰もが認めるところです．その主な原因として，社会そのものの急速な変化をあげることが

できます。そのために，学校も家庭も変わらざるをえなくなり，教師や子どもの意識も大きな変化をみせています。しかし社会がどのように変わろうとも，教育の本質は子どもたちの幸福への願いです。それゆえ，子どもの幸福に貢献できるような教師に成長しなければなりません。本シリーズがそのために少しでも役立つことができれば幸いです。

　最後になりましたが，本シリーズの出版の最初から最後までサポートしてくださった培風館編集部の小林弘昌さんに御礼を申し上げます。

　　　　　監修者
　　　　　　新井邦二郎（筑波大学名誉教授，東京成徳大学応用心理学部教授）
　　　　　　新井　保幸（筑波大学名誉教授，育英大学教育学部教授）

◆ 編 者 序 文 ◆

　本書は教育職員免許法でいう「教職の意義等に関する科目」のテキストである。類書はたくさんあるが，教育行政や学校経営の専門家が執筆している場合が多いようである。それに対して本書の執筆者は教育哲学を専門とする者が比較的多く，そこに教育社会学や社会科教育の専門家が加わっている。しかし教育哲学者が書いているからといって，難しい観念的な議論ではないかと心配する必要はない。むしろ教育哲学者も現実をふまえた実践的な議論をなしうることがおわかりいただけることと思う。

　本書は大別すると3部から構成されている。

　第1章から第4章までは教職についての原理論的な考察である。第1章では，教職の意義，教員の役割や職務内容について述べる。第2章では，教師像の3類型（聖職論，労働者論，専門職論）とその変遷を論じる。第3章では，教師に求められる資質能力を学校種ごとに，法規や答申に基づいてまとめ，第4章では，教職のエートスという情緒や態度にかかわるものを，教師論の古典に基づいて論じる。

　続く第5章から第8章までは，教職についての制度論的考察である。第5章では，大学における教員養成カリキュラムの歴史的変遷と今日的特徴について述べる。教師教育を養成・採用・研修の3段階に区分するのは今日の定説であるが，第6章ではこのうち教員養成制度について述べ，第7章では教員の採用・研修制度について述べる。第8章では，新設科目「教職実践演習」や教職大学院など，教師教育制度の改革動向について述べる。

　最後に第9章から第12章までは，教職についての言わば社会論的な考察である。第9章では，教員社会の特徴や特有の文化について述べる。第10

章では，教師がどのようなライフコースをたどり，その過程でどのような問題に出会うか，何をきっかけとして成長するかを論じる。第 11 章では教科指導と教師のかかわりについて，また第 12 章では変化の激しい今日の社会における教育と教師の在り方について考察している。

　本書が教職を志す学生諸君にとって役立つならば，編者としてこれに優る喜びはない。

2010 年 3 月

編者　新井保幸・江口勇治

◆ 目　　次 ◆

第1章　職業としての教師　　1
+ 1-1　教職の意義　5
+ 1-2　教員の役割と職務内容　9

第2章　教師像の変遷　　17
+ 2-1　教師聖職論　17
+ 2-2　教師労働者論　22
+ 2-3　教師専門職論　26

第3章　教師に求められる資質能力　　33
+ 3-1　資質能力を問うということ　33
+ 3-2　教育改革の動向と求められる資質能力　34
+ 3-3　学校種別にみる資質能力　41
+ 3-4　よい教師の条件　47

第4章　教職のエートス　　49
+ 4-1　職業人一般に求められるエートス　51
+ 4-2　特に教師に求められるエートス　52

第5章　教員養成カリキュラムの在り方　　65
+ 5-1　「三重の教養」　65
+ 5-2　教育職員免許法と同法施行規則改正　66
+ 5-3　現場体験学習の広がり　74
+ 5-4　教育内容から「到達目標」へ
　　　──「教職実践演習」，学士課程の質保証　77

第6章　教師教育の制度（1）――教員養成　　82

- 6-1　戦後教員養成制度の成立・展開過程　82
- 6-2　教員養成制度の現状と課題　89
- 6-3　教員免許制度　94

第7章　教師教育の制度（2）――採用と研修　　99

- 7-1　教員採用制度　99
- 7-2　教員研修制度　101

第8章　教師教育制度の改革動向　　114

- 8-1　教員養成制度の改革動向　114
- 8-2　教員の採用・研修制度の改革動向　127

第9章　教員の社会と文化　　130

- 9-1　日本の教員社会　130
- 9-2　学校組織と教員社会　135
- 9-3　教員文化とその機能　141

第10章　教師のライフコース　　146

- 10-1　教育実習から新任教師へ　147
- 10-2　専門家としての自己確立の模索　153
- 10-3　中年期教師の危機を乗り越える　160

第11章　教科指導と教師　　166

- 11-1　教師と児童生徒の間にある教科とは何か　166
- 11-2　学習指導要領における教科指導の基本とは何か　168
- 11-3　いま大切な教科指導の原理・原則を考える　171
- 11-4　教師の力量が反映する教科指導　173
- 11-5　指導する教科から自分らしい教材をつくることの必要性　174
- 11-6　時代と人々が求める教材の開発とその指導　175
- 11-7　指導に基づく評価を活かすことの意味とは　176
- 11-8　「各教科等」の範囲を教科指導に活かすことへ　177

第12章　変わりゆく社会の中での教育と教師　179

- 12-1　新学習指導要領改訂の背景としての「変わりゆく社会」とは　179
- 12-2　社会の変化に対応する学習指導要領の方向
　　　　──「生きる力」と知育　181
- 12-3　「生きる力」としての「徳育」「体育・健康教育」の充実　182
- 12-4　社会の変化への各教科指導の対応──社会科を例に　184
- 12-5　「持続可能な社会」の形成と教師──よりよい社会を目指して　186
- 12-6　変わりゆく社会での教師としての「不易」なこと　189

付　録　192
索　引　215

第1章

職業としての教師

　本章では，教職の意義，教員の役割，職務内容といったことについて述べていきたい。ひと言でいえば，教師というのはどのような職業なのかというのが本章のテーマである。

1-1　教職の意義

　教職の意義とは何か，と大上段に振りかぶって問われると，答えにくいものである。教職の特質とは何かという問いに置き換えると，何か答えられそうな気もするが，これでもまだ大きい。おいおい答えていかなければならないが，まずは**教育者**，**教師**，**教員**という言葉の整理から始めることにしよう。

　例えば，幕末に松下村塾を開いて多くの人材を育てた吉田松陰は優れた教育者と謳われているし，孔子やソクラテスは「人類の教師」とよばれることもあるが，本書で論じるのは近代学校の教師である。公教育の担い手であり，教育公務員だったりもする教師，つまりは学校の先生だ。幼稚園から高校まで，日本の教員数はおよそ100万人いる。100万人もいる職業というのはそれほど多くはない。医師や弁護士はそんなにはいない。しかし警察官や

看護師ならそれくらいはいる。

　教師とはどういう職業なのだろうか。また，どうしたら教師になれるのだろうか。教師とか教員といえば，ふつうは大学や幼稚園ではなく，小・中・高の先生のことを思い浮かべる。教師も教員も，英語でいえばteacherである。しかし，教師と教員は微妙に違う。教員は，どこかの学校の先生なのだ。それに対して教師という概念はもう少し広い。教育者（educator）という概念はもっと広い。教育者というのは職業の名称ではなく，ある資質をもった人間の総称なのだ。だから，教育界とは直接関係のない，例えば会社の社長について「あの人は教育者だ」ということもある。この場合，「あの人は教師だ」では，しっくりこない。教育者は人格者に近い語感をもつ言葉である。教師は規範的概念としても，記述的概念としても用いられる。記述的概念としての教師は，教えることを生業とする人々の総称（第9章参照）であるが，規範的概念としての教師は教育者と重なる。キリストや孔子は「人類の教師」ではあっても，学校教員ではない。図式化していうと，教師には教育者の面と教員の面があるのだ。

　職業としての教師の元祖は，古代ギリシアの**ソフィスト**だったとよくいわれる。彼らはカネをとって知識を教えたからだ。寺子屋のお師匠さんも教師だが，やはり教員ではない。教員というよび名が使われるようになるのは近代学校になってからだ。日本では，明治時代になってから教員が誕生したのだ。近代公教育が教員を生んだのだ。欧米でいえば，19世紀半ば以降ということになる。

（１）教師の人気

　教師という職業はどう評価されているのだろうか。端的にいって，若者は教職に就きたいと思っているのだろうか。その答えが国によって異なることを示す興味深い資料をとりあげてみよう。「養成課程6年制？　教員の質下げますよ」という新聞記事（朝日新聞，2009年12月26日付）がある。民主党が教員の資質向上策としてマニフェストに掲げた「教員養成課程6年制」に批判的な丹羽健夫氏（「河合塾」元理事）へのインタビューである。ここでは「教員養成課程6年制」の検討ではなく，フィンランドと日本の教育比較や，日本の教員養成系大学の問題に注目したい。関係箇所を引用す

る。まず，フィンランドと日本の比較である。

　「フィンランドと日本では教員という職業に対する，人気の度合いが違います。例えばフィンランドでは大学進学者の二十数％が教員養成系大学（学部）を志望しているのに対し，日本では7％前後に過ぎません。教員養成系大学の志願倍率も，フィンランドでは10倍程度が普通なのに対し，日本では平均2.5倍といったところです」。

　「日本では教員は雑務に追われて本当に忙しい。そのうえ，いじめ，モンスターペアレントからの苦情，給食費の滞納など様々な問題に対応しなければなりません。過酷な労働です。しかも担当する子どもの数が多」い。公立小学校の1クラスの子どもの数は，日本が28.1人，OECD平均が21.4人，フィンランドが19.8人で，「加盟国で最多の韓国（31.0人）に次いで多い」。公立中学校の場合は，日本が33.0人，OECD平均が23.4人，フィンランドが20.0人で，「加盟国で30人以上は日本と韓国（35.8人）だけ」。「また，フィンランドの教員は，夏休みを2ヶ月以上取れて，勉強や旅行をして教養を深めることができます。魅力的な仕事だから人気があり優秀な学生が集まるんです」。

以上からいえることは何か。第一に，フィンランドでは教員は人気の高い職業であるのに対し，日本ではそうではないということである。第二に，人気に差が出る理由である。日本の教員は忙しく，本務以外のさまざまな問題にも対応しなければならず，受け持つ子どもの数も多い。教職は「過酷な労働」なのである。それに対してフィンランドの教員は，受け持つ子どもの数が少なく，「夏休みを2ヶ月以上」取ることができる。教職は「魅力的な仕事」である。

　次に注目したいのは，日本の教員養成系大学の偏差値である。

　「合格者の平均偏差値は現在でも53。これは国立の系統別偏差値の中で最も低い芸術・体育系に次ぐ低さです」。教員養成を6年制にした場合，6年制にして志願者が減った薬学部同様，志願者は減って「偏差値は40台に落ち込む可能性が高い」。

教員養成系大学合格者――つまりは未来の教員――の平均偏差値が「国立の系統別偏差値の中で」下から2番目だという指摘には，少なからず衝撃を受ける。この事実が指し示すのは次のことである。つまり，フィンランド

では教員は人気の高い職業であり，したがって「優秀な学生が集まる」のに対し，日本では教職は人気のない職業であり，その結果，偏差値の比較的低い学生しか教員にならないということである。

この数字には，やはりそうかと思う半面，はたして本当だろうかという疑問もおぼえる。やはりそうかと思ったのは，教員養成系大学・学部の学生について，同様の調査結果を以前にも目にしたことがあるからである。それは，意欲も学力もあまり高くない学生が教育学部には多いという調査結果である。この調査結果と丹羽氏の示すデータは大筋において一致する。

また，はたして本当だろうかと疑問に思うのは，教員はエリートで優秀な人だという評価も別にあって，その評価と丹羽氏の指摘は一致しないからである。最近はそうでもなくなったが，一時期，教員採用試験の倍率が相当に高い時期があった。そのころの教員採用試験はまれにみる難関で，その難関を突破して教員になった人は「エリート」といわれたものである。そのあとは，だから先生たちには出来の悪い生徒の気持ちがわからない，と続くこともあれば，せっかく難関を突破して先生になったのに，すぐに辞めてしまうなんてもったいない，と続くこともある。

教員養成系大学・学部の学生の平均偏差値は低く意欲も乏しいという事実と，教員がエリートとよばれた時期があったという事実，いったいどちらが本当なのだろうか。たぶんどちらも本当なのである。どちらも事実なのだ。では，一見矛盾するような二つの事実は，どう矛盾なく説明できるのだろうか。

教員養成系大学・学部入学者の学力はあまり高くないという事実と，教員がエリートとみられていたという事実（こちらは時期的限定を付したほうがよい）とは必ずしも矛盾しないことは，次のように説明できる。

教員養成系の平均偏差値は50台の前半で，国立の系統別偏差値の中では芸術・体育系に次いで低い。さて教育学部の学生の多くは教員採用試験に合格すると教員になるが，試験の倍率は時期によって違いがある。子どもの数が多いときは教員も多く採用されるから倍率は低く，子どもの数が少なくなると教員は余るから採用数も少なく，倍率は跳ね上がる。倍率が高い時期に教員になった者はエリート扱いされる。しかし彼らは学力が高いというだけで，教員としての適性の有無はまた別である。だから，難関を突破して教員

になっても，子どもとコミュニケーションがうまくできなかったり，学力は高くても，ひ弱で挫折してしまう者も少なくないのである。

いずれにしても，教職の人気が高いかどうかは，社会全体の中で教職がどう評価されているかを反映している。日本の教員養成系大学の入試倍率や偏差値があまり高くないという事実は，残念ながら日本社会で教職の意義が必ずしも十分に評価されていないことを示している。

(2) 教職の特性

佐藤学（1997）は，教職の特性を何点かにわたって指摘している。
① 教師の仕事は，いくらやってもきりがない（無定量性）。
② 教師の仕事（授業，生徒指導，部活動の指導，校務分掌，地域住民との連絡協議，家庭訪問等）の範囲は，際限なく広がっていく（無境界性）。
③ 授業において典型的にみられるように，教師の仕事は思いどおりにはいかないことが多い（不確実性）。

上記3点の特徴は，まったくそのとおりだと同感する。①の無定量性の例はいくらでもあげられるだろうが，授業の準備や教材研究などはその最たるものだろう。②の無境界性は，欧米の教師には理解しにくいことかもしれない。なぜなら欧米の教師たちは自らを基本的には授業者（teacher）に限定しているからである。彼らは部活動の指導は行わないだろうし，家庭訪問も，地域住民との連絡協議も行わないだろう。何にでも手を出すのは，いや手を出さざるをえないのは，東アジア的教師の特徴であるといえる。儒教文化圏にいる東アジアの教師は，単に教科の専門知識を教える教師にとどまることは許されず，子どもの模範（＝師表），人格者（＝教育者）たることを求められる。③の不確実性については，あらためていうまでもないだろう。

これらの教職の特徴とされていることについて，2点補足したい。その一つは，これらは教職だけの特徴では必ずしもないということである。とりわけ，無定量性と不確実性は，例えば学問研究の特徴でもある。学問研究もいくらやってもきりがないし，確実に結果が出るという保証はない。研究に限らず，医療や看護も，スポーツや芸術も，商品を製造し販売するといった経済活動でさえも，これでよいということもなければ，確実に成果が出せると

いうものでもない。その道のプロたちは，成果を上げるために，人知れず努力を続けている。決して教師だけが大変なのではない。

いま一つは，これらの特徴をもつがゆえに，教職は，あるいは教職も，奥が深く，いくらやっても飽きることがないということである。教職は創造的な活動なのである。決まりきったルーティンワークだったら新しい展開は期待できない。行き着くところまで行ったら，あとはその繰り返しにすぎない。教育活動は複雑な高度に知的な活動であるから，簡単に成果を出せるとは限らないし，失敗も多いが，やるべきこと，やれることはいくらでもあるから，退屈するということはない。もっとも，それには，自分の課題を発見することができ，その課題を達成しようとする意欲をもっている人に関しては，という条件がつく。

（3）教師の条件

『教師の条件』（小島他，2006）という本がある。内容は必ずしも書名どおりというわけではないのだが，書名に触発されて，教師の条件について考えてみた。教師であるための条件，教師といえるための条件，という意味に理解する。優れた教師の条件というわけでは必ずしもない。むしろ，教師として最低限の条件といったほうがよいかもしれない。条件を四つあげてみたが，最初の三つは必須，四つめは必須というよりは，かくありたいという要望である。

① 子どもが好きである

教師は子どもを相手にするのが仕事だから，子どもが嫌いでは務まらないだろう。子どもが嫌いというわけではなくても，子どもと一緒にいると気疲れするとか，わずらわしいと感じる人はいる。そういう人は，教職以外の職業を選ぶのが，本人にとっても，受け持たれる子どもにとっても賢明だろう。これはよしあしの問題ではなく，向き不向きの問題である。

逆に子どもが大好きだという人もいる。例えば，19世紀の末から20世紀の前半に活躍したドイツ人の教育学者ケルシェンシュタイナー（G. Kerschensteiner）は，若いころギムナジウムで数学の教師をしていたが，夏休みなどで一月も二月も生徒と会えないのが何よりもつらく，休みが明け

て秋の学期が始まるのを心待ちにしていたと述懐している (Kerschensteiner, 1924)。こんな人はそうそうはいないだろうと思われるが，そういう人にとって子どもと一緒に生活することは，楽しみでこそあれ少しも苦痛ではないだろう。彼はまさに「生まれながらの教師」であったといってよいだろう。

　子どもと交わるのが好きでたまらないという人は，子どもにとっては幸いである。もちろん子ども好きというだけで務まるほど教職は甘くはないだろうが，子どもが好きかどうかということは大事な教師の条件（の一つ）であるに違いない。

②　子どもを公平・公正に扱う

　子どもが最も嫌う教師はどういう教師だろうか。子どもをえこひいきする教師であるといわれている。これは誰しも経験的にうなずけることであろう。であるとすれば，教師として気をつけなければならないのは，子どもを不当に差別しないこと，子どもを公平に扱うことである。これは向き不向きの問題ではない。努力して修得していかなければならない課題である。

　遺憾ながら，教師も人間であるから，受け持っている子どもたちの中にも，好きな子とあまり好きになれない子がいる。相性のいい子と悪い子といってもよい。好きな子と好きになれない子がいるという事実は否定できない。しかし，そういう事実があるということと，その事実を子どもに表明することとは，まったく別のことである。そういう事実を表明することは百害あって一利なく，教師として厳に慎まなければならない。教師と生徒の間は対等ではなく，権力的関係という側面がある。教師は子どもに対して評価権や懲戒権をもっている。要するに，教師は強い立場にあり，生徒は弱い立場におかれている。だから教師は生徒の立場に配慮する必要がある。弱い立場にある生徒が，自分は先生から嫌われているとか，好意をもたれていないと知ったら，どんなに不安に思うであろうか。

　と同時に，教師は自分の自然な感情を，理性によってコントロールしなければならない。特に相性のよくない子に不利益を与えないようにしなければならない。また，客観的に不利益を与えないというだけでなく，当該の生徒に差別されているという疑念をもたせてもならないのである。教師－生徒関

係は「あの先生は私のことを好きではないようだけど、私を差別するようなことはしない」という生徒の信頼感によって支えられるものだからである。

③ 教師として成長し続ける

　教師は子どもに教えるだけでなく、子どもからも、あるいは子どもとともに学ぶものだという、教師についての見方がある。学生は、時として「教師は子どもに教えるだけではいけないと思います。教師が子どもから教えられることもあると思います。私は子どもからも学び続ける教師でありたいと思います」などと言う。言わんとするところは理解できるけれども、いつも子どもから教わっている教師というのは、少々頼りない。先にも述べたように、教材研究でも、授業のやり方でも、子ども理解でも、教師として取り組むべき課題は数限りなくある。だから、教師としてもう学ぶことはない、ということはありえないはずなのである。もう学ぶことはないと思ったそのときが、その人の教師としての限界である。

　教師として学ぶべきことは、たしかにいくらでもある。しかしそれは子どもから学ぶことなのだろうか。教師として当然知っていなければならないことを、子どもから指摘されるということは、教師としては恥ずかしいことである。そうではなく、子どもが何気なくつぶやいたひと言をきっかけとして、そのことの重要性に気づき、自分であれこれ考えたり研究したりするということなら、教師として立派なことである。しかしそれは、子どもから教えてもらうということではなく、子どもの発言をヒントにして教師が自ら主体的に考究するということである。教師と子どもの知的レベルが仮に同じだったとしたら、教師を名乗る資格はない。教師は子どもを教えながら、一段も二段も上のレベルで教師としての研鑽を積むのである。

④ 子どもから尊敬されるものをもっている

　子どもが好きで、どの子に対しても分け隔てなく接し、子どもを教えながら自らも学んでいこうとする意欲をもち続ける。これだけでもけっこう大変なことのように思えるが、それに加えてもう一つ、最後の条件をあげたい。それは、教師である以上は、子どもから尊敬されるものを何かもってほしいということである。いままでの三つの条件では、子どもに優しくて、真摯に

学び続ける人柄で，子どもに対しても礼儀をわきまえているいい人ではあるのだが，必ずしも子どもがあこがれるような人ではない。子どもが，自分には備わっていないと思う優れたものを何か教師がもっていて，それゆえに子どもは教師を尊敬して従っていく。そういうものがあるといいのではないか。それは，あるいは広い教養であるかもしれないし，あるいは自ら設定した目標達成に向けて人知れず努力を重ねる精神であるかもしれない。その結果として「この先生にはかなわない。この先生が言うことなら信じてみよう」と子どもに思わせることのできる教師でありたいものである。

1-2 教員の役割と職務内容

(1) 教師の仕事

教師は学校でどんなことをしているだろうか。生徒の目に見えることと，生徒の目には見えにくいこととがある。生徒の目に見えやすいことから始めよう。誰もがまず思い浮かべるのは，授業をしている先生の姿ではないだろうか。たしかに授業こそは教師の存在理由そのものである。というのは，6-3節で述べるように，免許状主義というのがあって，教員免許状をもっている人でなければ，原則として授業をすることはできないことになっているからである。「教師は授業で勝負する」という文句を知っている人もいるだろう。誰が言い出したのか知らないが，この言葉が広まったのは，多くの人が教師の本質を言い当てた名言だと思ったからだろう。この文句，はたしてどういう意味だろうか。いろいろと解釈することもできそうだが，素直に受け取れば，教師にとって授業こそは最重要の仕事であるとか，教師が勝負する（全力を投入する，全力投球する）のは何よりもまず授業でなければならない，といった意味ではないだろうか。教師は授業で勝負するものだということを裏返していえば，授業以外のもので勝負するのは邪道だという意味にもなる。

授業というのは，教師にとってそのくらい重要なものだから，本来は十分に時間をとって入念に準備しなければならないのだが，今日の忙しい教師にとっては授業の準備に十分な時間をかけられないというのも共通の悩みである。会議とか，報告書作成の合間に授業をしている教師も少なくない。長く

中学校で国語の教師を務めた大村はまは，生涯，同じ内容の授業は二度としなかったといわれている（自身でもそう語っている）。つまり，一回一回の授業に全力投球したわけだが，そうするためには，妥協を排し，生活のすべてを授業に捧げるという覚悟が必要で，並の人間には到底不可能な研究三昧の生活を送ったものと思われる。しかし，いくら授業が大切でも，今日の教師は授業とその準備だけしていればよいというわけにはいかない。

　授業のほかに教師はどういう仕事をしているだろうか。放課後に部活動をする生徒は多いだろうが，教師の中にも顧問や監督として部活動の指導に携わる者は多い。運動部の監督を引き受けたりすると，放課後（や始業前）の練習はもとより，土曜，日曜も試合等で出なければならないことが多い。文化部の場合は運動部ほどではないかもしれないが，部によっては相当熱心に活動するところもあり，そういう部の指導者ともなれば，私生活を犠牲にしたり，経済的出費も覚悟しなければならないかもしれない。教師によっては，授業よりも部活動の指導の占めるウェイトのほうが高い場合もある。

　授業や部活動の指導のほかにも，教師はいろいろなことをしている。思いつくままにあげてみると，生徒指導もしくは生活指導といわれるもの（朝，校門に立って登校してくる生徒たちへの声かけをしたり，夏休みなどに盛り場の巡回指導をしたり，問題を起こした生徒の指導にあたるなど），進路指導，家庭訪問や保護者対応，職員会議や学年会等の会議出席，PTAや地域住民との連絡協議，校務分掌や委員会活動，会議資料や報告書の作成，その合間を縫って教育委員会等の主催する研修に出かけるなど，数え切れないくらいの業務を教師は次から次へとこなしている。多忙化といわれるゆえんであり，そのどれにも全力投球していると身がもたず，バーンアウト（燃え尽き）する危険がある。仕事に優先順位をつけて，限りある時間とエネルギーの配分を考える必要がある。

（2）学級担任としての教師
① 学級の意義・役割

　教師は学級担任となって学級の経営をすることがある。学級経営を行うにあたって，教師はどういうことに留意すべきだろうか。しかしその前に，そもそもなぜ学級という組織があるのだろうか。学級は何のために必要なのだ

ろうか。

　学級は，原則として，同一年齢の子どもたちと担任教師からなる集団である。学級担任は，ふつうは一人だが，チーム・ティーチングのように，担任が複数（2名）の場合も最近は増えてきた。その場合，補佐役の教員は副担任とよばれる。一学級の児童・生徒数は，義務教育段階の学校なのか高校なのか（学校段階の別）によっても，また都市部の人口急増地域なのか過疎化の進む地域なのか（地域の別）によっても異なるが，一人の教師の目が行き届く範囲は一般に25人から最大でも30人程度といわれている。

　一般に学級には学習のための集団としての機能と生活のための集団としての機能とがある（学習指導と生活指導）。中学や高校では，学級とはいわずにホームルームということが多い。ホームルームという用語は，学習集団と生活集団の分離を前提としており，ホームルームは生活集団を意味している。小学校ではホームルームとはいわないのは，学習集団と生活集団がおおむね一致しているからである。

　学級という組織はなぜ必要なのだろうか。学級に学習集団としての機能と生活集団としての機能とがあるからには，この問いには，学習集団としての学級の必要性と生活集団としての学級の必要性に分けて答える必要がある。

　学習集団としての学級の必要性についていえば，一人ひとり個別に教えるよりも，ひとまとめにして教えたほうが効率的だからということも無論ある。しかし，子どもたちをひとまとめにして教えることにはもっと積極的な理由もある。例えば，教科の学習ではクラスメートの多様な意見を知ることで，個別学習では得られない学習成果が達成される場合がある。授業は，教師による発問に子どもたちが応答していくかたちで進められることが多い。例えば詩歌の解釈のように正解が一つとは決まっていない場合，子どもたちから多様な解釈が出されることによって学習の深まりが期待される。また，正解は一つと決まっていても，例えば理科の仮説実験授業では，誤答さえもが理解を深めるための材料として活用される。さらに，音楽での合唱や合奏，美術での共同制作，体育でのマスゲームやチーム競技のように，協同で取り組むことによって得られる達成感ということもある。しかも集団学習の効果は学習面だけに限られない。

② 学級経営の原理

　次に，生活集団としての学級（中・高生におけるホームルーム）の意義と学級経営の原理について考察しよう。学級を，まとまりのある居心地のよいものにしていくにはどうしたらよいか。クラスメートがバラバラで互いに無関心では一緒に生活する意味がない。批判し合うことも含めて，クラスメートが何でも率直に言い合える学級の雰囲気をつくり上げていくことが大切であり，これを**学級づくり**といったりする。

　生徒一人ひとりの自由も尊重しながら，望ましい生活集団を組織していくことは，簡単なことではない。また，とりわけ学級づくり初期の段階では，生徒たちだけに任せておけることでもない。生徒たちの自主性を引き出しつつ，必要に応じて担任がリーダーシップを発揮していかなければならない。学級集団をいい意味でコントロール（操縦）していく力が，担任教師には求められる。

　集団としてのまとまりを達成していくうえで効果的なやり方の一つは，集団で一つの目標（運動会，文化祭等）を掲げ，その達成に向けて取り組んでいくことである。その過程では，好ましくない事態——争い，いじめなどの不和——も起こりうる。そういう状態が長期化すると，学級崩壊（解体）などの危機的事態に至る可能性もある。手遅れにならないように担任は日ごろから学級の雰囲気に気を配り，危機の兆候を見過ごすことなく早めに手を打つことが望ましい。迅速な危機管理対応が必要である。経験の少ない若い教師にとっては，困ったときに相談にのってもらえる先輩や同僚教師がいると心強い。自分の学級の問題を他人に知られたくないなどの理由で，一人で問題を抱え込み，事態を深刻化させてしまうことは避けるべきである。

　学級崩壊という言葉が流行したころ，自由に慣れたいまの子どもたちはそもそも学級という集団の中で生活していくことに，もはや耐えられなくなっているのだ，という説が唱えられたことがある。本当に学級という組織は意味を失ってしまったのだろうか。もしそのとおりだとするなら，行き着く先は学級という組織の廃止ということになるだろう。しかしその後，事態は沈静化したから，学級を廃止しようという声は現在は起こっていない。

　たしかに学級は，人為的につくられた，その意味で不自然な集団である。学級を編成するのは担任たちであり，学級編成にあたって生徒たちの意見が

聴かれることはない。学級あたりの人数と生徒たちの学力が平均するように配慮されているほかは，ほとんど機械的に生徒たちは割り振られる。だから，年度当初の学級に生徒たちが馴染めなかったり，愛着をもてなかったりしても，それはやむをえないことである。担任教師の目的は，受け持った生徒たちが共通の経験を積み重ねていく過程で結束力を強め，互いのことを思いやり，連帯感をもてる集団にしていくことである。偶然出会った生徒たちが互いの結びつきを必然——自分たちは出会うべくして出会ったのだと思えるようになるという意味で——と感じられるように変えていくこと，そこにこそ学級づくりの醍醐味はある。

　学級で子どもたちは，知的な学習をするだけではなく，他人とのつきあい方を学ぶ。社会化されるといってもいい。「学級は生活集団でもある」といわれるのは，こういう意味である。気の合った仲間とつきあうだけなら，誰にでもできる。そうでないクラスメートともうまくやっていくことを学ぶことは必要なことである。いろいろな人間がいることを知ることは，意味のあることである。学級は社会生活の訓練の場としても機能しているのである。

（3）学校組織の一員としての教師

　教師は学校という組織の一員である。授業をしたり学級を経営したりという狭義の教育活動のほかにも，学校が取り組まなければならないさまざまな活動（広報活動，事務処理，研究・研修）を組織の一員として分担して行っている。こうした仕事を個人や委員会組織に割り振り，分担・責任の所在を明示したものを**校務分掌**という。

　分掌組織の名称は学校によってまちまちだが，どの学校にも次のような組織が設けられている。
　① 　職員会議，各種委員会，学年会など，学校の意思決定にかかわる組織
　② 　学習指導，生活指導，保健安全，教育事務など，教務・教育活動にかかわる組織
　③ 　庶務，経理，管理事務など，教務以外の事務にかかわる組織
　④ 　研究，研修にかかわる組織
　これらの組織にかかわる業務は数多くあるので，一人の教員は複数の組織に属し，さまざまな仕事を同時並行的にこなしているのが現状である。

(4) 教育公務員としての教師

① 服務義務

　国公立学校の教師は，単に教師というだけでなく，公務員，正確にいえば**教育公務員**であり，それに伴う特別の**服務義務**が課される。公務員の服務義務は，職務上の義務と身分上の義務に分けられる。

　職務上の義務とは，勤務時間内に職務を遂行するにあたって守らなければならない義務のことをいう。全体の奉仕者であること，法令を遵守し職務上の命令に従うこと，勤務時間内は職務に専念すること，などが法律で定められている。ただし，職務専念義務は，法令や条例に基づいて免除されることがある。例えば，任命権者の承認を得て教育に関する他の職に従事する場合や，所属長の承認を得て研修を行う場合などがそれにあたる。

　身分上の義務とは，勤務時間内であろうと勤務時間外であろうと，職員がその身分を有している限り，守らなければならない義務のことをいう。公務員としての信用を失墜するような行為をしてはならないこと，職務上知りえた秘密は公務員であるうちはもとより，退職後も漏らしてはならないこと，ストライキ等の争議行為を行ってはならないこと，などがある。教育公務員の場合はさらに，政党その他の政治団体の結成に関与したり，政治団体の役員になったり，加入を勧誘するなどの「政治的行為」が厳しく制限される。その一方で，一般の公務員が営利企業等に従事することは，「全体の奉仕者」であるという見地から制限されているが，教育公務員には特例が認められている。教育公務員は任命権者の許可を得て，教育に関する他の職を兼ねたり，教育に関する他の事業に従事することができるのである。当該教育公務員の有する専門的知識・技能等が公益を促進することになると判断されるからである。

　私立学校の教職員は公務員ではないので，公務員関係の服務義務は適用されない。一般労働者と同様に労働組合法が適用され，争議権も認められている。しかし業務命令に従うことや，職務に専念することなどは，就業規則等によって規定されている。

② 処分

　法令等に基づき，一定の事由がある場合は，教職員の意に反する処分が行

われることがある。処分には分限と懲戒がある。分限は職員の道義的責任とは無関係であるのに対し、懲戒は職員の道義的責任を問題にする。

　分限処分は公務能率の維持向上の見地から行われるものであり、本人の故意または過失によることを要しない。つまり、本人の故意や過失によるものでなくても、職務がきちんと果たされないという結果が問われるのである。事由として、勤務実績不良、心身の故障、職務に必要な適格性を欠く場合などが規定されている。処分の内容には重い順に免職、降任、休職、降給がある。

　懲戒処分には、公務員としての義務違反に対して科される制裁という意味合いがある。当該職員にとって重大な身分上の不利益処分となるために、本人の故意または過失によることを要する。懲戒の事由は、①法令違反行為、②職務上の義務違反・職務怠慢、③全体の奉仕者たるにふさわしくない非行のあった場合、に限られる。処分の内容には重い順に免職、停職、減給、戒告がある。

　処分が厳密かつ公正なものであるために、処分の事由は法律または条例に定められたものでなければならないとされている。このことを裏返していえば、法律で定められた事由のいずれかに該当しない限り、不利益処分を受けることはないということでもある。また、不利益処分に納得できない場合には、不服申し立てを行ったり、訴訟を起こすこともできる。

　近年、指導力不足教員や不適格教員の問題が指摘されるようになった。例えば、「教員としての適格性を欠く者」と認定されると、教壇に立てなくなり、教育委員会が行う研修を受けさせられることになった。2002年度からは「指導不適切な教員」を事務職へ配置換えすることもできるようになった（「地方教育行政の組織及び運営に関する法律」一部改正）。たしかにこれまでも問題教師はいたのだが、教師集団は残念ながら同僚に甘く「自浄作用」を発揮できてこなかった。指導力不足教員や不適格教員の「排除」には行政という「外圧」が必要だったのである。ただし、問題教員への制度上の対応については、教員の身分保障の観点からすると、判断基準の曖昧さや公正な運用という点で問題も指摘されており、恣意的な処分が行われないよう注視していく必要がある。

〔新井保幸〕

【引用・参考文献】

Kerschensteiner, G., 1924／玉井成光(訳)　『教育者の心：その本質の構造』　協同出版，1971

小島弘道・北神正行・水本徳明・平井貴美代・安藤知子　『教師の条件：授業と学校をつくる力 第2版』　学文社，2006

佐藤学　『教師というアポリア：反省的実践へ』　世織書房，1997

第 2 章

教師像の変遷

2－1　教師聖職論

　教師は聖職であるとする教師聖職論は，2通りに分かれる。一つは自然発生的な庶民的教師聖職論とでもいうべきもので，近世の**寺子屋**の歴史の中にそれをみることができる。もう一つは，国家権力による政治的・政策的教師聖職論とでもいうべきもので，戦前の教員養成制度の中にそれをみることができる。以下，この二つのことについて詳述しよう。

（1）自然発生的な庶民的教師聖職論

①　僧侶が教師であったころ

　江戸時代の庶民教育・大衆教育は寺子屋において行われた。寺子屋は，商品経済が発展した江戸時代中期以降急速に全国に普及し，江戸時代末期には1万5000あまりに達したといわれている。今日の全国の小学校総数が約2万2000あまりであることを考えると，目覚ましい普及ぶりであったといわなければならない。寺子屋では6,7歳から12,3歳の子どもを対象に読み書き算盤の知識が教えられた。師匠の身分は町人，武士，僧侶，医師，百姓などさまざまであった。授業料は定めていないことが多く，謝儀という形で

師匠へのお礼を家計に見合っただけするのが通例であった。そのお礼は金額の大小があることはもちろん，野菜や米や餅や魚などの物品によってなされることもあった。子どもの人数は20名から30名ほどで，女子も学んだ。3000名あまりの寺子屋経験者を対象にした詳細な調査結果をまとめた乙竹岩造の『日本庶民教育史』（1929）が示すように，良好な師弟関係が築かれていた。明治になって全国各地に小中学校がつくられたが，寺子屋がその基盤となったのはいうまでもない。

　寺子屋で学ぶ子どもたちは**寺子**とよばれた。また寺とはおよそ関係のない場所にその施設があっても寺子屋とよばれた。なぜか。それは，寺子屋の起源が寺の中での教育にあったからである。平安時代，寺で修行する子どもたちは僧侶になるのが常で彼らは児とよばれた。しかし鎌倉時代になると貴族が勢力を失い，貴族のために建てられた学校が衰退したため，代わって寺がその役割を果たすこととなった。すなわち，僧侶を志さない武士の子どもたちが寺に入り，僧侶から読み書きを習うようになったのである。彼らは13，4歳で寺を出て，児立とよばれた。そのうち寺入りをせず，自宅から通学して学ぶようになった。こうして鎌倉時代の寺での教育は，従来の僧侶を志す子どもたちのための教育と，俗人として生きる子どもたちのための教育とに分かれた。

　江戸時代になると大きな寺は所属宗派の僧侶を養成するための専門教育で手いっぱいとなり，もっぱら小さな寺に俗人教育が任された。しかし，しだいに庶民の教育需要が増すにつれ小さな寺の余業では手に余るようになり，書家，神官，医者，浪人，武士，平民などが私塾を開いて分担するようになった。そこに通う子どもを寺子とよび，私塾を寺子屋とよぶようになったのである。

　このように教師という職業が最初から存在したのではなく，僧侶からしだいに分化してできていったのである。したがってそれは金銭を得るためというよりは，子どもたちの教育にひと役買いたいという善意のほうがまさっていた。無論謝礼はあっただろう。しかし，金銭が先にあったのではない。このことは，前述したように寺子屋では特に授業料について定めていなかったということにも表れている。

② **精神的報酬**

　寺子屋の師匠は慈愛をもって寺子に接しその人格形成に影響を与えた。また，寺子も師匠を尊敬した。師匠と寺子の関係がいかに親密であったかは，いまなお全国に多数残っている筆塚がそれを示している。筆塚は，教え子たちが後に師匠を顕彰するために建てたものである。石碑の下には，師匠と教え子たちが寺子屋で使った筆が埋められている。このように江戸時代においては，金銭の授受によって成立する師弟関係とは異なる，善意に基づいた濃密な師弟関係において教育が成立していたのである。その善意とは何か。前述の乙竹（1929）はそれを「清い楽しみと貴い誇り」と表現している。このような精神的報酬を求めて子どもの教育にひと役買う教師を聖職とよばずして何とよぼう。誰に強制されたのでもない，幕府や藩といった権力もかかわっていない，まさに自然発生的に生じた聖職的教師像であった。

　現在の社会においては，教育も福祉も家事・育児さえもすべてビジネスとなって金銭に置き換えられているが，その昔金銭的な報酬を目的にではなく，なすことによって得られる精神的報酬を求めて教育や福祉にかかわった人々がいたことは特筆すべきことである。それはまぎれもなく教育の原点の一つである。今日でも，一般のサラリーマンなら仕事を終えて帰宅すれば完全に休養状態に入ることができるが，教師は帰宅後も採点をしたり，生徒や親からかかってきた電話に応対したりする。そこにはなんら金銭的な見返りはない。かかってきた電話に対して「時間外です」と断っても法的には問題は生じないが，たいていの教師は熱心に電話応対をする。家事・育児をしながら親や生徒からの電話にも出て相談に応じている教師を何人も知っているが，彼ら／彼女らを動かしているものは善意以外の何物でもない。そういう意味では，この意味での教師聖職論は今日も生きているのである。

　しかし，教師聖職論がこのように肯定的に論じられることはまずない。なぜか。それは，もう一つの国家権力による政治的・政策的教師聖職論が戦争を経験した日本人にとっては強いインパクトをもっているからである。

（2）国家権力による政治的・政策的教師聖職論
　① 国民教育制度の誕生と教員養成の開始
　1872（明治5）年，今日の内閣にあたる太政官より布告として「学制」が発布され，国民教育制度の内容が示された。「学制」第1章から第39章は学校体系の構想が記された。そこには，全国を大中小学区に分割し，体系的に学校を配置する計画が示されている。全国を8つの大学区に分け，それぞれに一つの大学を設置すること，大学区を32の中学区に分けそれぞれに一つの中学校を設置し，全国で256の中学校を建設すること，中学区を210の小学区に分けそれぞれに一つの小学校を設置し，全国で53760の小学校を建設すること，というのがその概要である。今日の小中高等学校の総数約4万校と照らし合わせると，これがいかに壮大な学校設置構想であったかがわかる。無論，西洋化の道を歩み始めてはいたものの産業構造は江戸時代のままであった明治初期に，この構想がただちに具体化されたわけではなかった。しかし，日本の近代的国民教育制度が，この「学制」によって実現への第一歩を踏み出したことは確かであった。
　さて，「学制」の40章以下は教員養成について謳っている。小学校教員は師範学校卒業免状か中学免状を得た者であること，中学校教員は25歳以上で大学免状を得た者，大学教員は学士の称号を得た者というのがその内容である。
　明治新政府は教員の養成に力を注いだ。1871（明治4）年に設置された文部省は「学制」の制定に先立って東京に師範学校を設立した。これが日本最初の師範学校で，指導者としてアメリカ人スコット（M. M. Scott）を招いた。アメリカから教科書や教具を輸入して師範学校生徒に小学教授法を実演したのである。
　「学制」の実施とともに小学校の設立が激増し，師範学校卒業生の需要が殺到した。1873（明治6）年には大阪と宮城に，その翌年には愛知，広島，長崎，新潟に師範学校が設立され，師範学校が一気に7校に増えた。明治10年代には東京以外の官立師範学校は廃止され，府県立の師範学校体制に移行した。これが戦後の新学制になるまで続く日本の教員養成体制の原型となった。この体制の確立に奔走し，後の日本の教員世界の精神文化形成の基礎を固めたのが初代文部大臣森有礼である。

② **森有礼**

　森は薩摩藩下級士族の出身であったが，幕末に藩の命令でイギリスに留学し，アメリカにも渡った。維新直後に帰国して新政府の一員となった。同時に啓蒙学者としても活躍し，福沢諭吉，西周らとともに「明六社」を結成して個人主義や男女平等に関する進歩的な論文を発表した。イギリス駐在公使を務めている間に伊藤博文に認められ，帰国してから文部省御用掛を経て，1885（明治18）年に内閣制度発足とともに初代文部大臣に就任した。これを機に森は保守化し，忠君愛国や国家主義精神を唱えるようになった。

　森は，教員に必要な資質を翌1886（明治19）年の師範学校令第1条に明記した。それは，「順良，信愛，威重」である。この三気質を形成するために師範学校に**全寮制**の宿舎を設置し，**兵式体操**を中心とする体操教授，行軍旅行を取り入れた。また，師範学校の入学者選考は郡区長や知事の推薦を本位として人物中心で行い，学費は国の負担とした。森は1885（明治18）年から1887（明治20）年にかけて全国各地の小中学校や師範学校を周り，教育関係者に演説を行っている。その中で森は，教師や師範学校の卒業生を繰り返し「教育の僧侶」とよんでいる。まさに文字どおりの教師聖職論を展開したのである。

③ **教師の貧困化と思想統制**

　明治10年代は師範学校が整備された時期でもあったが，同時に社会状況全体でみると維新から始まった西洋化一辺倒の文明開化路線から天皇制国家を確立するための国家主義路線への転換の時期でもあった。逆にいうと，このような国家主義への路線転換が教員養成政策に反映した時期でもあった。この変化は，進歩主義から保守主義へという森個人の中の変化とも一致する。

　1880（明治13）年の集会条例は教師の政治活動を禁止した。また翌1881（明治14）年の「小学校教員心得」には，教師にとっては知識の教育よりも道徳教育が重要である，教師は生徒を忠君愛国と親孝行の実践者に導かなければならないと明記された。

　教師は，収入や労働条件などの個人的利害や社会の諸問題には関心を示さず，国家にとって都合のよい徳目を生徒に教えることを強制された。教師の

給料は安く，また自由にものをいうこともできなかった。谷崎潤一郎の短編小説『小さな王国』は時代的にはもう少し後の1918（大正7）年の作品だが，テーマは教師の貧困である。1918年は富山県で起きた米騒動が全国に波及していった年で，このころの日本は株価暴落，物価高騰，失業者増大といった大不況にあえいでいた。主人公の教師の生活は明日の米代，ミルク代にも事欠く赤貧洗うがごとしのありさまで，貧乏が教師の矜持と一般市民としての判断力を蝕んでいく様子を谷崎は淡々と描いている。このような教師の貧困と無権利状態は，いわゆる「**師範型**」とよばれるゆがんだ教師像を形成した。それは，一見「順良」のようでありながら卑屈，表面的には「信愛」を示していても不信を強く抱き，「威重」というより威圧的な教師像であった。

　戦前の教員養成制度は，教師から市民としての権利を剥奪した。その結果教師は経済的に貧困化し政治的にも精神的にも奴隷状態におかれ，天皇制国家に従順な国民をつくる仕事にあたかもマインドコントロールされた信者のように従事していったのである。多くの教師は，善意が無権利状態にすりかえられたそのからくりを見抜けなかった。端的にいえば，教師は聖職だから収入のことは口にしない，したがって労働争議など起こさずお国のために身を粉にして働くものだ，という巧妙な作り話にだまされたのである。このような一種の思想統制が，戦前の政治的・政策的教師聖職論の特色であった。金銭的な見返りを当てにしないで精神的報酬のためにのみ働くという前近代の庶民的教師聖職論はみごとに悪用されている。「角を矯めて牛を殺す」とか「お湯とともに赤子を流す」とかいうが，戦後，平和と人権の回復の中で国家権力による政治的・政策的教師聖職論は完全に否定されたが，それと一緒に前近代の自然発生的な庶民的教師聖職論もおおかた忘れ去られたのである。

2-2　教師労働者論

　教師労働者論は，戦後の教員組合運動の中ではっきりと打ち出された。それは1952（昭和27）年日本教職員組合（日教組）第9回定期大会で採択された「**教師の倫理綱領**」に表れた。戦争が終わり，民主政治が行われるよう

になったその成果である。それは，戦前は否定された教師の市民としての権利を回復した高らかな教師労働者宣言であった。しかし，実はその萌芽は戦前からあった。前節で戦前の国家権力による政治的・政策的教師聖職論のからくりを多くの教師は見抜けなかったと書いたが，見抜いていた教師もいたのである。以下において，日本における戦前の教師労働者論と戦後の教師労働者論を詳述しよう。

(1) 戦前の教師労働者論
① 啓明会

日本で最初の教員組合である**啓明会**は1919（大正8）年，下中弥三郎によって結成された。このころの日本は前述したように米騒動，株価暴落，物価高騰，失業者増大といった大不況下にあった。啓明会は「教師は労働者である」との宣言を行い，教師の地位向上と生活安定を掲げた。当初啓明会は地方組織に過ぎなかったが，全国的な組織へと急速に発展したのは，教師の貧困という全国共通の問題が背景にあったからである。しかし下中の理想は「教化（＝教育による社会改造）」にあった。下中は，社会改造運動の機能を，政治，産業，教育の三つに分け，そのうち教育による教化運動を根本的なものと考えた。他の二つが民主化されても民衆「教化」が徹底しないかぎり自立的・主体的な人間は育たないと考えたのである。翌1920（大正9）年，啓明会は他の労働団体とともに第1回メーデーに参加し，また名称を日本教員組合啓明会に改め，「教育改革の4綱領」を発表した。それは，学習権の保障（無月謝や学用品の公給）や教育自治の実現（教育委員会の設置，教員組合の結成）などが盛り込まれた画期的なものであった。しかしその後は労働運動との結合を断ち，教化運動一本に絞ったため組織はしだいに衰退し，1928（昭和3）年には事実上の解散に追い込まれた。

② 新興と教労

1930（昭和5）年には**新興教育研究所（新興）**と**日本教育労働組合（教労）**とが結成された。大正の中ごろより始まった不況はますます深刻化し，世界的な経済恐慌の段階に入っていた。両方ともマルクス主義の立場に立った階級的，革命的な組織で，反戦，反帝国主義，反天皇制といった意識を共

有した。前者は研究を，後者は運動を担当した。新興にはソビエト教育学の山下徳治，マルクス主義教育学の矢川徳光，小説『白い壁』で差別教育を告発した本庄陸男らが集まり階級的な教育学の建設を目指した。教労は日本労働組合全国協議会（全協）支持を表明していたが，独立組合として活動していた。1931（昭和6）年，日本労働組合全国協議会・日本一般使用人組合に合同し，その教育労働部となった。このとき内部で教育労働者の特殊性に関する議論がなされたが，結局は合同することとなった。しかし，合同後もその問題は解決されることなく，1933（昭和8）年の弾圧で教労の運動は終止符を打った。教労の運動の中で浮かび上がってきた教育労働の特殊性という問題は十分に解明されることなく消失させられたのである。

（2）戦後の教師労働者論
① 日教組の教育労働者論

前述したように日本教職員組合（日教組）は結成5年後の1952（昭和27）年に「**教師の倫理綱領**」を発表している。そこには，次の10項目が掲げられ，特に第8項目は教師労働者論を宣言したものである。

教師の倫理綱領（日本教職員組合，1952年）
1. 教師は日本社会の課題にこたえて青少年とともに生きる。
2. 教師は教育の機会均等のためにたたかう。
3. 教師は平和を守る。
4. 教師は科学的真理に立って行動する。
5. 教師は教育の自由の侵害を許さない。
6. 教師は正しい政治を求める。
7. 教師は親たちとともに社会の荒廃とたたかい，新しい文化をつくる。
8. 教師は労働者である。
9. 教師は生活権をまもる。
10. 教師は団結する。

第8項目の解説は，当初こう書かれた。

「教師は学校を職場として働く労働者である。教師は，労働が社会におけるいっさいの基礎であることを知るが故に，自己が労働者であるこ

とを誇りとする。歴史の現段階において，基本的人権をことばのうえでなく，事実の上で尊重し，資源と技術と科学とをあげて万人の幸福のために使用する新しい人類社会の実現は，労働階級を中心とする勤労大衆の力によってのみ可能である。教師は労働者としての自己の立場を自覚して，強く人類の歴史的進歩の理想に生き，いっさいの停滞と反動を敵とする。」

高らかな労働者宣言である。この解説は1961（昭和36）年に修正され，次のようになった。

「教師は学校を職場として働く労働者であります。しかし，教育を一方的に支配しようとする人びとは，『上から押しつけた聖職者意識』を，再び教師のものにしようと，『労働者である』という私たちの宣言に，さまざまないいがかりをつけています。私たちは，人類社会の進歩は働く人たちを中心とした力によってのみ可能であると考えています。私たちは自らが労働者であることの誇りをもって人類進歩の理想に生きることを明らかにしました。」

この修正版解説は，「教師の倫理綱領」が発表された1952（昭和27）年から1961（昭和36）年の間に何があったのかを雄弁に物語っている。1956（昭和31）年には教育委員会の公選制が廃止され任命制となり，翌1957年には「道徳」が特設され，1960（昭和35）年には日米安保条約が改定された。まるで戦前の国家体制に逆戻りするかのような情勢が進行したのである。それを警戒した日教組は，戦前の政治的・政策的教師聖職論が復活してこないようにとこのような表現をしたのである。

② 教師の仕事とは

この第8項目に謳われた教師労働者論は，教師の生活権を主張した第9項目，団結権を主張した第10項目とあいまって，次のような批判を受けた。この主張では，教師は学校・学級を職場として「教育」という労働力商品を対価と交換して売り渡す，他の労働者となんら異なることのない行為をする人間になってしまい，教師としての使命感に欠けている，と。しかし，第1項目から第7項目を加味してあらためて全体を読み直すと，戦前の教師が奪われた政治へのかかわりをしっかりと保持していくと宣言しているだ

けではなく，子どもたちと一緒に新しい文化を創造し，教育の機会均等や教育の自由を守っていくという固い決意が表明されていることがわかる。そこには二度と戦争を繰り返さないという戦前教育への強い反省が感じられるし，またこれからの教師の仕事とはいったい何なのかが羅列的にせよしっかりと述べられている。したがって，教師労働者論は教師としての使命感を欠如しているという批判はあたらない。問題は，教師の仕事の中核は何なのか，いったい何が教育の専門的独自性なのかが十分に展開されていないことである。

　1980年代の労働界の再編成により日教組は事実上分裂した。すなわち1989（平成元）年に日教組反主流派によって全日本教職員組合協議会（全教）が結成された。これにより，日教組は日本労働組合総連合会（連合）というナショナルセンターの傘下に，全教は全国労働組合総連合（全労連）というナショナルセンターの傘下に入り，別々に活動していくこととなった。また，1994（平成6）年に日本社会党委員長村山富市を擁する連立内閣が発足したことを契機に，日教組と文部省の長きにわたる対決路線は転換された。今日では，日教組も全教も組合の組織率は低下の一途をたどっている。しかし，教師は労働者であるという宣言は輝きを失っていない。なぜならそれは，戦争への道を開いていった政治的・政策的教師聖職論への強い反省の上に立っているからである。

2−3　教師専門職論

　教師専門職論の端緒は，1966（昭和41）年のILO（国際労働機関）とUNESCO（国連教育科学文化機関）による「ILO/UNESCO教員の地位に関する勧告」である。結論からいうと，その議論は決着したわけではなく今日も続いている。大きく分けて二つの議論がある。一つは，教師の職業の専門性を医師や弁護士といったすでに確立している専門性との関係において論じるものである。これはさらに二つに分かれる。一つは，教師は専門職であるべきと考える理念志向，目標概念的な立場であり，もう一つは医師や弁護士などの既成の専門職と比べると半専門職だとする事実志向，事実概念的な立場である。これらの立場の特色は，教師の利益（＝地位）を守ろうという傾

向をもっていることである。もう一つは，教師の専門職に関する議論を既成の専門職を基準としないで（無視して），ポストモダン的な教師専門職論を打ち立てようとする立場である。これは子どもの利益（＝学び）を約束しようという立場に立っている。前者の典型を前述の「ILO/UNESCO 教員の地位に関する勧告」とその周辺の議論にみることができる。後者の典型を，教師＝反省的実践家論にみることができる。以下，この二つについて詳述しよう。

（1）教師の地位に軸足をおいた専門職論
　① 「ILO/UNESCO 教員の地位に関する勧告」
「ILO/UNESCO 教員の地位に関する勧告」は，「教師は専門職とみなされるべきである」と明言した。その部分を紹介しよう。

> Teaching should be regarded as a profession: it is a form of public service which requires of teachers expert knowledge and specialized skills, acquired and maintained through rigorous and continuing study; it calls also for a sense of personal and corporate responsibility for the education and welfare of the pupils in their charge. （教育の仕事は専門職とみなされるべきである。この職業は厳しい，継続的な研究を経て獲得され維持される専門的知識および特別な技術を教員に要求する公共的業務の一種である。また，責任を持たされた生徒の教育と福祉に対して，個人的および共同の責任感を要求するものである。）

勧告は「教師は専門職である」といったのではなく，「専門職とみなされるべきだ」といっている。つまり，事実概念ではなく，目標概念であった。これには次のような事情があった。当時，世界的に教員が不足しており無資格教員が増えるおそれがあった。ILO は，無資格教員の増加が有資格教員を巻き込んで教員全体の労働条件や発言力を低下させることを危惧していた。一方 UNESCO は，無資格で教養不足の教員が増加することによって教育の質が低下することを案じていた。教師の専門職化を図ることは，この両団体のそれぞれの問題関心と一致したし，また教員不足の解消と教育の質の向上というアンビバレントな問題を前向きに切り開く有効なスローガンと考えられたのである。こうした目標概念的専門職論は，教師の職業的地位や労働条

件の改善への発言力を増大させる点で戦略的に有効であると考えられた。

② 半専門職論

しかし一方，教師は現にこうだとする事実志向的教師専門職論は，教師を半専門職と位置づける。その前提になっているのは，医師や弁護士などの既成の専門職モデルである。市川（1986）によると，そのモデルには5つの特色がある。

① 重大な社会機能を遂行する職業
② 高等教育での専門教育訓練
③ 自己の判断による適切な知識・技術の適用
④ 同業者集団の国家への強い発言力と独自の文化と価値
⑤ メンバーの訓練，免許資格，補充・懲戒に対しての自主規制権

このような専門職モデルによると教師という職業は，その職務に求められる知識や技術の水準，専門的教育訓練の場である大学の教職課程，職務遂行上の自由と権威，実践倫理規範の発達などの面で，「半専門職」程度として位置づけられる。事実，教師に対する社会的評価も，教師自身の自己評価もその域を脱していないように思われる。これに対して上述の目標概念的専門職論は，この既成の専門職モデルとの差異や類似性を確認し，職業集団としてその距離を短縮する戦略や運動を展開しようというものである（市川，1986, pp. 252-254）。両者の違いは事実に力点をおくか目標に力点をおくかという解釈の違いであって，教師の地位を医師や弁護士並みに向上させたいという点では一致している。

ところで現在，現実問題として教師の地位は向上しているのだろうか。1999（平成11）年の教育職員養成審議会による答申「養成と採用・研修との連携の円滑化について（第3次答申）」は，教師の採用・選考の弾力的な運用と社会体験研修の導入を提案している。特に後者はマスコミでもとりあげられ話題となったが，教師を一定期間デパートやホテルなどで研修させようという趣旨のものであった。また，教師の採用・選考の弾力的な運用というのは，民間企業等で優れた実績を上げた社会人を教員免許状なしでも教職に就かせるというものである。このような提案の裏には，教師は社会的体験

が乏しい未熟な存在なので民間企業の社員を見習ったほうがいい，教師の仕事は誰にでもできるやさしいものだというメッセージが見え隠れする。このような施策に，教師の地位を向上させようという問題意識があるとは到底思えない。

（2）子どもの学びに軸足をおいた専門職論
① ショーンの「反省的実践家」

医師や弁護士は専門職である。というのは専門職の基準がもともとそれらの職業をモデルにつくられているからである。ショーン（D. A. Schön）は，こうした既成専門職を相対化し，**反省的実践家**という新たな専門職像を創造した。すなわち，既成専門職は近代の実証科学を基礎に形成された。産業構造の主体が第3次産業（知識や情報や対人サービスの提供）へと移った現在，技術的合理性を顧客に適用するだけでは解決できない複雑な問題が生じている。そうした状況に有効に対処できる新しい専門職＝反省的実践家が必要である。（神に代わって）技術的合理性が世界の主役となった近代社会とはまったく異なる今日の複雑で入り組んだ問題状況は，医師や弁護士以外に栄養士，介護士，保育士，看護師，助産師，経営コンサルタント，図書館司書，学芸員，心理療法士といった新たな専門家を生み出した。また，医師でさえ，かつてのように病気についての知識や治療の技術だけでは十分に患者（＝人間）を救いきれない状況に直面している。山崎豊子の小説『白い巨塔』は，高度な手術に熱中するあまり，患者の声が耳に届かなくなったガン専門医を描いているが，現代の医学教育は病気・治療とともに，「人間を知る」ことが大きなテーマとなっている。つまり，現代という時代は，錯綜し複雑化した問題状況に有効に対処できる新しい専門家像を必要としていたのである。それに応えたのがショーン（1983/2001）の「反省的実践家」であった。

では，反省的実践家とは何か。それは行為しながら省察する専門家である。医者や弁護士といった既成の専門職は，専門的な知識と技術をもち，同業者集団の自律性を保ちながら顧客にその知識・技術を提供した。ひと言でいえば高度な社会的使命を帯びた技術的熟達者である。最も重要なのは職能，つまり高度な知識と技術である。彼らの研修・研鑽は高度な知識と技術の修得に向けられる。これに対して，反省的実践家は，顧客そのものへ関心

を向ける。顧客がどういう事態に直面し，どんな問題を抱え，何に悩み，何を望んでいるのか。それらに多面的に耳を傾ける。顧客のニーズは複雑で複合化しているからである。そして問題解決のためにありとあらゆる領域の知識・技術を援用する。ニーズと知識・技術とが車の両輪のように働いて初めて顧客の満足は達成される。したがって反省的実践家の研修・研鑽は，この両方の課題に応えられる「**力量**」の形成に向けられる。

② 熟練教師の特色

　反省的実践家の教師版が，教師＝反省的実践家論である。顧客は子どもである。子どもの満足とは「学べた，わかった，学ぶことは楽しい」である。したがって教師＝反省的実践家論は，教師を，「教育実践という経験を通じて得られた知識に基づき，試行錯誤を繰り返しながら省察によって自己の専門的力量を高めていく存在」と規定する。

　教師の専門的力量は，初任教師と比較した熟練教師の思考様式の中にみることができる。

① 熟練教師は，授業後の反省だけではなく，むしろ授業過程において即興的に，初任教師よりも豊かな内容で活発に思考している。すなわち，熟練教師の優秀さは即興的思考に顕著に認められる。

② 熟練教師は，授業の状況に<u>感性的，熟考的に関与</u>している。すなわち，熟練教師は授業場面で刻々と変化する子どもの学習過程に敏感にかかわりながら，授業と学習の問題や意味を発見したり解読したりしている。

③ 熟練教師は，<u>授業者としての視点，子どもの視点</u>などを総合しながら，複雑で多義的な事実の解読を行っている。

④ 熟練教師は<u>授業と学習の文脈</u>に即した思考を行っている。すなわち，子どもの一つの発言に対して，それを授業の展開，教材の内容との関係，他の子どもの思考との関係において理解し，それらに即応した思考と判断を行っている。

⑤ 熟練教師は，授業の諸事象相互の複雑な関係を発見する過程で，その授業に固有な<u>問題の枠組みを絶えず構成</u>したり，<u>再構成</u>したりしている。

即興的思考，授業への感性的・熟考的かかわり，複眼的視点の保持，文脈的思考，授業テーマ・枠組みの再考といった熟練教師の特色は，職能というよりは実践の場面で生まれる**暗黙知**である（暗黙知の具体例については，第10章149ページを参照されたい）。この暗黙知を獲得することが教師としての専門的力量の向上である。

　ところで，この「熟練教師」を例えば「介護士」に置き換えても「タクシー運転手」に置き換えても十分に意味が通る。①介護士は介護の実践をしながら考えている。②介護士は五感を使って情報を取り入れている。③介護士は利用者の立場に立って複眼的に考えている。④介護士は，利用者の人生を理解するよう努力している。⑤現状の介護をベストとせず，改善を模索している。つまり，反省的実践家は教育のみならず対人サービスを前提とするあらゆる職種に必要とされる視点なのである。

③　教師＝反省的実践家論

　ショーンを日本に紹介し，教師＝反省的実践家論を精力的に展開した佐藤学（1997）は，全米教職専門委員会が提示した「教職専門性の基準大綱」（1989年）にはショーンの反省的実践家論が反映していると評価する。

　　教職専門性の基準大綱（全米教職専門委員会）
　　　命題1．教師は，生徒たちと彼らの学習を委託されている。
　　　命題2．教師は，教科内容と教科の教育方法を知っている。
　　　命題3．教師は，生徒の学習の経営と助言に責任を負っている。
　　　命題4．教師は，自身の実践を系統的に思案し経験から学ぶ。
　　　命題5．教師は，学習共同体のメンバーである。

　佐藤が注目するのは，命題4と命題5である。それぞれの各論をみてみよう。

　　　命題4　教師は，自身の実践を系統的に思案し経験から学ぶ。――①自己の判断を検証しつつ絶えず困難な選択を行うこと。②自身の実践を改善するために，他者の助言を求め，教育研究や学識に接近すること。
　　　命題5　教師は，学習共同体のメンバーである。――①他の専門家との協同で学校の効果を高めること。②親たちと協同で仕事を進めるこ

と。③地域の資料や人材を活用すること。

　佐藤（1997, pp. 66-68）は次のように述べている。この二つは，技術的熟達者モデルとは異質であり，他の諸命題にもまして反省的実践家の発想を色濃く表現している。すなわち，命題4は，実践的な見識を形成することそれ自体が教職専門性の一つの基準とみなしている。また，命題5は，教師を学ぶ存在として規定し，親や地域との連携を進めることを教職の専門性と明示している。

　このように反省的実践家論は，ポストモダンの立場から打ち立てられた新しい専門職論である。教育のみならず，医師や弁護士といった既成の専門職も含めすべての専門職が，技術的合理性といった狭い枠を乗り越え，複雑化したニーズに応える豊かな力量形成を目標にした新しい専門職像を獲得したのである。

[中村弘行]

【引用・参考文献】
秋田喜代美・佐藤学 編著 『新しい時代の教職入門』 有斐閣　2006
藤澤伸介 『「反省的実践家」としての教師の学習指導力の形成過程』 風間書房　2004
市川昭午 「教師＝専門職論の再検討」 市川昭午 編 『教師教育の再検討』（pp. 1-33） 教育開発研究所　1986
教育職員養成審議会 「養成と採用・研修との連携の円滑化について（第3次答申）」 1999
沼野一男・松本憲・田中克佳・白石克己 『教育の原理 第三版』 学文社　2002
尾形裕康 『日本教育通史研究』 早稲田大学出版部　1980
大久保利謙 編 『森有礼全集 第1巻』 宣文堂書店　1972
岡本洋三 『教育労働運動史論』 新樹出版　1973
乙竹岩造 『日本庶民教育史（上・中・下）』 目黒書店　1929
佐藤学 『教師というアポリア：反省的実践へ』 世織書房　1997
Schön, D. A., 1983／佐藤学・秋田喜代美訳 『専門家の知恵：反省的実践家は行為しながら考える』 ゆみる出版　2001
土屋基規 編著 『現代教職論』 学文社　2006
海原徹 『学校』 東京堂出版　1979
山崎豊子 『白い巨塔（全5巻）』（新潮文庫） 新潮社　2002
横須賀薫 監修 『図説・教育の歴史』 河出書房新社　2009

第3章

教師に求められる資質能力

3-1 資質能力を問うということ

　教育基本法第1条にも示されているように，教育には，人格の完成を目指すという個人的な側面と，国家及び社会の形成者を育成するという社会的な側面がある。教育がどれだけ成果を上げられるかは，その中で実際に指導・援助を行う教師の力によるところが大きい。教育の場はさまざまであるが，特に，その中心的な役割を果たす機関である学校に勤務し，日々子どもとかかわる教師は，子どもの将来に対しても国家や社会の未来に対しても，大きな影響を与えることとなる。したがって，教師の在り方には社会の関心が向けられ，質の確保が要請されてくるのである。

　本章でとりあげるのは，この「教師の質」である。優れた教師とは，どういう教師なのだろうか。社会は教師に何を求めているのだろうか。そもそも，教師が教師であるためには，何を備えていなければならないのだろうか。

　まず必要と考えられるのは，教師にふさわしい資質である。人間的な性質といってもよいだろう。指導者として受け入れられ，慕われ，尊敬されるだけの性質を教師が備えていなければ，どれだけ指導・援助を試みたとしても

効果は望めない。加えて，教師の仕事を滞りなく遂行していくことのできる能力が必要である。特に，学校教師の場合，学習指導や生活指導，学級経営など，行わなければならない仕事は多岐にわたっている。これらをすべて実際にこなしていけるだけの力がないと，学校現場では務まらない。

　教師の質を問うことは，教師の資質と能力を問題にすることである。両者は密接に結びついており，まとめて「**資質能力**」と表現されることも多い。例えば，子どもへの愛情が土台となって子どもへの共感的理解が可能となるように，教師にふさわしい資質に支えられて，必要な能力が獲得される。このような理解に基づき，本章では，資質と能力を特に区別せずに扱っていく。

　もう一つ注意しておきたいのは，「資質」の意味である。資質とは，本来「生まれつきの性質」を意味する言葉である。ここから，次のような疑問が生じる。教師への適性は，先天的に決まってしまうのだろうか。もって生まれた性質が教師として十分なものでなければ，教師にはなれないのだろうか。

　必ずしもそうではない。例えば，教育職員養成審議会（教養審）が1997（平成9）年に出した答申では，「教員の資質能力は……『素質』とは区別され後天的に形成可能なものと解される」と述べられている。つまり，生まれつきで決定されてしまうのではなく，それをもとにしながらも，その後の努力によって必要な資質が形成されると考えられているのである。能力と同様，資質も向上させていくことができる。このように理解したうえで，本章では，教師に求められる資質能力の内容を具体的に探っていく。

　なお，「教師」は広い範囲で用いられる言葉（「家庭教師」なども含む）であるが，以降では，学校に勤める一般の教師（法律用語では「教員」）を主に想定する。用語としては不統一の部分もあることを，断っておきたい。

3-2　教育改革の動向と求められる資質能力

(1) 求められる資質能力の全体像

　まず，文部科学省（2004）が作成したパンフレット「魅力ある教員を求めて」を開いてみよう。このパンフレットには，現在の教員に求められる資

質能力が，図3-1のような形で示されている。

　この図は，ここ30年ほどの各種審議会の答申において，教員に必要な資質能力としてあげられてきたものをまとめた形になっている。図の上部左aの部分は，1987（昭和62）年の教養審答申「教員の資質能力の向上方策等について」で示された資質能力であり，aとbを合わせたものは，前述の1997年の教養審第1次答申「新たな時代に向けた教員養成の改善方策について」で示された資質能力である。また，下部cは，2005（平成17）年の中央教育審議会（中教審）答申「新しい時代の義務教育を創造する」において示された，「優れた教師の条件」である。

　どのような資質能力を教員に求めるかということは，学校種によって，時代によって，また求める側の立場によって，若干の違いがある。図3-1は，教育行政に携わる側が教員に求めてきた資質能力であるといえる。教員の在り方は教育改革の動向全体とも深くかかわっているため，どのような教育が望ましいとされたかにふれながら，これらの資質能力について次にみていきたい。

（2）1980年代から1990年代の答申にみる資質能力

　図3-1のaの資質能力は，1987年の教養審答申「教員の資質能力の向上方策等について」の冒頭において，次のように表現されている。

> 　学校教育の直接の担い手である教員の活動は，人間の心身の発達にかかわるものであり，幼児・児童・生徒の人格形成に大きな影響を及ぼすものである。このような専門職としての教員の職責にかんがみ，教員については，教育者としての使命感，人間の成長・発達についての深い理解，幼児・児童・生徒に対する教育的愛情，教科等に関する専門的知識，広く豊かな教養，そしてこれらを基盤とした実践的指導力が必要である。

　この答申は，1984（昭和59）年から3年にわたって活動を行った臨時教育審議会（臨教審）での議論をふまえて提出されている。臨教審は，校内暴力の激化などを背景に内閣総理大臣の諮問機関として設置され，四つの答申を提出して1987年に解散した。教育改革についてのその基本的な考え方は，最終的に，①個性重視の原則，②生涯学習体系への移行，③国際化・情

図3-1　教員に求められる資質能力

a　いつの時代にも求められる資質能力

- 教育者としての使命感
- 人間の成長・発達についての深い理解
- 幼児・児童・生徒に対する教育的愛情
- 教科等に関する専門的知識
- 広く豊かな教養

↓

これらに基づく実践的指導力

＋

b　今後特に求められる資質能力

① 地球的視野に立って行動するための資質能力
- 地球，国家，人間等に関する適切な理解
- 豊かな人間性
- 国際社会で必要とされる基本的な資質能力

② 変化の時代を生きる社会人に求められる資質能力
- 課題探求能力に関するもの
- 人間関係に関わる資質能力
- 社会の変化に適応するための知識及び技能

③ 教員の職務から必然的に求められる資質能力
- 幼児・児童・生徒や教育の在り方についての適切な理解
- 教職に対する愛着，誇り，一体感
- 教科指導，生徒指導のための知識，技能及び態度

↓

c
- 教師の仕事に対する強い情熱
　　教師の仕事に対する使命感や誇り，子どもに対する愛情や責任感など
- 教育の専門家としての確かな力量
　　子ども理解力，児童・生徒指導力，集団指導の力，学級づくりの力など
- 総合的な人間力
　　豊かな人間性や社会性，常識と教養，礼儀作法をはじめ対人関係能力など

(文部科学省パンフレット「魅力ある教員を求めて」より，一部レイアウト等変更)

報化等変化への対応の三つにまとめられ，その後の改革の流れをつくることとなった。これらをふまえた教養審の答申では，免許状の種類の改善や現職研修の改善などが具体的に示された。

　1996（平成8）年，中教審は「21世紀を展望した我が国の教育の在り方について（第1次答申）」を発表し，「生きる力」と「ゆとり」をキーワードとした教育改革を求めた。この答申によれば，「**生きる力**」とは，生涯学習の基礎となる，「自分で課題を見つけ，自ら学び，自ら考え，主体的に判断し，行動し，よりよく問題を解決する資質や能力」「自らを律しつつ，他人とともに協調し，他人を思いやる心や感動する心など，豊かな人間性」及び「たくましく生きるための健康や体力」であり，これらを育むためには「**ゆとり**」が必要であると考えられた。教員には実践的指導力がいっそう求められるが，特に子どもの心を理解し悩みを受け止めようとする態度が必要とされている。

　この答申を受け，教養審は1997年に「新たな時代に向けた教員養成の改善方策について（第1次答申）」を提出した。この答申では，教員の資質能力を，一般に，「専門的職業である『教職』に対する愛着，誇り，一体感に支えられた知識，技能等の総体」という意味内容を有するものと説明している。そして，求められる資質能力を，一般的資質能力，すなわち教員である以上いつの時代にあっても求められる資質能力と，その時々の社会状況により特に重視される資質能力とに分け，1987年の教養審答申であげられた資質能力を前者にあたるものと位置づけた。

　この一般的な資質能力を前提とし，変化の激しい時代にあって，子どもたちに「生きる力」を育んでいける資質能力が，これからの教員に特に求められる資質能力である。これについて，答申では次のように説明されている。

　　未来に生きる子どもたちを育てる教員には，まず，地球や人類の在り方を自ら考えるとともに，培った幅広い視野を教育活動に積極的に生かすことが求められる。さらに，教員という職業自体が社会的に特に高い人格・識見を求められる性質のものであることから，教員は変化の時代を生きる社会人に必要な資質能力をも十分に兼ね備えていなければならず，これらを前提に，当然のこととして，教職に直接関わる多様な資質能力を有することが必要と考える。

これらの資質能力が図3-1のbに示されているものであり，あげられた具体例をまとめたものが図3-2である（両者の間には，若干表現の違いがみられる）。体系的に整理されていない部分もあるが，求められている資質能力が多様で，広い範囲にわたっていることがわかる。だが，一人の人間が，これらすべてにおいて優れていることができるかというと，現実には難しい。そこで，答申では，「教員一人一人がこれらについて最小限必要な知識，技能等を備えることが不可欠である」としながらも，画一的な教員像の提示は避け，「積極的に各人の得意分野づくりや個性の伸長を図ること」を求めている。そして，教員集団及び家庭や地域社会，教員以外の専門家との連携により，学校という組織全体として充実した教育活動が展開されることを重視しているのである。このような資質能力を育成するため，答申では，新科目の設置や教育実習の充実，選択履修方式の導入などが，養成課程の改善方策として提案されている。

（3）2000年以降の答申にみる資質能力

図3-1のcの資質能力は，2005年の中教審答申「新しい時代の義務教育を創造する」において，「優れた教師の条件」として示されたものである。1990年代の教育改革が学習内容の削減により学力低下を招いたという批判をふまえ，「生きる力」を育むという基本的な考え方は引き続き重視しながらも，基礎・基本の定着に力を入れていこうとする姿勢が，この答申にはうかがえる。

優れた教師の条件としてあげられている三つの要素のうち，最初のものは答申では「教職に対する強い情熱」と表記されており，図3-1のcで例示されているものに加え，「常に学び続ける向上心を持つことも大切である」と説明されている。「教育の専門家としての確かな力量」については，ほかに「学習指導・授業作りの力，教材解釈の力」があげられている。また，「総合的な人間力」については，人格的資質として，ほかに「コミュニケーション能力」があげられており，「他の教師や事務職員，栄養職員など，教職員全体と同僚として協力していくことが大切である」とも記されている。

これらの資質能力は，以前の答申であげられたものと比べ，コンパクトにまとめられているが，内容的に大きな違いはみられず，義務教育以外の学校

図3-2　今後特に教員に求められる具体的資質能力の例

```
地球的視野に立って行動するための資質能力
   ├── 地球，国家，人間等に関する適切な理解
   │     例：地球観　国家観　人間観　個人と地球や国家の関係についての適切
   │        な理解　社会・集団における規範意識
   │
   ├── 豊かな人間性
   │     例：人間尊重・人権尊重の精神　男女平等の精神　思いやりの心　ボラ
   │        ンティア精神
   │
   └── 国際社会で必要とされる基本的資質能力
         例：考え方や立場の相違を受容し多様な価値観を尊重する態度　国際社会に
            貢献する態度　自国や地域の歴史・文化を理解し尊重する態度

変化の時代を生きる社会人に求められる資質能力
   ├── 課題解決能力等に関わるもの
   │     例：個性　感性　創造力　応用力　論理的思考力　課題解決能力
   │        継続的な自己教育力
   │
   ├── 人間関係に関わるもの
   │     例：社会性　対人関係能力　コミュニケーション能力　ネットワーキン
   │        グ能力
   │
   └── 社会の変化に適応するための知識及び技能
         例：自己表現能力（外国語のコミュニケーション能力を含む）　メディア・リ
            テラシー　基礎的なコンピュータ活用能力

教員の職務から必然的に求められる資質能力
   ├── 幼児・児童・生徒や教育の在り方に関する適切な理解
   │     例：幼児・児童・生徒観　教育観（国家における教育の役割についての理解を
   │        含む）
   │
   ├── 教職に対する愛着，誇り，一体感
   │     例：教職に対する情熱・使命感　子どもに対する責任感や興味・関心
   │
   └── 教科指導，生徒指導等のための知識，技能及び態度
         例：教職の意義や教員の役割に関する正確な知識　子どもの個性や課題解決
            能力を生かす能力　子どもを思いやり感情移入できること　カウンセ
            リング・マインド　困難な事態をうまく処理できる能力　地域・家庭と
            の円滑な関係を構築できる能力
```

(教養審第一次答申「新たな時代に向けた教員養成の改善方策について」より)

の場合にもあてはまるといえよう。目立つのは,「優れた教師」「強い情熱」「確かな力量」という言葉からうかがえる,質の高さへの関心である。答申では,具体的な質の向上策として,専門職大学院制度の創設や教員免許更新制の導入,優れた教師の表彰制度などが示されており,2006（平成 18）年の中教審答申につながっていく。

　この 2006 年答申「今後の教員養成・免許制度の在り方について」も,資質能力の具体的な内容については,特に新しいものは示していない。これまであげられてきた資質能力を引用し,「文言や具体的な例示には若干の違いはあるものの,これからの社会の進展や,国民の学校教育に対する期待等を考えた時,これらの答申で示した基本的な考え方は,今後とも尊重していくことが適当である」と述べて,踏襲する姿勢をとっている。

　代わりに強調されているのが,教員の継続的な学びと最小限の資質能力の確保である。この答申によれば,「教員として最小限必要な資質能力」とは,「教職課程の個々の科目の履修により修得した専門的な知識・技能を基に,教員としての使命感や責任感,教育的愛情等を持って,学級や教科を担任しつつ,教科指導,生徒指導等の職務を著しい支障が生じることなく実践できる資質能力」である。社会状況が急速に変化している現在,それに適切に対応した教育活動を行っていくためには,最小限必要な資質能力を養成課程において確実に身につけ,教職生活全体を通じてそれを刷新していく必要があるというのが,答申の趣旨である。

　そのための具体的な改革案として,答申では,新科目の設置や教職大学院制度の創設,免許更新制の導入などが示されている。すでに実施されたものもあるが,2009 年の政権交代により,今後には不透明な部分もある。だが,教員に求められる資質能力の内容は,今後も大きく変わることはないであろうし,質の高さや資質能力の獲得の確かさも問われ続けていくであろう。こういう状況をふまえ,今後の教員にとって最も必要な資質能力をあげるなら,それは学ぶ意欲と学ぶ力になるのではないだろうか。

3-3 学校種別にみる資質能力

これまでみてきたのは，どの学校種の場合にもほぼ共通に求められる資質能力といえる。だが，子どもの年齢や発達の状況，教育目標などが異なるため，教師に求められる資質能力の具体的な内容は，学校種によっていくぶん異なってくる。本節では，いくつかの学校種をとりあげ，教育の性質上特に重要と思われる教師の資質能力について考えたい。

(1) 幼稚園

まず，最初の学校として位置づけられる幼稚園の場合をみてみよう。

多くの幼児にとって，幼稚園は初めての集団生活の場である。家庭から外に出て，友達や教師とともに生活することを通し，人や物とのかかわりを深め，集団の一員として成長していく。この時期は，自ら体験することによってさまざまなことを学ぶ時期であり，年齢差，個人差も著しい。このような幼児期の特性をふまえ，遊びを通しての総合的な指導によって「生きる力」の基礎を培うのが，幼稚園教育の基本である。「幼稚園は，義務教育及びその後の教育の基礎を培うものとして，幼児を保育し，幼児の健やかな成長のために適当な環境を与えて，その心身の発達を助長することを目的とする」という学校教育法第22条の規定からうかがえるように，遠い将来の姿を見越して現在の幼児とかかわることが，幼稚園の教師には求められる。

幼稚園の教師に特に求められる資質能力としては，次のようなものが考えられる。

① 受容的態度　家庭を離れ，初めて幼稚園に来る幼児は，大きな不安を感じている。それを取り除き，主体的に園生活を送れるようにするには，教師に受け入れられているという実感が必要である。明るい笑顔，同じ目の高さになって話を聞くなど，幼児への愛情を全身で表現できることが教師には求められる。

② 幼児理解　幼児は年齢差，個人差が大きく，言葉でのやりとりもまだ十分ではない。幼児期の発達について理解すること，それに基づいて表情や行動から幼児の内面を洞察し，共感的に理解することが，適切にかかわるための前提となる。

③ 社会性　幼児は，身近な大人を模倣することで，行動様式を獲得していく。マナーやルールを守る，他人とよい関係を築くなど，社会の一員として適切に行動できる力を教師自身が身につけていることが重要である。特に，今日，幼稚園には，家庭及び地域における幼児教育を支援する役割が期待されており，教師には，広い範囲での対人関係構築力が必要となる。

④ 総合的な指導力　幼稚園教育の基本は，遊びを通しての総合的な指導である。幼稚園の教師には，すべての領域の保育内容に精通しており，それらを幼児の遊びの中に見いだしながら総合的に指導していく力が求められる。物事を豊かに感じ取れる力と，生活にかかわるあらゆる事柄への関心，幅広い教養がその前提となる。

⑤ 小学校教育及び保育所保育への理解　今日，「小一プロブレム」といわれる問題の解決などから，幼稚園と小学校との連携が求められている。また，認定子ども園の設置にもみられるように，保育所との一体化も進んでいる。小学校教育及び保育所保育について理解し，それらとのつながりの中で幼稚園教育を考える力も必要である。

（2）小学校

　小学校は，義務教育の最初に位置する学校であり，ゆるやかな方向目標をもった幼稚園教育とは異なって，教育の到達目標が明確に示されている。すべての児童にそれらの目標達成を保障し，生涯にわたる発達の基礎を培うことが，小学校の教師には求められる。小学校の修業年限は6年と長く，その間に児童は著しい発達を遂げる。また，原則として，学級担任の教師が各教科，道徳，外国語活動，総合的な学習，特別活動すべてにわたって指導を行うことも，小学校教育の特徴である。

　小学校の教師に特に求められる資質能力としては，次のようなものが考えられる。

① 受容的態度　小学校に入学した児童は，それまで通っていた幼稚園や保育所と，教科学習が主となる小学校との違いに戸惑いを感じる。児童ができるだけスムーズに小学校の生活に移行できるよう配慮することが大切であり，特に1年生担任の教師には，あたたかく児童を受け入

れる姿勢が望まれる。
② 児童理解　小学校の児童は，一日の学校生活のほとんどを，同じ担任教師と過ごすことになる。一人ひとりの思いや考えを共感的に理解することは，効果的な指導の前提である。そのためには，幼児期と接する年齢から思春期にさしかかるまでの，幅広い年齢にわたる発達の様相を理解しておくことが必要である。
③ 社会性　長時間をともに過ごす教師が，伸び盛りの児童に与える影響は大きい。善悪の判断がつくようになり，規範意識が育ってくる児童の模範となる行動を，教師自身がとれることが大切である。また，学習指導や生活指導の効果を高めるため，家庭や地域などと連携していくことのできる力も必要である。
④ 全教科にわたる指導力及び学級経営力　小学校教育の中心は教科指導であり，しかも一人の担任教師がすべての教科を指導することが基本である。学習が効果的に行われるためには，学級が学習集団として十分機能できるようになっていなければならない。各教科の内容に関する知識とそれを支える幅広い教養はもちろん，協同の学びを促進することのできる学級づくりの力も，教師には必要となる。
⑤ 幼稚園教育・保育所保育及び中学校教育への理解　「小一プロブレム」に対応するためには，小学校側でも幼稚園教育や保育所保育に対する理解をもつことが必要である。また，同様に「中一ギャップ」とよばれる現象があることもふまえたうえで，中学校教育への理解を深め，これらとのつながりの中で小学校教育を考える力が必要となる。

（3）中学校

　中学校は，小学校の後に続く義務教育学校であり，高等学校進学率が95％を超える現在，ほとんどの生徒にとっては中等教育の最初の学校ともなる。社会や国家の形成者として最小限必要な能力の育成を目指すと同時に，生徒一人ひとりの関心や適性，志望に応じて，その後の進路に道を開く役割も果たしている。教科担任制であるため，生徒と学級担任との接触は小学校に比べて少なくなり，代わりに他の教師との接触が増える。心身両面で大人になっていくこの時期，生徒は自己の生き方について関心を高めると同

時に，さまざまな不安や悩みを抱えることとなる。

中学校の教師に特に求められる資質能力としては，次のようなものが考えられる。

① 共感的態度　中学校に入った生徒は，教科担任制という新しい仕組みのもとで，学習面でも生活面でも戸惑いを覚える。また，自意識に目覚め，周囲と自分を比較することで不安になったり悩んだりするが，親からは自立したい気持ちが強いため，他の相談相手を求めるようになる。このような生徒の戸惑いや不安，悩みを受け止め，揺れる生徒の心に共感することで，生徒との間に信頼関係が築けるようになる。

② 生徒理解　不安定になりやすい思春期は，理解やかかわりの難しい時期である。発達についての知識をもち，極端な言動や反抗的な態度などの奥にある生徒の内面を理解しようと努める姿勢が，教師には求められる。

③ 社会性　この時期は，いままで素直に受け入れてきた周囲の価値観を問い直し，拒絶したり，大人に批判的な目を向けたりする時期でもある。教師自身がしっかりした規範意識をもって行動し，毅然とした態度を示すことで，生徒の信頼を得て，規範意識のゆらぎを克服させることが大切である。問題行動も生じやすいため，家庭や地域と連携したり，学級の生徒との接触時間の少なさを他の教師との連携によって補ったりするなど，対人関係をつくる力も求められる。

④ 専門教科に関する知識と指導力　中学校での教科学習は，専門に分かれた学問分野の学習の入り口といってよい。各教科担任の教師は，その教科の専門家である。広く深い知識をもとに，生徒に教科のおもしろさ，奥深さを伝え，学習への意欲と関心をもたせるような指導力が必要である。

⑤ 小学校教育への理解と進路指導力　「中一ギャップ」に対応するためには，教師が小学校での学習方法や授業形態などを理解したうえで，中学校の教育を考える必要がある。また，中学校で義務教育を終えた後，生徒は自分で選んだ道に進むこととなる。生徒の関心や適性，志望をふまえ，適切な進路指導をする力が，教師には求められる。

（4）高等学校

「高等学校は，中学校における教育の基礎の上に，心身の発達及び進路に応じて，高度な普通教育及び専門教育を施すことを目的とする」と学校教育法第50条にあるように，高等学校では進路による教育内容の違いが明確になってくる。課程には，全日制，定時制，通信制，単位制があり，生徒の個性や生活スタイルに応じた選択が可能となっている。義務教育に近い進学率の現在，入学してくる生徒の実態もさまざまである。教師には，このような多様性をふまえて教育することが求められる。

高等学校の教師に特に求められる資質能力としては，次のようなものが考えられる。

① 共感的態度　青年期にある生徒は，自己や進路，友人関係などについてさまざまな悩みを抱いている。また，志望する高校に入れなかったなどの理由で，挫折感や自己不全感をもっている生徒も少なくない。教師が生徒の気持ちを受け止め，共感をもって接することは，生徒の気持ちを安定させることになる。それが教師への信頼を生み，課題を解決しようとする前向きの姿勢につながる。

② 生徒理解　一人ひとりの生徒を理解することは，適切に指導するうえで欠かせないことである。特に，将来の希望が少しずつ明確になってくるこの時期，進路指導において重要となる。

③ 人間性　この時期は，自己に関心が向かい，内面を探求したり生き方について考えたりする時期である。身近な大人であり人生の先輩である教師が，人間としての自己の在り方を生徒に示すことは，生徒にとってよい手引きとなる。生き方について語れる人間性の深さが，高等学校の教師には特に求められる。

④ 専門教科・科目に関する知識と指導力　高等学校では，教科は中学校よりも専門的に分化する。充実した学習指導をするためには，専門教科・科目に関する広く深い知識と，さらに進んだ探求の世界へ生徒の関心を導いていけるような指導力が必要である。

⑤ 進路指導力　高等学校卒業後の生徒の進路は，中学校以上に多様である。一人ひとりの個性に応じ，将来の生き方まで見越した進路指導のできる力が望まれる。

（5）特別支援教育

　学校教育法第72条にあるように，特別支援学校は，視覚障害，聴覚障害，知的障害，肢体不自由などの障害をもつ幼児・児童・生徒に対し，「幼稚園，小学校，中学校又は高等学校に準ずる教育を施す」ことと，「障害による学習上又は生活上の困難を克服し自立を図るために必要な知識技能を授ける」ことを目的とする学校である。比較的障害の程度が軽い子ども達のためには，一般の小学校や中学校，高等学校，中等教育学校におかれる特別支援学級がある。いずれの場合も，教師には，幼児教育や初等・中等教育に関する一般的な知識・技術に加え，障害をもつ子どもにかかわるための専門的な知識・技術が必要となる。

　特別支援教育に携わる教師に特に求められる資質能力としては，次のようなものが考えられる。

① 　人権意識と受容的態度　　障害をもった子どもも一人の人間である。偏見をもたず，あたたかく受け入れ，その権利を保障しようとする姿勢が，教師の基本となる。

② 　障害への理解　　障害の種類や程度は，人によって違う。障害に関する専門的な知識に基づき，一人ひとりの状態を理解することが，適切にかかわるための前提となる。

③ 　社会性　　障害をもった子どもの場合，家庭と連携して教育にあたることが非常に重要である。地域の理解を得ることも，子どもの人権を守るために必要であるし，また交流教育の観点から，一般の小学校や中学校などの教師と連携することも必要である。広く対人関係を築く力が，教師には求められる。

④ 　特別支援教育に関する専門的知識と指導力　　小学校教育などに準ずる教育を行う場合でも，障害をもった子どもに対しては，話しかけ方や教材の提示の仕方など，特別な配慮が必要となる。また，点字，口話など，特有の教育内容もある。障害に対応した教育に関する専門的知識と指導力は，教師に欠かせないものである。

3-4　よい教師の条件

　本章では，教師に求められる資質能力について，主に二つの視点から探ってきた。最後に，現職教師の見解を簡単に紹介し，まとめとしたい。

　島小学校の実践で知られる斎藤喜博は，その著書『授業入門』(1960)において，「頭のよい先生」「育ちのよい先生」「美人の先生」をよい教師の条件としてあげている。頭のよい先生とは，「自分の頭の範囲だけに頑固にとじこもって，他から入ってくるものをはねかえしてしまう」ことのない先生，育ちのよい先生とは，「両親に暖かくのびのびと育てられ」て「素直な暖かい心を持っている」先生であり，そういう先生は「皆美人になるもの」である。この3条件に加え，さらに「高い広い知識」と「教師としての高い技術」「へりくつでない論理性」「芸術性」が必要であり，これらの奥にあるものが，「専門家としての自覚」に基づく「学習意欲，創造意欲」であると斎藤は述べている。

　斎藤にとって，授業とは，単なる文化財の伝達ではなかった。文化財を拡大し深化し再創造する力を子どもにつけていくことで，子どものもっている可能性を実現していこうとするものであった。そのためには，授業者である教師自身が，豊な人間性をもった文化財の再創造者である必要がある。よい教師の条件も，再創造者としての教師にとって必要な条件ということができる。

　『授業入門』は1960（昭和35）年に刊行されたものであるが，いまみても古くなってはいない。斎藤が求めたのは教師の創造的実践であったことを念頭におき，教師に求められる資質能力について，もう一度考えてみてほしいと思う。

[石田貴子]

【引用・参考文献】
中央教育審議会　「新しい時代の義務教育を創造する（答申）」　2005
中央教育審議会　「今後の教員養成・免許制度の在り方について（答申）」　2006
古橋和夫 編　『教職入門：未来の教師に向けて』　萌文書林　2007
教育職員養成審議会　「教員の資質能力の向上方策等について」　1987

教育職員養成審議会 「新たな時代に向けた教員養成の改善方策について（第1次答申）」 1997
宮崎和夫 編著 『教職論：教員を志すすべてのひとへ』 ミネルヴァ書房 2000
文部科学省（初等中等教育局教職員課）「魅力ある教員を求めて」 2004
長尾和英 編著 『教職と人間形成 第2版』 八千代出版 2009
岡田正章・笠谷博之 編 『教育原理・教職論』 酒井書店・育英堂 2000
斎藤喜博 『授業入門』 国土社 1960（人と教育双書の1冊として新装版が2006年に発行されている）
山﨑英則・西村正登 編著 『求められる教師像と教員養成：教職原論』 ミネルヴァ書房 2001
吉田辰夫・大森正 編著 『教職入門：教師への道 第4版』 図書文化社 2007

第4章

教職のエートス

　ここでいう教職のエートス（ethos）という表現について説明しておこう。エートスとは何か。教師についてはよく資質能力ということが問題にされるけれども，それに関係づけていえば，本章のテーマは，教師に求められる資質のほうであり，能力というよりは多分に情意的なものである。それらは教師としての使命感や情熱，教育的愛情などの言葉で語られてきた。それらについてできるだけ分析的に論じたいと思う。まず職業人一般に求められるエートスと，とりわけ教師に強く求められるそれとを区別する必要がある。そして教師に求められるエートスについては，①職責遂行にかかわって，②対他（対子ども，対保護者，対同僚教師）的関係において，③対自的関係（教職の自己理解）に分けて考察していきたい。

　さしあたり，二つの審議会答申に即して，本章のテーマに関係する事項がどのようにとりあげられているかをみてみよう。
　1997（平成9）年の教育職員養成審議会の答申「新たな時代に向けた教員養成の改善方策等について（第1次答申）」は，教員に求められる資質能力を次のように列挙している。

① いつの時代にも求められる資質能力
- ●教育者としての使命感
- ○人間の成長・発達についての深い理解
- ●幼児・児童・生徒に対する教育的愛情
- ○教科等に関する専門的知識
- ○広く豊かな教養
- ○これらを基盤とした実践的指導力等

② 今後特に求められる資質能力
- ○地球的視野に立って行動するための資質能力
- ○変化の時代を生きる社会人に求められる資質能力
- ○教員の職務から必然的に求められる資質能力

③ 得意分野を持つ個性豊かな教員

本章のテーマである「教職のエートス」に引きつけていえば，●をつけた二つの項目が特に関係してくる。

また，2005（平成17）年の中央教育審議会の答申「新しい時代の義務教育を創造する」でも，「優れた教師の条件」が次のように列挙されている。

① 教職に対する強い情熱
- ●教師の仕事に対する使命感や誇り
- ●子どもに対する愛情や責任感など

② 教育の専門家としての確かな力量
- ○子ども理解力
- ○児童・生徒指導力
- ○集団指導の力
- ○学級づくりの力
- ○学習指導・授業づくりの力
- ○教材解釈の力など

③ 総合的な人間力
- ●豊かな人間性や社会性
- ●常識と教養
- ●礼儀作法をはじめ対人関係能力，コミュニケーション能力などの人格的資質

●教職員全体と同僚として協力していくこと

　ここでも，本章のテーマである「教職のエートス」に関係すると思われる項目に●をつけてみた。他の諸項目については，第3章「教師に求められる資質能力」を参照してほしい。

4-1　職業人一般に求められるエートス

　社会人としての常識は，当然のことながらわきまえておく必要がある。しかし教師の多くは，大学を卒業してそのまま教員になる場合が多い。つまり，学校以外の社会を経験していない者が多い。だから，常識といっても，教員が知っているのは学校の常識や教育界の常識なのである。学校の外の一般社会の常識には疎い教員が少なくないはずである。そこで，社会人としての常識については，教育界以外の職場に身をおいている友人や知人とも接触する機会を多くつくるなどして，意識的に見聞を広めるようにする必要がある。

　教養については，ある意味では教員は恵まれた立場にあるといえる。職業柄，本を読む機会は多い。職種によっては，忙しさもあって，仕事に関係しない本を手に取る機会の少ない人も多い。そういう人たちに比べれば，教師のほうが教養を身につけるチャンスには恵まれているといえるだろう。しかし，せっかくのチャンスも，それを活用しなければないに等しい。教師は多くの保護者と接触することになる。さまざまな職業の保護者と話をする必要からいっても，豊かな教養の持ち主であることが望まれる。

　教養は豊かな人間性とも関係がある。教師は，人間性豊かな人であることが望ましい。社会性は社会常識と言い換えてもよいだろうか。どうしたら人間性豊かな人になれるのか。人間を多く，深く知ることによってである。たくさんの友人や知己と交際することも人間を知る方法だが，それ以外にも，小説や詩歌等の文学作品を読んだり，優れた演劇や映画等を鑑賞することも人間を知る方法であろう。「およそ人間に関することで無縁なことは自分にとっては何一つない」という意味のことを述べた哲学者がいたが，教師も人間を理解することにかけては貪欲であるべきだろう。人間について知りすぎるということは，決してないはずである。

対人関係能力やコミュニケーション能力は，それら（豊かな人間性や社会性，常識と教養）の延長線上にある。人間性豊かな人は，人間にかかわっていく能力やコミュニケーション能力にも恵まれているはずである。数多くの人間を知っていれば，いろんな人にかかわっていく場合にも有利である。

4-2 特に教師に求められるエートス

（1）教師としての職責遂行にかかわって

　教師は，授業をはじめとしてさまざまな職務（生活指導，学級経営，課外活動の指導，校務分掌，保護者を中心とする地域住民や専門家との連絡調整等）を遂行することを期待される。そのために必要な能力についてはここではあえてふれない。むしろ教師に求められる職務に取り組む際の心構えや態度がここで問題にしたいことである。

　いやいやかかわるのではなく，積極的にかかわろうとする態度が必要である。うまくできるかどうかはともかく，職務にまじめに誠実に取り組もうとする姿勢が重要である。意味のないこと，意義を見いだせないことに熱心に取り組むことは難しいけれど，幸いなことに，教師が携わる仕事の多くは有意義な仕事といってよい。教職の特性は，有意義ではあるけれども決して簡単ではないということにある。授業一つとってみてもそうである。ベテランの教師でも，納得のいく会心の授業ができるのは年に数えるほどしかないという。授業は難しい。うまくいかなくて悩むことも多い。しかし，そういう悩みは生産的なものである。職場にそりの合わない上司がいて，つらくあたってくるという悩みとはわけが違う。プロ野球チーム・楽天イーグルスの監督を務めた野村克也氏は，成長途上の若い選手に「もっと悩め，もっと泣け」と言ったそうである。悩み甲斐のある問題で悩むのはよいことである。生産的な悩みであり，成長に結びつく悩みだからである。そういうことで悩むのも嫌だという人間は，どんな仕事に就いたとしても大成しないだろう。

　どんな仕事にも悩みや苦労はある。職業人としての成長に結びつくような悩みや苦労は，買ってでもするのがよい。そうすることでしか成長はできない。また野球の例になるが，天才バッターといわれるイチローも，いつも悩みを抱えている。その苦悩に前向きに取り組む者だけが成長できる。悩みが

あるとは，見方を変えていえば，成長するための課題がみえているということである。仕事上の悩みは，なにも教師に限ったことではない。しかし繰り返すが，教職の悩みは悩むに値する悩みであることが多い。教職の救いはそこにあるのではないか。悩みがなくなるということは，もう成長しなくなるということでもある。

　指導技術や実務的能力は，高めていこうとする意欲さえあれば，日々の経験を積み重ねていく過程で，少しずつではあっても，確実に身につけていくことができる。だから，初めはうまくできなくても，あまり心配する必要はない。教師になった1年目から，10年，20年と続けているベテラン教師に比べて見劣りしなければ，それに越したことはないのだろうが，現実にはそれは不可能に近い。大学の授業は理論重視になりがちだし，教育実習はわずか数週間である。そういう条件をそのままにしておいて，初任教師にベテラン教師並みの能力を求めること自体が間違っているのではないか。

　こういうと，次のように反論されるかもしれない。もちろん，初任教師にベテラン教師並みの仕事を要求しているわけではない。自立した教師として最低限のことを求めているだけである。その最低限のことさえも満足にできていないから，「**実践的指導力**」を強調せざるをえないのだ，と。しかし初任教師に「**実践的指導力**」が欠けているという場合，どうも小手先の技術的なこと（指導案が書けないとか，板書の仕方がよくないとか，子どもの動かし方が下手だとか）ばかり気にしているように思われるのだ。

　教師として成長していくうえで大事なのは，人間観や教育観など，教育活動に携わる際の構えであり，ものの考え方である。そういうものは，一朝一夕につくられるものではない。しかし，結局はそれが，日々の教育活動を支え，方向づけていくのである。

（2）対他（対子ども，対保護者，対同僚教師）的関係において
　① **子どもに対する教育的愛情**
　定評のある教師論の二つの古典，ケルシェンシュタイナー（G. Kerschensteiner: 1854-1932）の『教育者の心と教員養成の問題』（1924）およびシュプランガー（E. Spranger: 1882-1963）の『生まれながらの教育者』（1958）を手がかりとして，教育愛について考えてみよう（書名は原書のタイトルの

直訳であり，邦題は異なる）。次に引用するのは『教育者の心と教員養成の問題』の一節である（以下，本章におけるケルシェンシュタイナーとシュプランガーの引用はこの2冊からである）。

　　動物園の園長にとっては，美しい動物もなければ，憎むべき動物もない。彼にとっては，目立たない動物も，目立つ動物もまったく同じ価値をもつ。彼はすべての動物を例外なく，等しい配慮と愛情をもって世話する。

　こう述べた後で，受け持つ子どもたちに対する担任教師の態度，心構えもまたかくあるべき，とケルシェンシュタイナーは述べている。授業でこの話を披露したところ，人間を動物にたとえるとはけしからんというピント外れのことを言った学生がいた。こういう見方しかできない学生は，教育者としてのセンスには欠けている。

　すべての生徒を等しく愛するというのは，実際にはとても難しいことである。多くの子どもを相手にすると，相性のよい（馬が合う）子と相性のよくない（馬が合わない）子が出てくるのは避けがたい。相性のよい子は気のおけない子で，フランクに接することができる。相性のよくない子は苦手な子で，教師としては気をつかう。接し方がぎこちなくなってしまう。相性というのは，理屈ではなく感覚的なものである。これらの生徒たちに「例外なく，等しい配慮と愛情をもって」接するということは，口で言うほど簡単なことではない。えこひいきしようとしているわけではないし，そういうことがあってはならないのはもちろんだが，相性のよしあしは，子どもに対する接し方に影響を及ぼしてしまうということである。

　こういう場合，努めて中立的にふるまうことが，教師にとっては最低限の倫理である。苦手な子，もっとはっきりいえば，どうしても好きになれない子に対して，不利益を及ぼさないようにする必要がある。好きになれない子を好きになることはできないかもしれない。しかし，その子が不利にならないように努めることはできるはずだし，そう努めるべきである。不当な差別をしないことは，教師にとって最低限の倫理である。最低限の倫理だというのは，積極的なものを含んではいないからである。悪をなさざれという，消極的な倫理にとどまるからである。好意をもつ相手にはサービスし，好意をもてない相手にはサービスしないということなら，誰にもできる。プロの教

師にはそれ以上のことが求められる。自然の情——相性はそこに属する——に抗して，あえて理性的に考えふるまうことが教師には求められる。子どもからみれば，反りが合わない教師であっても，平等に対応してくれるという信頼感に支えられて，教育という営為は成り立つのだからである。

　子どもに人気のある教師は，人なつっこいフレンドリーな教師であるといわれる。これはよくわかる。しかしこの性格は多分に天与のものであって，努力してできるものではない。俗にいうネクラの教師は子どもからはあまり好かれない。朗らかな性格——ドイツ語ではHeiterkeitという——の人が子どもには好かれる。しかし性分というのは，もって生まれたものである。ケルシェンシュタイナー自身はHeiterkeitを多分にもっていたようだが，すべての教師が彼のような人であるわけではない。

　教師は好悪の感情——それはお互いさまである——を越えて，子どもからある種の信頼と，できれば尊敬を勝ち得るように努めるべきである。信頼できず，尊敬もできない教師の言うことを子どもは聞く気にはなれないからである。それでは，どういう教師が信頼され，尊敬される教師なのか。その答えは一つとは限らない。過ちを犯したときは非を正直に認める教師，絶えず自己研鑽に努める教師，子どものために献身する教師など，いろいろな答え方ができるであろう。その中にケルシェンシュタイナーの「高い価値に惹かれる教師には生徒は進んで従う」という言葉がある。これは自己研鑽型の教師と通ずるところがあるが，彼はこれを権威の問題とからませて論じている。教師に権威などは不要，と彼は断じている。どうしたら生徒を従わせることができるかという論脈の中である。

　生徒を従わせるといっても，もちろん強制的に従わせるわけではない。力ずくで——といっても，腕力でということではない——従わせるのは下の策だ，とケルシェンシュタイナーは述べている。教師に権威などは不要というのは，そのことをさしている。ただし，彼が権威といっているのは，正確には権力のことなのであるが。目指すべきは，生徒が自発的に従うことである。強制せずとも，教師を心から信頼していれば，生徒はおのずと教師に従う。だから問題は，生徒から信頼される教師にはどうしたらなれるのかということなのだ。この問いにケルシェンシュタイナーは「高い価値に惹かれる教師には生徒は進んで従うものだ」と答える。「高い価値」が何であるかは，

この際，問題にしなくてもよい。中野好夫（1984, p. 287）は，戦前の旧制高校（三高）時代に出会った教師を回想してこう書いている。

　　それに先生がよかった。少くとも五，六人は，われわれ生意気若僧など，どうにも頭の上らぬ先生たちがいた。別に教師ぶるわけでなし，説教するでなし，私生活からいっても，模範教師の条件からはおよそ遠い人たちだったが，ただ同じ一個の人間として，教室で接するだけでも，いつのまにか何かサムシングを私たちに与えてくれるような教師だった。そしてそのことが放恣の中にも，おのずから律ならぬ律をつくっていたように思う。

「高い価値に惹かれ」それに近づこうと努力している教師のことは，生徒は何となくわかり，そしてそういう教師を尊敬するというのだ。教師たる者，心しておきたい言葉である。

教師が教え子に対して注ぐ愛情は，親の子に対する愛情とも，夫婦や恋人同士の愛情とも，兄弟姉妹間の愛情とも，さらには神仏が人間に対して注ぐ愛情（慈悲）とも違う。ある意味で，人生の先輩の後輩に対する愛情といえるかと思う。もっとも，その愛情はいつも親切や保護という形をとるとは限らず，時として厳しい批判となって現れることもある。「教育の聖者」と讃えられるペスタロッチ（J. H. Pestalozzi: 1746-1827）は，教育を「自助への助力（Hilfe zur Selbsthilfe; help to selfhelp）」と定義したが，教育的愛情にも，みずから努力している者に対して向けられる愛という面がある。ケルシェンシュタイナーの盟友で，『生まれながらの教育者』（1958）を書いたシュプランガーは，教育愛の特質を「価値可能性への愛」と説明している。いまよりもっとすばらしいものになる可能性をもち，そのためにみずから努力している者への，優れた価値を授けてやりたいと思う援助的な愛という意味である。教え子の側には高まりたいという欲求があり，教師の側には子どもが宿している可能性を開花させてやりたいとの思いがある。教育的愛情は，かつては自分も助けを必要とするか弱い存在だったという思い（振り返り）に支えられている。

「まことの愛は，愛する者を自由にする」。これも『生まれながらの教育者』の中の言葉である。どういう意味だろうか。なぜ，こういえるのだろうか。

真の教育者は，教え子の生き方についてあれこれと指示することを好まない。教え子といっても他人だからである。他人の人生を意のままにする権限は教師にはないと思うからである。どう生きるかは教え子自身の問題だからである。教え子の人生に介入しようとする教師には何かエゴイズムのようなものが感じられる。教育者は無私でなければならない。見返りを求めてはならない。教え子の人生を，自分の目的——例えば，優れた指導者であるとの評判を得たいといった——を達成する手段としてはならない。教師が自己目的的な存在であるように，教え子もまた自己目的的な存在なのである。自己目的的な存在とは，自分がどう生きるかは自分で決めたいと思い，他者をそのための手段とすることもなければ，自分が他者の目的を実現する手段となることも拒否する，そういう生き方のことである。教師と教え子は，独立した人格という点において対等である。教師は，教え子が自分の人生を生きていけるように手助けする。教師にとって最大の報酬は，教え子が教師に感謝しつつ自分の人生を歩み始めることである。こう考えるならば「まことの愛は，愛する者を自由にする」というのは当然の帰結といえよう。

　では「教育愛は反省と結びついていて，他のどんな愛よりも多くの苦痛に満ちている」という文言は，どう解釈したらよいだろうか。教師の教え子に対する「愛は反省と結びついてい」るという。どんなたぐいの反省なのだろうか。また，教育愛は「多くの苦痛に満ちている」という。どんな「苦痛」なのだろうか。教え子への愛はなぜ「苦痛に満ちている」のか。こういう文は一義的でない。いろんなふうに解釈できる。誰もが認めざるをえない事実を述べたものでもない。いわば哲学的な命題である。しかもシュプランガーは意図的にそういう書き方を選んでいる。「これらの文章は哲学を含んでいるので，読者が自分でともに考え，必要なときには異議を申し立てていただきたい。大学における教師教育においては，そのような期待は当然のことである」(浜田訳，1969, p. 10)。

　「反省」の内容も，いろいろ考えられる。例えば，愛するあまり少々甘やかしてしまった（あるいは逆に，厳しく接しすぎてしまった）。もっと教え子の自由に任せればよかった（あるいは逆に，もっと積極的に指示したほうがよかった）。いずれにしても，失敗や後悔の念と結びついている。「苦痛」のほうはどうだろうか。手塩にかけて指導してきたのに，まるで自分一人で

成長したかのように思い，もう教わることは何もないといわんばかりに自分のもとを去って行った忘恩の弟子。教育者は時に教え子から裏切られることがある。そういうときは，もう二度と弟子などとるまいと思う。そんなふうに思っても，門をたたいて教えを請いに来る若者がいれば，面倒をみずにはいられないかもしれない。あるいはまた，師弟で考えが対立し，その結果として師弟関係が絶たれるということもありえないことではない。人間を相手にする職業は，喜びも大きい半面，お互いに傷つくこともある。最悪の場合，自分に指導力が足りなかったり，自分の指導方針が間違っていたために，あたら才能ある若者をダメにしてしまったという自責の念に駆られることもあろう。人を育てるという仕事は，大きな満足も得られる代わりに，リスクも負う。裏切られたり，けんか別れをしたりという苦い思いをしても，「生まれながらの教育者」は，自分を頼ってくる者がいれば，自分にできる限りのことを教えようとする（「そうせざるをえない」）。なぜなら，それが彼の「精神的な根本衝動」だからである。

② 保護者との関係におけるエートス

保護者は教師にとって，子どもを育てるという共通の目的を達成するための協力者となりうるものである。教師は保護者と協力関係を取り結ぶことが望ましい。しかし，いつも理解と協力が得られるとは限らない。保護者と教師が緊張関係に立つこともありうる。例えば「モンスター・ペアレンツ」である。保護者が教師に対していつも友好的関係を取り結んでくれるとは限らない。

公立小学校の教員をしていたとき，向山洋一は年度初めの学級通信には「大切なお子さんを……確かにお預かり致しました」と書き，年度末には「大切な大切なお子さんを／本日確かにお返しします」（向山，1983）と書いていた。親にとって何よりも「大切なお子さん」を，教師は預かっているのだという責任感が伝わってくる表現である。

③ 同僚教師との関係──「同僚性」をめぐって

同僚教師に対して教師は，どのようにかかわるべきだろうか。学校の教師は（教師集団という）組織の一員である。組織の和を乱す教員，協調性に欠

ける教員は，当然のことながら問題視される。教師にとって苦楽をともにする職場の同僚教師は，大げさにいえば戦友のようなものだ。また，若い教師にとって優れた先輩教師は，単に同僚というのではなく，むしろ師匠に近いのかもしれない。

　「同僚性」という言葉を最近よく耳にするようになった。いつごろからこの言葉が注目を集めるようになったのか，また，この言葉が注目されるようになった背景には，どういう問題意識や事態があったのだろうか。「同僚性」は同僚意識と言い換えてもよいのだろうが，いずれにしても，職場の同僚教師たちとの協調性や連帯感を重視・強調する心性のことをいうのだろう。最近の若者は，思考においても行動においても，個人主義的傾向が強く，教師とてその例外ではない。若い教師は職場の同僚に対して無関心になっている。ひと昔前の教師たちは，国の教育政策について，職場の望ましい在り方について，互いの教育観について，口角泡を飛ばして熱く議論したものだ。ところが，最近の教師たちはそうではない。他人のやることに口出ししない反面，自分のやることに対しても口出しされることを好まない。職員室にはたくさん教師がいても，みんなバラバラである。こんな職場ではたしてよいのか。おそらくはこういう問題意識から「同僚性」が強調されるようになったものかと思われ，その意義はわからなくもない。しかし「同僚性」にはもう一つの面があることに注意したい。

　それは，「同僚性」ということをもっと考えろ，とまさに職場の同僚から注意されるような場合である。その場合の「同僚性ということをもっと考えろ」は，「職場の同僚の意見に合わせろ」という意味に近い。「同僚性」というよりは集団同調性といったほうがよいかもしれない。日本社会はもともと集団主義的傾向の強い社会であり，ただでさえ個人に対しては集団への同調圧力が強い。学校という職場も，組織の和を尊ぶ「共同体」的性格を有する。「共同体」の意向——実質的には集団内の多数意見——を慮って，言いたいことも言わずに（言えずに）沈黙を守ってしまうことが多い。多数意見に同調しない者に対しては，協調性に欠けるというレッテルが貼られる。そういう経験をしてきた者は，「同僚性」が強調されることに違和感を覚える。「同僚性」がズルズル拡大していくと，集団同調性に行き着くおそれがある。だから「同僚性」にはもっと警戒心をもったほうがよい。必要性を強調すべ

きなのは，同僚性よりもむしろ個人主義の原理ではないか。日本社会では，個人の自由度がもっと認められたほうがよい。

比較的年長の世代は「共同体」の同調圧力に苦しめられてきた経験があるため，「共同体」の意向から独立した個人主義の原理に対して寛容である。しかし今日では「共同体」の勢威が衰え，それに気をつかわなくてもよくなると，諸個人は個人主義を盾として勝手に行動するようになり，収拾がつかなくなる。そういう状況の中で「同僚性」の必要性が語られるようになってきているのである。

職場の同僚との関係の要諦は「和して同ぜず」ということに尽きるように思われる。ふだんは職場の同僚と協調関係を保ちながら（「和して」），しかし重要な問題に関しては，仲のよい同僚に対しても自分個人の原則を貫く（「同ぜず」）。学校という組織の一員である個人にはこういう生き方が求められるのであり，また一人ひとりの教師にそのような生き方を許容する学校組織の在り方が求められるのではないだろうか。

（3）教職の自己理解

教職の特徴については，佐藤学氏による，よく知られた次のような議論がある（佐藤，1997）。

① 教師の仕事はどこまでやってもきりがない（無定量性）。
② 仕事（授業，生徒指導，部活動の指導，校務分掌，地域住民との連絡協議，家庭訪問等）の範囲が際限なく広がっていく（無境界性）。
③ 例えば授業のように，教師の仕事は思いどおりにいかないことが多い（不確実性）。

「無」や「不」を強調するこういう議論は，教職の苦労や困難などのデメリットを，いささか誇張しすぎているように思われる。なぜなら教職には，デメリットに劣らずメリットも数多くあるからである。例えば，知識や技能が経験とともに蓄積されていくこと，毎年のように新しい教え子との出会いがあり，以前の経験を活かしていけることなどである。人間が相手の仕事だけに予測できないことが多く，時として危機的状況への対処を求められることもあるが，ほかならぬそのことが，教職がまったくのルーティンワークではなく，創造的な要素を多く含んでいることを示している。無定量性，無境

界性，不確実性は，教職だけの特徴であるとはいえないだろうが，しかし，たしかに教職の特徴でもある。ひと言でいって教職は，研究と同様，何年やっても完成するということのない仕事であり，常に新しい発見のある仕事である。さらに，それに携わることを通して自分自身も成長していける仕事である。裏返していうと，そういうことに意義や喜びを見いだせない人にとっては，教職は労多く報われることの少ない仕事だということになる。そういう面倒なことはごめんだという人は教師には向いていない。おもしろみはなくてもルーティンワークのほうが好きだという人は，教師には向いていないように思われる。

　教職の価値を，受け取る給料で計るなら，決して割りのよい職業であるとはいえない。しかし給料が少ないからといって，手抜きをしようと思う教師は少ないだろう。つまり教職の価値は，給料だけでは計れないのである。別のいい方をすれば，教え子一人ひとりのもっている可能性を伸ばし，立派な人間にするという職務それ自体が，教師にとっては報酬なのだといってもよい。困難ではあるけれども，やりがいのある仕事に誇りをもって取り組み最善を尽くす，これが教師という生き方ではないだろうか。教師の役割は，教え子が成長するための踏み台になることであるように思われる。教師というのは，かつては自分を慕ってきた教え子が，成長して自分のもとを去っていくことを喜びとしなければならない職業なのである。

　もう一度『生まれながらの教育者』から引用する。ここでは人間が「作品を作る人」「自己を作る人」「人間をつくる人」の3種類に分けられている。「作品を作る人」と対比させて，教育者（「人間をつくる人」）の特徴について考えてみたい。

　　　　シュライエルマッハーは，形成衝動をもつ人物を二通りに分けた。作品を作る人と自己を作る人である。前者は形成のエネルギーを外部に注ぎ，後者は自分自身に向ける。どうして彼は第3のタイプ，つまり他人の自己形成に尽力する人，人間をつくる人に言及していないのだろうか。

　ここに述べられているように，世の中には，人を育てることに関心のない人がいる。人を育てる時間とエネルギーがあったら，彼はそれを作品をつくることに振り向ける。生涯第一線に立つ研究者，生涯現役を続ける演奏家な

どは，そういう人たちである。それに対して，現役選手としては無名に終わったが，指導者として成功する人がいる。これはいい悪いの問題ではなく，向き不向きの問題である。もちろん，優れた研究者であって教育者としても有能な人もまれにはいるが，多くはどちらかに分かれるようだ。有能な研究者が有能な教育者とは限らないし，有能でなかった研究者が教育者としても有能でないとは限らない。その違いは何によるのかといえば，結局のところ当人が何に価値をおいているか，何に興味関心を抱いているか，ということであろう。教育者は自分自身で何かをつくり出すことよりも，他人が成長発達すること，自己実現することに関心があり，それに何よりも生きがいを見いだすのである。

　教職は「精神の情熱」なしには続けていくことのできない職業であるという意味のことを，ケルシェンシュタイナーもシュプランガーも述べている。もちろん教職だけがそうだというのは不遜というべきだろう。「精神の情熱」を必要とする職業は，教職のほかにもあるだろう。教職もそういう職業の一つだというにすぎない。

　　「生まれながらの」教育者について一般的に言えば，彼は何かであり，何かができる。彼は成長する者を，生きる名人へと助け育てる。彼はそうせざるをえない。それが彼の精神的な根本衝動だからである。
　　生まれながらの教育者はそうせざるをえないし，学問をした教育者はそうできるし，初心者は——そうしたいと思うのである。(24頁)

①　教育者としての使命感，責任感

　教育者としての使命感や責任感について考えるに際し，古代ギリシアの哲学者ソクラテス（Socrates: B.C. 469-B.C. 399）を引き合いに出してみよう。よく知られているように，ソクラテスは青年によからぬ影響を与えているとの廉(かど)でアテナイの法廷に立たされ，青年に対する働きかけをやめなければ死刑にすると宣告されたが，それは神から命じられたことだからといって一歩も譲らず，また逃亡しようとすればできたにもかかわらず，そうすることもせず，従容(しょうよう)として毒杯を仰いだ。

　手もとの辞書で「使命」を引くと「自分にあたえられたつとめ・仕事。天職」とある。問題は，「仕事」を誰から「あたえられた」とみるかである。

文部科学省，教育委員会や学校法人から与えられたとみることも可能だし，国民（直接的には父母などの保護者）から委託されたという考えも間違いではない。間違いではないが，しかしここはあえてソクラテス流に「教育の神」から与えられたのだ，と考えてみてはどうだろうか。自分は国などの行政機関に仕えるのでもなく，保護者に仕えるのでもなく，つまるところは「教育の神」に仕え，それに対して責任を負っているのだというように。こういうと，「教育の神」などというものは聞いたことがない，「教育の神」とはいったいどういうものでどこにいるのか，と問われるかもしれない。実は私も知らないのだが，国家や国民を超越する権威を想定してみてもよいのではないか。文部科学省や教育委員会や中教審等々の指示や要求に唯々諾々と従うのではなく，それらに対して批判的に距離をとるためには，それらを相対化することのできる超越的な権威の存在が必要不可欠であり，それを仮に「教育の神」とよぶのである。ソクラテスがアテナイの市民の声にではなく神託に従ったように，教育者は行政機関や校長や理事長の意見にではなく，内なる「教育の神」の声に耳を傾けるべきだといいたいのである。これは突飛な主張であろうか。「教育の神」というのがあまりにも神秘主義的に聞こえるとしたら，ルソー（J. -J. Rousseau: 1712-1778），ペスタロッチ，デューイ（J. Dewey: 1859-1952）といった教育の哲人たちが裁判官として居並ぶ空想の法廷を想像してみよう。そこに呼び出されて，自分が教師としてやったことや，やらなかったことについて，堂々と申し開きできるかということである。空想の教育法廷に立たされたとき弁明できるかどうかを基準として，自らの教育実践を方向づけよということである。

　責任感のほうはどうか。教師は誰に対して責任を負うのか。これについても，いろんな相手がいる。上司や同僚の教師に対して，行政機関に対して，社会に対して等々。しかし教師が最も責任を負うべきは，やはり自分の教え子に対して，そして教え子を自分に託した保護者に対して，であろう。

[新井保幸]

【引用・参考文献】
中央教育審議会 「新しい時代の義務教育を創造する（答申）」 2005
Kerschensteiner, G. 1924／玉井成光 訳 『教育者の心：その本質の構造』 協同出版 1957
教育職員養成審議会 「新たな時代に向けた教員養成の改善方策について（第1次答申）」 1997
向山洋一 『教師修行④ 向山学級騒動記：裏文化の知性』 明治図書 1983
中野好夫 「教育しない教育（2）」『中野好夫集2』 筑摩書房 1984
佐藤学 『教師というアポリア：反省的実践へ』 世織書房 1997
Spranger, E. 1958／浜田正秀 訳 『教育者の道：生まれながらの教育者（改訳)』 玉川大学出版部 1967

第 5 章

教員養成カリキュラムの在り方

5-1 「三重の教養」

　日本における教員養成カリキュラムは,「大学における教員養成」と「開放制の教員養成」の二つの原則のもと,教育職員免許法及び同法施行規則によって大学の教職課程において履修すべき科目の区分と修得すべき単位数の最低基準が規定されている。各大学では,この規定に基づきながらも,それぞれの大学の建学の理念や教員養成の理念に従って独自に教職課程の諸科目を体系的に設定しているわけである。

　戦後,1946（昭和21）年の『第一次アメリカ教育使節団報告書』(村井訳／解説,1979) が教師の養成教育は「三重でなければならない」, すなわち, ①一般教育ないしは自由教育, ②教える事柄についての特別な知識 (＝教科専門教養), ③自分 (教師) の仕事の専門職的側面について (の) 特別の知識 (＝教職専門教養) が必要である, と指摘して以来, 今日まで, 教員養成にはこの3領域の知識あるいは教養が必要であることは広く認められている。

　このうち一般教育については, これと専門教育の法的な区分は大学設置基準の大綱化 (1991年) によってなくなったが, 教職課程履修者に限らずす

べての学生にとっての一般教育（教養教育）の意義と重要性はどの大学でも認識しており，その名称は用いずとも新たな形での在り方の模索が今日も続いている。かつての一般教育が，専門分野の学習に先立ってその初歩的な内容を体系的に満遍なく学ばせたのに対して，今日の一般教育では，将来の専門が何であるにせよ，一人の社会人，国民としての「普遍的な資質能力」の育成が求められているといってよい。教職課程については，後にもふれる1997（平成9）年の教育職員養成審議会の答申「新たな時代に向けた教員養成の改善方策について」が，変化の激しいこれからの時代に特に教員に求められる「具体的資質能力」として「地球的視野に立って行動するための資質能力」と「変化の時代を生きる社会人に求められる資質能力」をあげており，そうした資質能力を育てるために「教職に関する科目」として「総合演習」の新設を提言した。しかし，このような大きな課題に正面から向き合うためには，単にこの2単位科目だけなく，一般教育の各科目が全体としてその役割を果たすべきである。教職教育に求められている一般教育（教養教育）改革の動向と大学教育全体における一般教育（教養教育）改革の動向は，軌を一にしているというべきである（後にふれる「教職実践演習」の必修化に伴って2010年度入学生から「総合演習」は必修科目から外されることになったが，その理由の一つが，近年各大学において一般教育が改善充実されてきていることである，とされた）。

　一方，教職専門教養や教科専門教養については，現行の教育職員免許法及び同法施行規則において「教科に関する科目」「教職に関する科目」「教科又は教職に関する科目」として規定されている。それぞれの科目区分にどのような名称と内容の科目を設定し，またその必要単位数と全体のバランスをどうするか。教員養成カリキュラムをめぐる中心的な論点の一つがここにある。

5-2　教育職員免許法と同法施行規則改正

　教育職員免許法の制定は1949（昭和24）年のことである。その後，中央教育審議会や教育職員養成審議会，臨時教育審議会等が教員としての使命感や教育的愛情，一般教養や専門教養，教職教養等の資質向上策をめぐって答

申を出し，それらを受けて何度かの改訂を経て現行免許法に至っているが，近年の大きな改正としては，1988（昭和63）年，1998（平成10）年，そして2007（平成19）年のものがある。教職課程の諸科目を「大学で指定されているから」という受け身の姿勢で履修するのではなく，目的をもって主体的に学習するためにも，関連答申等を通して改正の趣旨を知っておくことが重要である。以下，それぞれの要点を整理しておこう。

（1）1988（昭和63）年改正

　1984（昭和59）年から1987（昭和62）年まで設置された臨時教育審議会はその最終答申（「教育改革に関する第4次答申」1987年8月）において，「教員の資質向上」に関して，①教員養成・免許制度，採用の改善，②初任者研修制度の創設，③現職研修の体系化，の3点を提言した。これを受けて教育職員養成審議会は1987年12月に答申「教員の資質能力の向上方策等について」を取りまとめ，翌1988年に免許法が改正された。主な改正点は以下のとおりである（表5-1および表5-3を参照）。

① 従来，基礎資格によって「一級免許状」（学部卒業で中学校，小学校，幼稚園教諭及び大学院修士課程修了で高等学校教諭）及び「二級免許状」（学部卒業で高等学校教諭及び短期大学卒業で中学校，小学校，幼稚園教諭）となっていた区分を，「専修免許状」（大学院修士課程修了で高等学校，中学校，小学校，幼稚園教諭），「一種免許状」（学部卒業で高等学校，中学校，小学校，幼稚園教諭）及び「二種免許状」（短期大学卒業で中学校，小学校，幼稚園教諭）の3区分に改めた。（答申では，「専修免許状」「標準免許状」「初級免許状」とされていた。）

② 最低修得単位数を増加することで免許基準が引き上げられた。小学校はそれまでの48単位から59単位に，中学校は46単位（教科によっては54単位）から59単位に，高等学校も46単位（教科によっては54単位）から59単位に単位数が増加した。

③ 教職に関する科目の名称を，「履修すべき分野やそのねらい等を明らかにするように概括的な表現に改め」るため，それまでの「教育原理」及び「教育心理学，児童心理学」を「教育の本質と目標に関する科目」「幼児，児童，生徒の心身の発達と学習の過程に関する科目」「教育の社

会的，制度的又は経営的な事項に関する科目」とした。また，「教材研究」及び「道徳教育の研究」を「教育課程に関する科目」とし，教科教育法，道徳教育及び特別活動の3領域にわたって修得することとした。さらに，「教育の方法・技術（情報機器及び教材の活用を含む）に関する科目」及び「生徒指導（教育相談を含む）に関する科目」を新設した。

④　「教育実習」について，実習期間は従来どおり，高等学校と中学校は2週間，小学校は4週間とするが，1単位分の「事前及び事後指導」を加え，高等学校及び中学校は2単位から3単位に，小学校は4単位から5単位にした。

このように最低修得単位数，特に教職に関する科目の増加によって教員免許状の取得が難しくなったことがうかがえる。また当時，教育実習受け入れ校から大学に対して，実習の充実のために各大学における教職教育，特に事前指導の内容を実習に先立って実習校に詳しく伝えてほしい，という強い要望があったことも知っておく必要がある。

なお，同答申では，大学で教職課程を履修しなかった者が教員免許状を取得できる「教職特別課程」の設置を提言している。また，特別免許状や特別非常勤講師の制度を設け，教員免許状をもたない社会人が教員になる道も開かれた。教職課程に対しては最低修得単位数を引き上げたのに対してこの政策は矛盾している，という指摘もあるが，教員に広く人材を求めるという観点からみると必ずしもそうとばかりはいえないであろう。

(2) 1998（平成10）年改正

1996（平成8）年7月，「ゆとり」の中で「生きる力」を育てることの必要性を謳った中央教育審議会の答申「21世紀を展望した我が国の教育の在り方について」が発表された。教員養成については，「[生きる力]の育成を重視した学校教育を担う教員を育てるとの観点に立って」，「教育相談を含めた教職科目全体の履修の在り方，教育実習の期間・内容の在り方，さらには，幅広く将来を見通して，修士課程をより積極的に活用した養成の在り方などに特に留意する必要がある」と述べていたが，この提言を受けて1997（平成9）年7月に教育職員養成審議会の第1次答申「新たな時代に向けた

表5-1　1988（昭和63）年改正時の基準（免許法第5条別表第1）

区　分	小学校			中学校			高校		特殊教育諸学校			幼稚園		
	専	一	二	専	一	二	専	一	専	一	二	専	一	二
教科に関する科目	18	18	10	40	40	20	40	40				16	16	8
教職に関する科目	41	41	27	19	19	15	19	19				35	35	23
教科又は教職に関する科目	24			24			24					24		
特殊教育に関する科目									47	23	13			
合計	83	59	37	83	59	35	83	59	47	23	13	75	51	31

注）上記のほか，施行規則第66条の4により，「日本国憲法」「体育」（各2単位）の修得が必要。

表5-2　1998（平成10）年改正時の基準（免許法第5条別表第1）

区　分	小学校			中学校			高校		特殊教育諸学校			幼稚園		
	専	一	二	専	一	二	専	一	専	一	二	専	一	二
教科に関する科目	8	8	4	20	20	10	20	20				6	6	4
教職に関する科目	41	41	31	31	31	21	23	23				35	35	27
教科又は教職に関する科目	34	10	2	32	8	4	40	16				34	10	
特殊教育に関する科目									47	23	13			
合計	83	59	37	83	59	35	83	59	47	23	13	75	51	31

注）上記のほか，施行規則第66条の4により，「日本国憲法」「体育」（各2単位）の修得が必要。

表 5-3 1988（昭和63）年改正時の基準（施行規則第 6 条付表）

欄	教職に関する科目	小学校			中学校			高校		幼稚園		
		専	一	二	専	一	二	専	一	専	一	二
2	教育の本質及び目標に関する科目	12	12	6	8	8	6	8	8	12	12	6
	幼児，児童又は生徒の心身の発達及び学習の過程に関する科目											
	教育に係る社会的，制度的又は経営的な事項に関する科目											
	教育の方法及び技術（情報機器及び教材の活用を含む。）に関する科目											
3	教科教育法に関する科目	22	22	14	6	6	4	4	4			
	道徳教育に関する科目											
	特別活動に関する科目											
4	教育課程一般に関する科目									18	18	12
	保育内容に関する科目											
	指導法に関する科目											
5	生徒指導及び教育相談に関する科目	2	2	2	2	2	2	2	2			
	生徒指導，教育相談及び進路指導に関する科目											
6	教育実習	5	5	5	3	3	3	3	3	5	5	5
	合計	41	41	27	19	19	15	19	19	35	35	35

表5-4 1998（平成10）年改正時の基準（施行規則第6条付表）

第二欄	教職に関する科目	左記の各科目に含めることが必要な事項	幼稚園 専修	幼稚園 一種	幼稚園 二種	小学校 専修	小学校 一種	小学校 二種	中学校 専修	中学校 一種	中学校 二種	高校 専修	高校 一種
第二欄	教職への志向と一体感の形成に関する科目	(1) 教職の意義及び教員の役割 (2) 教員の職務内容（研修，服務及び身分保障等を含む。） (3) 進路選択に資する各種の機会の提供等	2	2	2	2	2	2	2	2	2	2	2
第三欄	教育の基礎理論に関する科目	(1) 教育の理念並びに教育に関する歴史及び思想 (2) 幼児，児童及び生徒の心身の発達及び学習の過程（障害のある幼児，児童及び生徒の心身の発達及び学習の過程を含む。） (3) 教育に関する社会的，制度的又は経営的事項	6	6	4	6	6	4	6	6	4	6	6
第四欄	教育課程及び指導法に関する科目	(1) 教育課程の意義及び編成の方法 (2) 各教科の指導法 (3) 道徳の指導法 (4) 特別活動の指導法 (5) 教育の方法及び技術（情報機器及び教材の活用を含む。）				22	22	14	12	12	4	6	6
		(1) 教育課程の意義及び編成の方法 (2) 保育内容の指導法 (3) 教育の方法及び技術（情報機器及び教材の活用を含む。）	18	18	12								
	生徒指導，教育相談，進路指導等に関する科目	(1) 生徒指導の理論及び方法 (2) 教育相談（カウンセリングに関する基礎的な知識を含む。）の理論及び方法 (3) 進路指導の理論及び方法				4	4	4	4	4	4	4	4
		(1) 幼児理解の理論及び方法 (2) 教育相談（カウンセリングに関する基礎的な知識を含む。）の理論及び方法	2	2									
第五欄	総合演習		2	2	2	2	2	2	2	2	2	2	2
第六欄	教育実習		5	5	5	5	5	5	5	5	5	3	3

注）2010（平成22）年度入学生から，「総合演習」に代わって「教職実践演習」（2単位）が必修となる。

教員養成の改善方策について」が発表され，これに基づいて1998（平成10）年，以下の免許法改正がなされた（表5-2及び表5-4を参照）。

① 各学校種の一種及び二種免許状について，新たに「教科又は教職に関する科目」の区分を設け，選択履修方式を導入した。これにより，大学の創意工夫によるカリキュラム編成が可能になるとともに，履修者にとっても自らの主体的な判断による重点履修が可能となり，得意分野づくりや個性の伸長が期待された（1998（平成10）年学習指導要領の柱の一つが，「各学校が創意工夫を生かし特色ある教育，特色ある学校づくりを進めること」であった）。

② 今後教員に求められる地球的視野に立って行動するための資質能力を育成するため，「教職に関する科目」として「総合演習」（2単位）を新設した。地球環境問題や異文化理解など人類に共通するテーマや日本の社会全体にかかわるテーマをとりあげて理解を深めるとともに，そうしたテーマについて幼児・児童・生徒への指導という観点から指導案や教材を作成したりすることが期待された。

③ 国際化，情報化の進展をふまえ，「外国語コミュニケーション」（2単位）と「情報機器の操作」（2単位）の履修を施行規則第66条の4において義務づけた。

④ 「教職への志向と一体感の形成に関する科目」（2単位）を新設し，教職の意義及び教員の役割・職務内容の教授，進路として教職を選択することの可否を判断することに資する各種機会の提供を行うこととした。

⑤ 中学校の教育実習の単位数を5単位に引き上げた。授業実習だけでなく，特別活動や部活動等を通じて生徒理解を深めたり，学校運営や教員の職務の実態に触れる時間を十分に確保することがねらいである（本来の意図は2週間の教育実習を4週間にすることにあったのだが，学校側の負担の問題もあり，3週間の実習で4単位（及び事前事後指導1単位）とする大学も多い）。

⑥ 生徒指導，教育相談及び進路指導に関する科目を4単位とし，カウンセリングにかかわる内容が含まれることになった。

⑦ 「幼児，児童及び生徒の心身の発達及び学習の過程に関する科目」に，障害のある子どもたちの心身の発達及び学習の過程にかかわる内容が含

まれることになった。

⑧　「教科に関する科目」の単位数が半減される一方で，各教科の指導法の単位数は，中学校が2単位から6〜8単位へ，高校も2単位から4単位へと引き上げられた。

　先にも述べたようにこの第1次答申では，変化の激しいこれからの時代に特に教員に求められる「具体的資質能力」として「地球的視野に立って行動するための資質能力」「変化の時代を生きる資質能力」「実践的指導力につながる資質能力」をあげており，上記改正はいずれもこうした時代の要請をふまえてなされたものである。

　なお，1997年6月に「小学校及び中学校の教諭の普通免許状授与に係る教育職員免許法の特例等に関する法律」（いわゆる「介護等体験特例法」）が施行され，義務教育学校の免許状取得希望者に特殊教育諸学校（現在は特別支援学校）で2日以上，社会福祉施設で5日以上の介護等体験が義務づけられた。社会的に立場の弱い人たちとのふれあいを通じて「個人の尊厳及び社会連帯の理念に関する認識を深めること」（同法第1条）がその趣旨である。

（3）2007（平成19）年改正

　2006（平成18）年7月の中央教育審議会の答申「今後の教員養成・免許制度の在り方について」は，標記の課題について，「(1) 大学の教職課程を，教員として最小限必要な資質能力を確実に身に付けさせるものへ，(2) 教員免許状を，教職生活の全体を通じて，教員として最小限必要な資質能力を確実に保証するものへ」，という2つの方向で改革を進めること，具体的には「教職課程の質的水準の向上」「『教職大学院』制度の創設」「教員免許更新制の導入」の3点を提言したものである。

　このうち，「教職大学院」は2007年3月公布の「専門職大学院設置基準及び学位規則の一部を改正する省令」により2008年4月に19の教職大学院が開学した。また，「教員免許更新制」は，同じく2007年7月の免許法改正により，2009（平成21）年度より更新講習が実施されている。

　教員養成カリキュラムの在り方としては，「教職課程の質的水準の向上」策の一つとして「教職実践演習」（2単位）が新設・必修化されたことが重

要である。これは,「教職課程の他の科目の履修や教職課程外での様々な活動を通じて学生が身に付けた資質能力が,教員として最小限必要な資質能力として有機的に統合され,形成されたかについて,課程認定大学が自らの養成する教員像や到達目標等に照らして最終的に確認するもの」であるとされた。当該学生が教員免許状を授与されるにふさわしい資質・能力を備えているかどうか,その最終判断を大学の責任において行え,というわけである。この科目は免許法施行規則の改正によって「教職に関する科目」としておかれ(科目の内容については後にふれる),2010年度入学生から教育実習を終えた4年次後期(短大は2年次後期)に必修科目として配当されることになっている。またこの科目の新設に伴い,従来の「総合演習」は「教職に関する科目」には位置づけないこととされた(「教科又は教職に関する科目」として引き続き開講する大学もある)。

5-3　現場体験学習の広がり

　二つめの論点として,教職課程の学生が,必修である教育実習や介護等体験とは別に一定期間幼稚園や小中高校の現場に出向き,授業や学校行事の補助,放課後の個別指導等に従事する例が増えていることを指摘したい。こうした傾向は特に近年,教員養成系大学・学部だけでなく一般大学にも拡大し,大学が地域の教育委員会と連携して事業を進めたり,また活動を単位化するところも出てきた。

(1)「フレンドシップ事業」,学校支援ボランティア(インターンシップ)
　旧文部省が刊行した『平成9年度　我が国の文教施策』では,国立の教員養成系大学・学部の学生が子どもたちとふれあい,子どもの気持ちや行動を理解し,実践的指導力の基礎を身につけられるよう,宿泊ふれあい活動や理科実験教室などの機会を設ける等の取り組みを行っている「フレンドシップ事業」を紹介している。こうした動きの嚆矢となったのが,1994(平成6)年度から信州大学教育学部で始まった「信大YOU遊サタデー」であるといわれているが,その趣旨は,①学生生活の充実,②大学開放,③学校週五日制への対応,④実践的指導力の基礎,の4点であると説明されていた。

先にもふれた1997年の教育職員養成審議会の第1次答申でも，教育実習本体（必修部分）に加えて多様な学習機会の確保が必要であるとして，以下のように述べられている。

　　休業土曜日を活用した子どもたちとのふれあいの機会の設定，学校・教育委員会・大学の連携による子どもたちとの合宿・交流事業の実施，教育委員会の協力により教員を志願する者が毎週学校の授業等の補助を行う試みなど，近年，教職課程において様々な取組みが工夫されている。

　　各大学においては，このような多様な取組みを積極的に進めるとともに，「教科又は教職に関する科目」に属する授業科目として単位認定することも含め，教員養成カリキュラムへの適切な位置付けについて検討する必要がある。

　東京都や大阪府をはじめとしていくつかの教育委員会では，1998（平成10）年版学習指導要領の実施された2002（平成14）年前後から児童生徒の学力づくりや学びの場の充実を目的として，教職課程の学生を「ティーチングアシスタント」「スクールサポーター」「学校支援ボランティア」として現場に派遣する事業を進めた。先にもふれたように，今日では市区町村教育委員会と大学が連携して事業を進めているところも多い。大学あるいは学生の立場からすると，こうした活動の意義は，上述の地域貢献とともに，比較的長期にわたる児童生徒とのふれあいを通して子どもと学校の現実を知ることで自己の適性を確認しつつ，実践的指導力の基礎を培うことにある，といってよい。

（2）日本教育大学協会「モデル・コア・カリキュラム」

　2001（平成13）年3月，「国立の教員養成系大学学部の在り方に関する懇談会」（通称「在り方懇」）が報告書をまとめた。これは，少子化による教員就職率の低下によって教員養成課程の定員が縮小され，その一方で免許取得を目的としない「新課程」が拡大する状況のもとで，国立の教員養成系大学・学部が現在直面する課題を明らかにするとともに，今後の教員養成系大学・学部や大学院のカリキュラムや教員組織の在り方から学部の組織体制，附属学校の在り方まで論じ，特に大学・学部の再編統合の必要性を論じたこ

とで当時かなり話題になったものである。

　本章の文脈では，同報告が，「教員養成学部内においても従来からいわゆる『アカデミッシャンズ（学問が十分にできることが優れた教員の第一条件と考える人達）』と『エデュケーショニスト（教員としての特別な知識・技能を備えることこそが優れた教員の第一条件と考える人達)』との対立があ」るなど，教員養成に携わる教員間においても教職カリキュラムに関する共通認識が欠けていたことを指摘し，「日本教育大学協会を中心として速やかに教員養成のモデル的なカリキュラムを作成し，各大学はそれらを参考にしながら，自らの学部における特色ある教員養成カリキュラムを作成していくことが求められる」と提言したことに注目しよう。

　これを受けて日本教育大学協会は検討を重ね，2004（平成16）年3月に「教員養成の『モデル・コア・カリキュラム』の検討――『教員養成コア科目群』を基軸にしたカリキュラムづくりの提案」をまとめた。この「提案」では，「教員養成を担う大学・学部のカリキュラムにおいては，学生が教育現場に接する機会が十分に提供されておらず，極めて限定されたものでしかない例が多」いことが指摘され，また，「多様な現場体験が学生に提供されていたとしても，それが教育実習，あるいは大学教育全体と関連付けられたり，系統的にシステム化されたりしているとは限ら」ない現状が批判される。その上で，改善の方向として，単に現場体験の提供にとどまることなく「体験」と「研究」との往還運動がなされる場のモデルとして「教員養成コア科目群」の設定を提案したのである。「提案」では次のように述べられている。

　　　重要なのは，教育現場での実感や，そこに共通する主観的認識を，文脈を超えて共有できる概念や用語，「知」に作り上げることであり，またそのことによって教育現場での子どもの指導に有用な方法を示していくことである。また，教育現場における教科の内容と指導に責任を持てるように，現場にフィードバックする中で，大学における専門領域で教えられている内容を再構築することである。

　こうした方向に影響を受け，あるいは先取りする形で多くの教員養成系大学・学部が教育現場での体験学習（とその省察）を4年間の教職課程に位置づけようとしている（例えば，鳴門教育大学コア・カリ開発研究会，

2006；遠藤・福島，2007を参照）。また，先にも述べたように，一般の私立大学でも現場体験学習の充実に積極的に取り組み，これを単位化するところも出てきた。

　特別な支援を必要とする子どもへのかかわり方などの事前指導をどう進めるか，個々の学生の体験をどう省察させ，また複数の学生間で情報をどう共有させるか，大学と派遣校との連絡調整をどう進めるか，等々課題は多いが，単位化されていない任意の「学校支援ボランティア」の場合を含め，こうした活動をあくまで大学の教育活動の一環であるととらえ，上記の諸課題に大学自身が主体的に取り組むことが求められている，といってよいであろう。

5-4　教育内容から「到達目標」へ
——「教職実践演習」，学士課程の質保証

　近年の教職カリキュラム改革をめぐるもう一つの論点は，その力点が教職カリキュラムの科目やその内容から学習を通して身につけた能力とその確認の在り方に移ってきたことである。

　「大学の教職課程を，『教員として最小限必要な資質能力』を確実に身に付けさせるものに改革する」と，2006（平成18）年の中央教育審議会答申で述べられている。「教員として最小限必要な資質能力」とは，1997年の教員養成審議会第1次答申のいう「養成段階で修得すべき最小限必要な資質能力」，すなわち「教職課程の個々の科目の履修により修得した専門的な知識・技能を基に，教員としての使命感や責任感，教育的愛情等を持って，学級や教科を担任しつつ，教科指導，生徒指導等の職務を著しい支障が生じることなく実践できる資質能力」であるとされる。先にも述べたように，2006年の答申では，この「教員として最小限必要な資質能力」が確実に身についたかどうかを確認するための科目として「教職実践演習」の新設・必修化を提言したのであった。

　同答申は，「教職実践演習」には教員として求められる以下の四つの事項を含めるのが適当であるとした。

　①　使命感や責任感，教育的愛情等に関する事項

②　社会性や対人関係能力に関する事項
　③　幼児児童生徒理解や学級経営等に関する事項
　④　教科・保育内容等の指導力に関する事項

　いずれの内容も既存の教職科目で扱っている，態度にかかわる側面が強調されすぎている，といった批判もあるが，教育実習を含めて教職課程諸科目の学習を総合し確認する，という点で固有の価値を有する科目であるといってよい（②そのものを中心的な内容とする科目はあまりないであろう）。

　答申には「教職実践演習（仮称）について」という資料が添付されており，そこでは，「科目の趣旨，ねらい」「授業内容例」「到達目標及び目標到達の確認指標例」「授業方法等」がかなり詳細に例示されているので，読者は文部科学省のホームページで確認されたい。例えば，「①使命感や責任感，教育的愛情等に関する事項」についての「到達目標及び目標到達の確認指標例」は以下のとおりである。

- **到達目標**
    - 教育に対する使命感や情熱を持ち，常に子どもから学び，共に成長しようとする姿勢が身に付いている。
    - 高い倫理観と規範意識，困難に立ち向かう強い意志を持ち，自己の職責を果たすことができる。
    - 子どもの成長や安全，健康を第一に考え，適切に行動することができる。
- **目標到達の確認指標例**
    - 誠実，公平かつ責任感を持って子どもに接し，子どもから学び，共に成長しようとする意識を持って，指導に当たることができるか。
    - 教員の使命や職務についての基本的な理解に基づき，自発的・積極的に自己の職責を果たそうとする姿勢を持っているか。
    - 自己の課題を認識し，その解決に向けて，自己研鑽に励むなど，常に学び続けようとする姿勢を持っているか。
    - 子どもの成長や安全，健康管理に常に配慮して，具体的な教育活動を組み立てることができるか。

　先に「大学の教職課程を，『教員として最小限必要な資質能力』を確実に身に付けさせるものに改革する」（下線引用者）という2006年の答申を引

用したが，具体的にはこうした改革を教員養成カリキュラムにおける到達目標の設定とその確認作業によって果たすべきである，というわけである。

　これを受け，教員に必要な資質能力を析出してこれをいくつかの領域に分類し，それぞれにおける到達目標と確認指標を設定する，また個々の到達目標に対して教員養成カリキュラムのどの科目が貢献しているのかを明らかにしようとする試みが，先進的な大学でなされ始めている。教員養成教育の結果に対する大学の社会的責任を明示しようとする試みであると評価することができるだろう。

　ただし，到達目標の多くが「〜することができる」といういわゆる行動目標として記述されていることにかかわって，かつて行動目標理論が日本に紹介されたときになされたさまざまな批判——行動目標を数え上げることで学習の全体像を評価したことになるのか，学習の成果はそのすべてがそう遠くない将来に行動となって表れるものなのか，目標の明確化イコール目標の望ましさを保証するものではない，仮に望ましいと評価できる目標行動があったとしてもそれは学習者のある望ましい状態の現れの一つとして解釈されるべきだ，等々——に留意する必要があるだろう。到達目標が具体的で検証可能なのはいいが，過度に細かく設定することでその確認作業が煩雑になりすぎ，かえって学習成果の全体像がみえなくなってしまうおそれも指摘され始めている。重要なのは，目標の意味内容を教師間だけでなく教師−学生間でも相互に理解し，目標内容の全体的輪郭を浮き彫りにすることである。

　こうした改革の方向は，今日教職課程のみならず広く「学士課程教育」（学部教育）全体に対しても求められている。2008（平成20）年の中央教育審議会の答申「学士課程教育の構築に向けて」は，個々の大学が掲げる教育研究の目的や学位授与の方針が総じて抽象的で曖昧である現状を批判したうえで，それらを，学生に身につけることが期待される学習成果を重視する観点から具体的かつ明確に記述し，学内外に対して積極的に公開することを求めた。ユニバーサル化しつつある日本の大学がいかにして社会的信頼を勝ち得るか。「出口管理」「質保証」はそのための中心的な課題であり，それは教職課程の場合もまったく同様なのである。

　これまでみてきたように，近年の教員養成カリキュラム改革の動向は，「実践的指導力」をキーワードに免許基準の引き上げ，教職に関する科目，

特に教育実践に直結する教育課程・指導法に関する科目及び現場体験学習の重視，そして「教職実践演習」の新設にみられるように学習の結果に対する責任の重視（「質保証」），等によって特徴づけられよう。教員養成や研修における力点が「実践的指導力」の育成に偏りすぎている，という批判もあるが（例えば，新井，2006），しかし，校内暴力からいじめ，不登校，学級崩壊，そして学力問題からモンスター・ペアレンツの出現とその対処へと続く今日の深刻かつ複雑な教育諸問題を前にして学校や教師，そして大学における教員養成教育に対する信頼が揺らいでいることは残念ながら否定できない。この信頼をいかに取り戻すか。

　こと教育に関してはあまり急激な改革や変化は望ましくないと思われるが，一部自治体では「教師塾」を開設して自前で教員養成を行い，また2009（平成21）年の政権交代後は教員免許更新制の廃止と教職課程の6年制化[1]が現実味を帯びてきた。現在の教職課程をみる社会の視線には大変厳しいものがあることを学生諸君は肝に銘じ，これまでの教員養成カリキュラムの改革についても批判的視点を見失うことなく，学びの主体者として教職課程の学習に臨んでほしいと思う。

[滝沢和彦]

【注】
1) 本稿執筆時点（2009年秋）では具体的な制度設計は不明であるが，教育実習を1年間とすること，教科に関する科目を充実させること，そして何より教員に修士の学位を取得させること，等が改正の眼目であるといわれている。

【引用・参考文献】
新井保幸　「教師教育の哲学をめざして：教師に求められる資質能力とは何か」　新井保幸・高橋勝 編　『教育哲学の再構築』　学文社　2006
中央教育審議会　「21世紀を展望した我が国の教育の在り方について」　1996
中央教育審議会　「今後の教員養成・免許制度の在り方について」　2006
中央教育審議会　「学士課程教育の構築に向けて」　2008
遠藤孝夫・福島裕敏 編　『教員養成学の誕生：弘前大学教育学部の挑戦』　東信堂　2007
国立の教員養成系大学・学部の在り方に関する懇談会　「今後の国立の教員養成系大学・学部の在り方について」　2001
教育職員養成審議会　「教員の資質能力の向上方策等について」　1987

教育職員養成審議会 「新たな時代に向けた教員養成の改善方策について」 1997
文部省 『平成 9 年度 我が国の文教政策』 国立印刷局 1997
村井実 訳／解説 『アメリカ教育使節団報告書』（講談社学術文庫） 講談社 1979
鳴門教育大学コア・カリ開発研究会 編 『教育実践学を中核とする教員養成コア・カリキュラム』 暁教育図書 2006
日本教育大学協会 「教員養成の『モデル・コア・カリキュラム』の検討：『教員養成コア科目群』を基軸にしたカリキュラムづくりの提案」 2004
日本教師教育学会 編 『日本の教師教育改革』 学事出版 2008
臨時教育審議会 「教育改革に関する第 4 次答申」 1987
東京学芸大学教員養成カリキュラム開発研究センター 編 『教師教育改革のゆくえ：現状・課題・提言』 創風社 2006
横須賀薫 『教員養成：これまで これから』 ジアース教育新社 2006

【追記】
　本書初版では「教員免許更新制の廃止と教職課程の 6 年制化が現実味を帯びてきた。」と書いたが，結局これらはいずれも実現しなかった。
　平成 24 年 8 月の中教審答申「教職生活の全体を通じた教員の資質能力の総合的な向上方策」は，社会と学校をめぐる諸問題の多様化・複雑化の中で「学び続ける教師像」の確立と教員養成改革の方向性として教員養成の「修士レベル化」を提言したが，より具体的な検討が進むのは 24 年 12 月の自民党の政権復帰後のことである。
　平成 27 年 12 月 21 日の中教審答申「これからの学校教育を担う教員の資質能力の向上について～学び合い，高め合う教員育成コミュニティの構築に向けて～」は教員の養成・採用・研修の一体的改革を提言しているが，特に教員養成段階（教職課程）のカリキュラム改革については以下の諸点が重要である。
　① 教員免許状の取得に必要な単位数は増加させないが，新たな教育課題（アクティブ・ラーニングの視点からの授業改善，ICT を用いた指導法，道徳教育の充実，外国語教育の充実，特別支援教育の充実）に対応できるよう教職課程の内容を精選・重点化する。
　② 従来の「教科に関する科目」「教職に関する科目」等の科目区分を撤廃し「教科及び教科の指導法に関する科目」区分を新設するなど「教職課程における科目の大くくり化」を図ることで，教科と教職の架橋の推進等各大学による意欲的な取り組みを促す。
　③ 学校インターンシップについては教育実習の単位の一部に充てることも可能とし，教職実践演習とともに「教育実践に関する科目」区分に含める。
　本答申を受けて平成 28 年 11 月に教育職員免許法が一部改正された。教職課程における具体的な科目履修については，平成 29 年 3 月に見込まれる新学習指導要領の告示を待って，教育職員免許法施行規則において定められることになっている。

第6章

教師教育の制度（1）
——教員養成——

　本章と次の第7章では，教師教育の制度について論述する。教師教育は養成・採用・研修という各段階で行われると考えるのが今日の定説である。本章はこのうち教員養成制度について論じ，次章では採用と研修の制度を扱う。そして教員養成制度を扱う本章では，前半で戦後教員養成制度の成立・展開過程について論述し，後半では日本の教員養成制度の現状と課題について考察する。

6-1　戦後教員養成制度の成立・展開過程

　第二次世界大戦後の日本の教員養成制度は，「大学における養成」と「免許状授与の開放制」という二大原則をもって出発した。それらの原則は基本的には今日でも維持されているが，課程認定制度の導入（1954年）以降，開放制を制限する方向での修正が幾度かにわたって行われてきている。

（1）大学における教員養成の原則

　教員養成は，戦前のように**師範学校**ではなく，大学において行うというのが，戦後教員養成制度の基本原則である。なぜ師範学校ではなく大学なの

か。師範学校は小学校教員の養成を一手に引き受けてきた。その意味で師範学校は閉じた教育機関だった。師範学校は第二次世界大戦の終盤に「専門学校程度の学校」に昇格した（1943年）が，それまでは中等教育機関という位置づけだった。また戦前でも，中等教育段階の教員は師範学校出身ではなかった。

　それに対して大学は，学問研究の自由と自治を保障された高等教育機関である。そのようなものとしての大学で教員養成を行うというのが，戦後教員養成制度の基本原則の一つだった。裏返していえば，大学における教員養成という基本原則は，師範学校の廃止を前提とするものだったということができる。敗戦直後における教員養成の理念は，誤解を恐れずにいえば，きわめて教養主義的なものであった。なぜなら，大学教育を受けた者であるならば，必要な若干の教職科目（教育原理，教育心理，教科の指導法など）を修得すれば教員になることができる。教員に必要なのは，担当教科に関する専門知識や教授法などよりも，幅広い教養をもった個性豊かで多様な人間だという認識が示されていたからである。敗戦直後の大学のレベルは，今日の大衆化した大学とは比べものにならないくらい高かった。教職関係の科目の数も内容もきわめてシンプルなものだった。大学に対する信頼感はまだあったわけである。大学における教員養成という基本原則はそういう時代に立てられたもので，その後生じてくる多くの出来事（廃止されるはずだった師範学校が生き残って大学に昇格したこと，進学率の上昇に伴い受験戦争が激化し，多くの教育問題を発生させるようになったこと，大学の大衆化によって大学生のレベルが著しく低下するようになったこと等々）を見通した上で立てられたものではなかった。

①　師範学校の問題点

　少し脇道にそれるが，ここで当時批判の対象とされた師範学校の問題点にふれておきたい。師範学校とそこでの教育に批判が集中したのはなぜか。広い教養をもつ個性的で多様な人間，大学教育に期待されたこのどちらも，残念ながら師範学校での教育には欠けていたとみられる。師範学校では教養教育はきわめて不十分にしかなされなかった。師範学校は「順良・信愛・威重ノ特性ヲ涵養スル」（師範学校令第1条）ものとされた。「順良」は素直と

いうこと，「信愛」は教え子や保護者から信頼され敬愛されるとともに，教え子を愛し慈しむということ，「威重」は威厳があって重々しいということ，であろう。しかし実際には師範学校出身の教員はこの理想には程遠く，むしろその逆であって，権威に弱く，上司にはおもねり，その反対に教え子や目下の者には尊大にふるまう卑屈な傾向——要するに，人間として最も好かれないタイプ——が往々にしてみられたのである。師範学校出身の教師たちにしばしば共通に見受けられるこのような特徴は，侮蔑と嘲笑の意味を込めて「師範型」とよばれた。

　師範学校出身者が師範学校での生活を回想した文章をいくつか読んでみて興味深いのは，その多くが師範学校には決してよい思い出をもっていなかったことである。むしろ嫌な思い出のほうが多かったようである。例えば丸木政臣の回想によると，師範学校は，ひと言でいって軍隊に似ていた。下級生は上級生に絶対服従であり，しばしば上級生から難癖をつけられてはいじめられたり暴力を振るわれたという。例えば森鷗外，島崎藤村，芥川龍之介などの文庫本をポケットに入れて持ち歩いただけで，「危険思想があるだの，生意気だのといいがかりをつけられ，夜な夜な寮の読書室で上級生から静座させられたり，鉄拳制裁をうけたりしなくてはならなかった」（丸木，1984, p. 7）。しかし，下級生に暴力を振るう上級生も，入学したてのころは同じように上級生からいじめられたのだろう。つまり，下級生のときに上級生から受けたのと同じ仕打ちを，自分が上級生になると下級生に対して繰り返したのだろう。かつて丸山眞男は戦前の軍隊における兵隊の行動様式を分析して「抑圧の移譲」と名づけた（丸山，1975, p. 25）が，軍隊をモデルとしてつくられた師範学校でも似たようなことが行われていたのである。

　軍隊同様，師範学校も閉じた世界だったわけである。戦前の旧制中学と師範学校は多くの点では違っていたが，自由に欠ける雰囲気という一点では，共通していたようである。旧制高校がきわめて自由な場所であったことについては多くの証言があるが，旧制中学にはまるで自由がなく，生徒たちは教師から何事につけても小うるさく注意され，受験勉強に励むことを強いられたという（旧制中学での教育については，加藤周一や中野好夫の証言がある）。旧制高校時代を懐かしむ者は多い（例えば「寮歌祭」）が，旧制中学時代には忌まわしい記憶しかないという者が多い。

さて師範学校の教育についてはこれくらいにして，戦後教員養成制度に話を戻し，次項では「大学における教員養成」と並ぶもう一つの「開放制」の原則について述べよう。

(2) 免許状授与の開放制の原則

「免許状授与の開放制」は，師範学校での閉鎖的な教員養成制度への反省から，国公私立すべての大学に学び，教職課程の所要単位を修得した者に広く免許状を授与して，教職への参入を促すことを目的として打ち立てられた原則である。この原則により，どこの大学を卒業した者でも，所定の単位を修得すれば免許状が授与されることになり，幅広い分野から教員を教育界に招致することが可能になった。「大学における教員養成」と「免許状授与の開放制」という二大原則のもと，1949（昭和24）年に新制大学における教員養成は出発したのである。しかし「開放制」の原則は，その後の数次に及ぶ「教育職員免許法」（以下，免許法という）の改正によって徐々に後退を余儀なくされていった。

① 開放制の問題点

戦後教育改革における教員養成方針の変遷をたどると，当初は学芸大学におけるリベラルアーツ重視の姿勢であったのが，ほどなく教員養成における専門性と計画性を重視する方針に軌道修正するようになり，小学校教員はもっぱら教員養成系大学・学部で養成され，中・高等学校教員については一般大学出身者が多数を占めるという棲み分け構造が形成されるようになる。

開放制の原則をどうとらえるかについては議論の余地もあるが[1]，単純に考えて，教員養成を目的としてはいない一般大学でも，教職課程の認定を受ければ教員養成を行える仕組みといってよいであろう。そして相当多くの一般大学が現実に教職課程の認定を受けている。なかには教員養成に熱意があるというよりは，入学者集めの手段として教職課程を設置しているところも少なくない。教職課程を履修する学生にしてみても，実際に教職に就くかどうかはともかく，とりあえず取れる免許は取っておこうという気になるのは，ある意味で自然ではある。しかしこれは開放制本来の理念からいささか逸脱してはいないだろうか。多くの大学が教職課程を設置すること自体は

けっこうであるが，安易な履修は困りものである。教職を進路の選択肢の一つとして真剣に考えている学生が教職課程を履修するのはおおいに歓迎すべきことであるが，実情は必ずしもそうではない。教職に就く予定のない多数の学生が教職課程を履修する事態は，真剣に教職を志望している学生にとっても，科目担当教員にとっても，また実習生を受け入れる現場教員にとっても，率直にいって迷惑なことである。

　開放制の問題点をこう指摘すると，たとえ教員にはならなくても，教職課程を履修することは，学生が学校教育に対する理解を深め，いずれ親となって自分の子どもの教育にあたる際にも有益である，と反論されるかもしれない。たしかに教員にならなくても教職課程履修経験の有用性を否定はしないが，やはり免許状のインフレ状態は問題である。教員になる者の10倍もの免許状取得者がいる[2]ということは，免許状が比較的簡単に取れることを意味しており，簡単に取れる免許状の価値は低いということである。教員を強く志望する者に限って教職課程を履修させるべきだとまで主張するつもりはないけれども，教員養成を目的に掲げてはいない一般大学の学生にも教職へのルートを用意しておこう（そうでないと戦前の師範学校制度となんら変わらない）というのが，素直にみて開放制の趣旨ではあるまいか。教員になるつもりのない学生にまで免許状を取らせるのが開放制本来の趣旨ではあるまい。

② 「開放制」制限の流れ

　1953（昭和28）年の教育職員免許法改正および同施行法の一部改正によって，1954（昭和29）年に**課程認定制度**が導入された。課程認定制度とは何か。ここでいう課程とは教職課程のことであり，教職課程とは教員免許状を取得するための課程である。課程認定制度とは，行政機関である文部省（現文部科学省）が，大学から提出される教職課程の設置申請を教員免許法等の設置基準に基づいて審査し，特に問題がなければ教員養成を行うことを認定する制度のことをいう（池上，2008参照）。大学が教員養成を行おうとすれば，文部省による認定を受けなければならなくなったのである。教員養成の質的水準維持を目的として導入された課程認定制度は，開放制を制限していく最初の施策だったといわれている。

免許状授与の開放制を教員養成の原則とする以上，課程認定制度の導入は不可避だった。一般大学がそれぞれ独自の裁量で教員養成を行っている状況に歯止めをかけようとすれば，文部省が何らかの基準を示すほかはないからである。しかし1950年前後のころは正規の教員免許をもつ教員が不足しており，目的大学だけでは必要な教員を供給できにくかったという事情がある。一般大学が教員養成に参入するのは，文部省としても歓迎すべきことであった。

　一般大学，特に私立大学にとっては，教科専門科目についてはスタッフに不足はないものの，教職科目については，目的大学のように十分な数の専任教員をそろえる余裕はない。最少限の専任教員（教育学と教育心理学の担当教員各1名）は確保するものの，専任教員が担当できない科目については非常勤講師を雇うほかはない。だから，一般大学からすると，教職科目は少ないに越したことはない。課程認定制度の導入後，いったん免許法改正によって教科専門科目の単位数が増え，逆に教職科目の単位数は減らされることになった背景には，一般大学のこうした事情に対する配慮もあったと考えられる。

　しかし，これ以降の免許法改正の歴史は，教科専門科目の単位数がしだいに減らされていき，対照的に教職科目の単位数がジワジワと増えていく過程だった。

　一般大学にとって，小学校教員免許を出せる条件を整えることは簡単ではない。日本の場合，小学校教員は原則として全教科を担当することになるので，国語，社会，算数，理科，図画工作，音楽，体育，家庭科，書写，道徳等の教科専門科目ならびに教科教育法の担当者を必要とする。それだけの数の専任教員をそろえることは一般大学では難しいので，結局，小学校教員の養成は，一部の私立大学を除けば，戦前の師範学校を前身とする国立教員養成系大学・学部が中心になって行わざるをえなかったといってよい。小学校教員の養成に関するかぎり，タテマエは開放制でも，実質は閉鎖制に近かったのである。しかし，団塊の世代が定年に達した2007（平成19）年以降，都市部における小学校教員数が不足するようになったのを契機として，私立一般大学はこぞって小学校教員養成に新規参入するようになり，採用される教員数も国立教員養成系大学・学部と拮抗するまでになっている[3]。

課程認定制度に続く開放制後退の動きとして注目されるのは，教員養成系大学・学部の名称変更である（1966年）。学芸大学・学芸学部という名称は，教育大学・教育学部へと一斉に切り替えられた。学芸大学の名称を残している唯一の例外は東京学芸大学であり，それは東京教育大学という名称の別の大学（筑波大学の前身）がすでに存在しているためであった。学芸大学・学芸学部という名称からは，リベラル・アーツを学ぶ大学・学部という印象が強く，教員養成を目的とする大学・学部という印象は弱い。たしかに敗戦直後のころはこれでよかったのである。大学で幅広く教養を学んだ人なら誰にでも教員が務まるというのが，基本的な考えだったからである。しかしその後，教員養成の専門性と計画性が強調されるようになると，それを前面に打ち出すには，教育大学・教育学部という名称のほうがよりふさわしいのである。このように開放制の原則は維持しながらも，文部省は目的養成強化へと軌道修正を図ってきたのである。

　開放制後退につながるその後の動きとして注目されるのは，上越，兵庫，鳴門の新構想教員養成大学の新設（1978-81年）である。これら3大学の特徴は，「現職教員に対する2年間の研修機会を与える大学院を本体としつつ，初等教育の教員を養成する学部も併せもつ」（舞田，2008, p. 301）ところにあった。新構想3大学の主たる目的は，各都道府県から派遣されてくる幹部候補教員の現職教育にあったと考えられる。

　その間も，不登校やいじめなどの問題の頻発と深刻化を背景として，免許法の改正が行われ，免許基準の引き上げが行われた。免許法改正への対応は，教員養成系大学・学部にとってはさして支障はなかったが，担当スタッフの層の薄い一般大学にとっては容易なことではなかった。

　1980年代以降，当初は東京学芸大学，大阪教育大学，愛知教育大学など，既存の教育大学では数校にしか設置されていなかった修士課程が，全国の国立教員養成系大学に順次設置されていくようになった。その結果，新構想教員養成大学は，既存の教員養成系大学との差別化を図ることが困難になり，大幅な定員割れ問題に直面するようになった。それに加えて，東京学芸大学は近隣の横浜国立大学，千葉大学，埼玉大学と共同で連合大学院博士課程を設置するようになり，私立大学の中にも博士課程を設置するところが現れるに至った。これらの動きに対抗して新構想教員養成大学も連合大学院方式で

博士課程を設置したが，現場に博士号取得教員へのニーズが高くないことから，博士課程の設置は定員割れを解消する決め手とはならなかった。

　こうして全国の教員養成系大学に修士課程が設置されることにはなったものの，専修免許状を取得できることを除いて格別のメリットはなかったため，進学者は少なく，修士課程修了者が学部卒業者に比べて格段に優れているという評価も得られなかった[4]。カリキュラムが現場のニーズに特にかなっているともいえなかった。そこで文部科学省は既存の修士課程に見切りをつけ，教員養成の専門職大学院（教職大学院）に改組再編することを進めようとしている。

　以上のようにみてくると「免許状授与の開放制」という原則は，かろうじて保持されてきてはいるものの，実態的には当初の理念からますます遠ざかってきているといわざるをえない。その時々で必要な数の教員を安定的に供給するためには，計画的な教員養成がある程度必要になる。開放制の原則は，教員需給の調整という問題はまったく視野に入れていない。日本の教員養成制度は，計画養成と開放制の両立という課題を抱えてきたといえる。

　「団塊の世代」の教員が定年に達した2007年以降，深刻な教員不足が都市部を中心に起こってきている。これに対して文部科学省は「教員分野に係る大学等の設置又は収容定員増に関する抑制方針の取扱いについて」（2005年3月）という文書で，教員養成系大学・学部が「新課程」を廃止ないし縮小し，その定員を再び教員養成課程へ振り向けることを認めている。

6-2　教員養成制度の現状と課題

（1）学部段階における教員養成制度の現状と課題

① 短い教育実習期間

　教員養成系大学と一般大学では事情が少し異なるが，現行の免許法では，中学が3週間，高校に至ってはわずか2週間である。これは諸外国，特に先進国に比べて短すぎる。欧米諸国では，教育実習期間はかなり長期にわたるのが一般的である。また，戦前の日本の師範学校でも教育実習期間は長かったようである。戦後，開放制の原則によって一般大学が教員養成に参加するようになり，一般大学では長い教育実習期間を確保することが難しいた

め，一般大学の事情に配慮して教育実習期間は短縮されたものと思われる。

　民主党の教員養成6年制案では，1年間にわたる教育実習が提案されている。はたして1年間が必要かどうか，また現実的であるかどうかはともかくとして，現行の教育実習期間は諸外国と比べても，日本の過去（師範学校）と比べても，短すぎるといわなければならない。1年とはいわないまでも，8週間から10週間程度はほしいところである。教育実習にそんなに長くはかけられない，と一般大学の側ではいうかもしれない。しかしまったく不可能であろうか。日本の大学もアメリカの大学にならってセメスター制を採用し，まるまる1セメスターを教育実習にあてるようにすれば，一般大学でも長期にわたる教育実習は可能ではないかと思われる。

②　ペーパーティーチャー問題

　教員免許を取得する者に比べ，実際に教員になる者は圧倒的に少ない。教員になるつもりはないのに，とりあえず免許だけは取得しておこうと考える学生が，また免許取得を望む親が多いようである。そういう学生は，免許更新制や「教職実践演習」の新設等によって免許取得が難しくなったら，さっさと免許取得を断念するかもしれない。断念する者が少ないのは，免許取得がそれほど難しくないからである。免許取得がかなり難しくなったら，教職課程履修者は激減するだろう。しかし，免許取得は難しくても，免許を取得すれば確実に教員になれる保証があるなら，教職志望者は一定程度保たれるであろう。教職課程の担当教員にしてみれば，教職に就くかどうかわからない多数の学生相手に授業をするのは身が入らない。教職を強く志望する少数の学生を相手にするとき，授業にも力が入る。教育実習生を受け入れる現場の教員についても，同じことがいえるだろう。

③　教員養成カリキュラムの問題

　「国立の教員養成系大学・学部の在り方に関する懇談会」（「在り方懇」）による報告書（2001年）は，教員養成系大学・学部でなければできないようなカリキュラムをつくり，一般大学との差異化を図るよう注文をつけている。たしかに4年間を通じて体系的な教員養成カリキュラムを提供することは，教員養成系大学・学部だからこそできることである。「実践的指導力」

の育成という目的に向けて，4年間を見通した統一的カリキュラムを整備することを「在り方懇」は促している。「在り方懇」の提言を受けて国立教員養成系大学・学部を主要メンバーとする日本教育大学協会（教大協）は，「体験と省察の往還」によって実践的指導力の育成を図る教員養成の「モデル・コア・カリキュラム」案を作成した。そして，その方針に沿ったカリキュラム改革にいくつかの大学は着手している。

それに比べると一般大学の取り組みは立ち遅れている。文部科学省では，一般大学も含め，教員養成カリキュラムの抜本的改革を課程認定大学に求めている。しかし，免許法の改正のたびに新設される教職科目（「教職論」「総合演習」「教職実践演習」等々）に対応するだけで精一杯で，その上4年間を通じての体系的な教員養成カリキュラムづくりを求められても困るというのが一般大学の偽らざる思いである。

④ 教員養成に対する統制強化

2006年7月の中央教育審議会の答申「今後の教員養成・免許制度の在り方について」は，教員をめぐる状況の変化として，①社会構造の急激な変化への対応，②学校や教員に対する期待の高まり，③学校教育が抱える課題の複雑・多様化と新たな研究の進展，に加えて，④教員に対する信頼の揺らぎ，⑤教員の多忙化と同僚性の希薄化，⑥退職者の増加に伴う教員の量及び質の確保，をあげている。特に「教員に対する尊敬や信頼の揺らぎ」に注目し，改革の主眼は，教員が「子どもや保護者はもとより，広く国民や社会から尊敬や信頼を得られるような存在となること」にあるとしている。

上記答申は「教員免許状が保証する資質能力と，現在学校教育や社会が教員に求める資質能力との間に乖離が生じてきている」と指摘し，現在の大学や教職課程の抱える問題点として，次の3点をあげている。

① 教員を養成するという目的意識が十分ではない。修得させるべき知識・技能，資質能力が不明瞭で，教員間での共通認識も成り立っていない。

② 養成目標としての明確な教師像が不在もしくは共有されていないため，体系的なカリキュラムもなく，組織的な教育活動も行われていない。

③　学校現場が抱えている課題に十分対応した授業が行われていない。担当教員に教職経験者が少なく，実践的指導力が十分育成されていない。

こうした現状認識をふまえ，大学の教職課程には「教員としての最低限の資質能力」を身につけさせるための改革が必要であるとして，次の施策を提言している。

①　大学における「教職指導」の実施を法令上に明記，教育実習前に必要な知識・技能の修得の確認など，履修要件の厳格化
②　「教職実践演習（仮称）」の設置・必修化
③　教職課程に対する事後評価の導入，是正勧告，認定取消し措置の導入

ここに述べられているのは，大学における教員養成に対する不信の念である。教員に対する尊敬や信頼が揺らいでいる。どうしてそんなことになったのかといえば，大学が責任をもって教員養成を行ってこなかったからである（不十分な目的意識，不明瞭な目標，その他）。もはや教員養成を大学だけに任せてはおけないとして，大学の教職課程に介入（「教職実践演習」の設置）し，しめつけを強化（履修要件の厳格化，認定取り消しもありうる）しようとしている。文部科学省のいらだちが読み取れる。

教員養成にあたってきた大学の責任がこのように問われているわけだが，しかし大学にも言い分はある。「修得させるべき知識・技能，資質能力が不明瞭」だというが，それはいまに始まったことではない。「教員間で共通認識が成り立っていない」というが，科目の担当を決めたら，その内容については基本的に担当教員に任せるのが，自由と自治を重んずる大学のやり方である。「明確な教師像が不在もしくは共有されていない」というが，そもそも「明確な教師像」が必要だろうか。百歩譲って必要だとしても，各担当教員において明確であればよいと考えるのが大学の教員である。統一だとか共通認識だとかは大学に似つかわしくないことで，百花斉放と多様性が大学の特徴なのである。たぶん多くの教員がこういうだろう。

「学校現場が抱えている課題に十分対応した授業が行われていない」という指摘には，大学として耳の痛いところもある。昔も今も教育実習から戻ってきた学生が判で押したようにいうのは，実際に教壇に立ってみると大学で習ったことは何の役にも立たなかった，ということだからである。この不満は教員養成系大学でも一般大学でも変わらない。大学の授業は教育実習のた

めばかりにやっているわけではない、と一応弁解はするのだが、あまり迫力はなく、いささか後ろめたくもある。教員を養成する課程の授業なのだから、役に立つに越したことはない。しかしそれでも「実践的指導力」が育成されていないという指摘も含めて、あえていう。「実践的指導力」を近視眼的にとらえてはいけない。むしろこういうときこそ、戦後の教員養成理念にもう一度立ち返って「教員に必要なのは幅広い教養であり、そして教育に対する意欲と識見があれば、誰にでも教員は務まる」と考えてみるべきではないだろうか。大学は教員養成所ではないのである。

（2）大学院修士課程における教員養成の現状と課題

　先進国の教員養成制度を見渡すと、教員が大学院修士課程修了の学歴をもつことが標準的になっている場合が少なくない。日本は1949（昭和24）年に教員の基礎資格を大学（短期大学を含む）卒とした。これは当時としてはきわめて先進的な制度であったが、それから60年経った現在も基本的には変わっていない。たしかに1988（昭和63）年以降、修士課程修了を基礎資格とする専修免許状制度ができたが、現状ではこの免許状に特段のメリットがないので、専修免許状の取得者はあまり増えていない。国立の教員養成系大学にはすべて修士課程が設置されているものの、定員が充足されていない理由の一つは、専修免許状のメリットがないということである。

　もう一つには研究者養成型の大学院との差別化が図られなかったので、教員養成系の大学院としてのはっきりした特徴を打ち出せなかったということがある。文部科学省は、全国の国立教員養成系大学に大学院を設置する政策をとってきたが、あまりの不人気ぶりから、教員養成系大学院は失敗だったと考えているはずである。それで、その梃子入れを図って構想されたのが、教員養成のための専門職大学院、いわゆる教職大学院である（教職大学院については、第8章で詳述する）。

　教職大学院にはいくつかの特徴がある。①「実務家教員」を専任教員の4割以上としていること。「実務家教員」とは、経験年数10年以上の現職教員または教員経験者、教育行政関係者、カウンセラーなどの専門家をいう。②修士課程を修了するには、一般に2年間で30単位以上を修得し修士論文等を提出することとされているが、教職大学院では修士論文の提出を求め

ず，その代わりに通常の修士課程の1.5倍にあたる45単位以上の修得を求めていること，しかもそのうち10単位以上は現場での実践的な実習にあてていること，③授業科目等も実践的な内容が多いこと，である。

　教職大学院は2007（平成19）年度から発足した。いち早く名乗りを上げた大学もあったが，現行の修士課程を教職大学院に切り替えていく準備はしながらも，とりあえず静観しようとする大学も多い。東京などの大都市周辺では，団塊世代の大量退職という事情もあって，教員数が大幅に不足しており，少数のエリート教員（教職大学院の定員は，どこも比較的少数である）を養成するよりも，教員全体の底上げを図ることを目指すべきだとする立場や，教職大学院は設置に費用がかかりすぎるとして，敬遠する大学も少なくないからである。

6-3　教員免許制度

　最後に日本の教員免許制度について説明しておこう。「教育職員免許法」（1949年施行）の制定以来，特殊教育諸学校（現特別支援学校）を含むすべての学校において**免許状主義**が徹底されることになった。免許状主義とは，免許状をもっていない者は原則として教員になることができないという考え方である。しかし後述するように，この原則に従わない特例措置があり，しかもそれは近年拡大する傾向にある。

（1）教員免許状の種類

　教員免許状には現在，普通免許状，特別免許状，臨時免許状の3種類があり，そのうち普通免許状にはさらに，専修免許状，一種免許状，二種免許状の区別（こちらは種類というよりも等級）がある。

　普通免許状は，学校（中等教育学校を除く）の種類ごとの教諭・養護教諭および栄養教諭の免許状である。1988（昭和63）年の免許法改正により，「専修免許状」（修士の学位を基礎資格とする），「一種免許状」（学士の学位を基礎資格とする），「二種免許状」（短期大学士の学位を基礎資格とする）の3種類に改められた。「専修免許状」は「特定分野の高度の専門性」を示す免許状であり，「二種免許状」には15年以内に「一種免許状」を取得す

る努力義務が課される。高等学校教諭の免許状は「専修免許状」と「一種免許状」だけで,「二種免許状」はない。また特別支援学校教諭の普通免許状は,幼稚園から高等学校までの教諭(2004年に栄養教諭の免許状が追加された)の普通免許状を有することが基礎資格である。2000(平成12)年の免許法改正により,高等学校の免許教科として「情報」と「福祉」が新設された。普通免許状は,従来すべての都道府県で終身有効だったが,教員免許更新制の実施(2009年度)により,有効期限は10年間に限定されることになった。しかし,2009(平成21)年秋に成立した民主党政権は,評判の悪い教員免許更新制を廃止し,それに代わる新しい教員免許制度を検討している。

特別免許状は,1988(昭和63)年の免許法改正により創設され,幅広い人材,特に優れた知識・技術をもつ社会人を教育界に招致することを目的として導入されたもので,授与された都道府県でのみ効力を有する。有効期限は当初3年以上10年未満とされていたが,2000(平成12)年の免許法改正によって,所定の単位を修得すれば普通免許状を授与する仕組みが設けられた。

臨時免許状は,学校(中等教育学校を除く)の種類ごとの助教諭および養護助教諭の免許状である。僻地校などで普通免許状を有する教員を採用することができない場合に限って,教育職員検定試験に合格した者に授与され,授与された都道府県でのみ効力を有し,有効期限も3年とされている。

(2) 免許基準

教員免許状は,文部科学省より課程認定を受けた大学(以下,短期大学・大学院を含む)で所定の単位を修得した者に,各都道府県の教育委員会から授与される。教員免許状を取得するためには,学位の基礎資格を満たすとともに,教育職員免許法と同法施行規則に定める科目・単位に基づいて大学が指定する科目の単位を修得する必要がある。教職課程は,文部科学大臣から「免許状授与の所要資格を得させるための課程として適当である」との認定を受けることによって組織することができる。

大学における教員養成カリキュラムは,「教職に関する科目」「教科に関する科目」「教科又は教職に関する科目」について必要単位数を修得すること

を基本とする。

　教員免許状取得のための必修科目には，上記のほかに「日本国憲法」（2単位）と「体育」（2単位）がある。1998（平成10）年の免許法改正により「外国語コミュニケーション」（2単位）と「情報機器の操作」（2単位）が追加された。

　また「小学校及び中学校の教諭の普通免許状授与に係る教育職員免許法の特例等に関する法律」および同施行規則によって，1998（平成10）年4月から，小学校と中学校の普通免許状を取得するための要件として，特別支援学校で2日間，社会福祉施設で5日間，合計7日間の「介護等の体験」が義務づけられることになった。

　さらに2006（平成8）年7月の中央教育審議会の答申で，教職課程の最終学年（大学の場合，4年次後期）で「教職実践演習」を必修科目として新たに設置することが提言された。その内容は，①教員としての使命感や責任感，②社会性や対人関係能力，③子ども理解の力，④教科の指導力，の4点であり，指導案を作成したり，模擬授業を行うなど，「実践的指導力」の強化を目的としている。それと並行して，教職課程を設置する大学への外部評価や第三者評価の導入，「教員養成カリキュラム委員会」の設置などが提言されている。

（3）免許状授与の特例措置

　「大学における教員養成」の原則に従わない特例措置がある。その第一は，1964（昭和39）年，1973（昭和48）年の免許法改正によって創設された教員資格認定試験であり，文部科学省または文部科学省が委嘱する大学がこれを実施し，合格者には普通免許状が授与される。これまでに「小学校教員資格試験」（小学校教諭二種免許状），「特別支援学校教員資格認定試験」（特別支援学校自立活動教諭一種免許状で，肢体不自由教育と言語障害教育に分かれる），「高等学校教員資格試験」（看護，柔道，剣道，デザインなどの高等学校教諭一種免許状）が実施されてきた。なお「高等学校教員資格試験」は，2004（平成16）年度以降，実施されていない。また，2005（平成17）年9月からは，幼稚園教諭二種免許状の授与を目的とした「幼稚園教員資格認定試験」が実施されている。

次に，特別免許状から普通免許状への上進がある。2000（平成12）年の免許法改正によって，特別免許状を有する者が，3年以上在職し，所定の単位を修得すれば，普通免許状を取得できることになった。

　さらに，教員免許状をもたずに教壇に立つルートも存在する。教育現場に幅広い経験や優れた知識・技能等を有する社会人を迎え入れることで，学校教育の多様化と活性化を図る趣旨で導入された「特別非常勤講師制度」（1988年創設）がそれである。制度の導入当初は中・高等学校が中心だったが，近年は小学校でもこの制度が活用されるようになっている。

　なお，教員免許制度にかかわる問題として，2009（平成21）年度から実施された教員免許更新制があるが，これについては教員研修をテーマとする第7章で扱う。

［新井保幸］

【注】
1) 例えば蔵原清人（2009）は，開放制の原則を，単に一般大学でも教員養成が行えるということに限定するのではなく，教員養成を目的とする大学と一般大学がそれぞれの特質を発揮して教員養成を行い，そうして免許状を取得した者の中から，学校や教育行政側が優れた資質をもった教員を採用するというシステムをも含めて，要するに，養成だけでなく採用までも含めて，開放制の原則ととらえるべきである，と主張する。
2)「現状では，年間の教員需要（公立小・中・高・特殊教育諸学校の教員採用者数1万9565人＝2004年度）に対してほぼ十倍の免許状（17万2219件＝同）が供給されている」という（東京学芸大学教員養成カリキュラム開発研究センター編，2006，p.87）。
3) 岩田康之（2008, p.226）は「初等学校教員の実態面での『開放制』の定着は，一般大学の小学校教員養成への新規参入が増加し，旧制師範学校≒教員養成系大学・学部と拮抗するシェアを持つに至った」と述べている。
4) 岩田（2008, p.227）は既存の大学院教育学研究科を「教職浪人のモラトリアム的たまり場」とまで酷評している。

【引用・参考文献】
池上徹　「課程認定制度」　原聡介 編集代表　『教職用語辞典』（pp.92-93）　一藝社　2008
岩田康之　「『教職大学院』創設の背景と課題　日本教師教育学会 編　『日本の教師教育改革』　学事出版　2008
蔵原清人　「教師教育改革のめざすところ」　全私教協研究交流集会講演記録（2009年11月14日）　未公刊

舞田敏彦　「新構想大学」　原聡介 編集代表　『教職用語辞典』　一藝社　2008
丸木政臣　『教師とはなにか（ほるぷ現代教育選集11）』　ほるぷ出版　1984
丸山眞男　『増補版 現代政治の思想と行動』　未来社　1975
中野好夫　「教育しない教育」　『中野好夫集2』（pp. 284-287）　筑摩書房　1984
東京学芸大学教員養成カリキュラム開発研究センター 編　『教師教育改革のゆくえ：現状・課題・提言』　創風社　2006

【追記】

　この教科書を執筆したのは平成22年である。その後の変化について簡単に補足する。

　まず教職大学院について。「教職大学院は2007（平成19）年度から発足した。いち早く名乗りを上げた大学もあったが……とりあえず静観しようとする大学も多い」（p. 94）というのが当時の状況であった。しかし平成24年に中央教育審議会が教職大学院のない地域では設置を進めるよう答申したことを受けて、平成28年度から29年度にかけて多くの国立大学が文科省に新設を申請し、日本教職大学院協会のHPによると、平成28年5月現在、国立39，私立6，合計45の教職大学院が存在している。しかし定員割れの教職大学院も目立ち、学生確保に苦労しているという。

　また教員免許更新制については「2009（平成21）年秋に成立した民主党政権は、評判の悪い教員免許更新制を廃止し、それに代わる新しい教員免許制度を検討している」（p. 95）と書いたが、周知のとおり、民主党政権の頓挫等もあって、教員免許更新制は今も存続しているし、「新しい教員免許制度」もでき上がらなかった。

第7章

教師教育の制度（2）
―― 採用と研修 ――

前章（第6章）の教員養成制度を受けて，本章では教員の採用制度と研修制度について述べる。教師教育が三つの部分に分けられること，つまり，教員養成（pre-service training）と教員採用と教員研修（in-service training）とを合わせて教師教育とよんでいることは，すでに述べたとおりである。

7-1　教員採用制度

公立学校の教員になるためには，都道府県教育委員会及び政令指定都市教育委員会が実施する「**教員採用試験**」に合格することが必要である。合格すると採用候補者名簿に名前が登載されるが，だからといって必ず採用されるというわけではない。また「教員採用試験」といういい方は必ずしも正確ではない。なぜなら地方公務員の採用・昇任は，競争試験によるとされている（地方公務員法第17条第3項）が，教員の採用・昇任については教育公務員特例法により「**選考**」によるとされている（第15条）からである。

それでは「選考」とは何なのか。教員としての適格性は，単に試験の成績だけでなく，人柄や潜在能力を含めた人間総体から判断すべきであり，そのためには選考によることがふさわしい，という考え方に基づいている。採用

試験の成績は，選考資料の一つという位置づけなのである。これが，競争試験ではなく選考による，という論理である。つまり，競争試験ならば試験の成績順に採用されることになるが，受験者全員が教員免許状を有していることから，ある意味では，誰を採用してもかまわないのである。採用試験の成績に加えて，他の要素（特に人柄や潜在的な能力を含めた人間総体）を加味して採用するかどうかを決定する手続きが「選考」なのである。

採用試験の成績だけによるのではなく，候補者を総合的に評価するという趣旨そのものに反対すべき理由はない。しかし，「選考」の基準やプロセスは開示されない場合が多いので，「選考」が恣意的に行われるおそれがまったくないとはいえない。「選考」過程の透明化が求められるのである。

1996（平成8）年に文部省（現文部科学省）の調査研究協力者会議の提言が出され，それを受けて教育助成局長通知「教員採用等の改善について」が出されている（1996年4月25日付）。通知は「個性豊かで多様な人材」を幅広く確保することを目的として「人物評価重視」「選考方法の多様化，選考尺度の多元化」を基本とした改善を行うことを求めている。

それをふまえ，各都道府県及び政令指定都市の教育委員会では，
① 面接担当者にPTA役員や企業の人事担当者等の民間人を起用する
② クラブ活動やボランティア活動歴等を評価対象に加える
③ 社会経験を積極的に評価する
などの改善を行っている。

教員採用試験の問題を実施後に公開すること，「選考」基準を公開すること，この二つを求める声が受験者を中心として高まり，教育職員養成審議会（教養審）の答申（1999年）における提言もあって，現在ではかなりの都道府県及び政令指定都市で試験問題の公開が進んでいる。また，受験者には採用試験の点数も通知されるようになってきている。しかし「選考」基準の公開については，あまり進んでいない。開かれた「選考」の仕組みを確立することは，依然として課題として残されている。

7-2 教員研修制度

続いて教員研修制度について，(1) 研修の概念と原理，(2) 教員研修制度の歴史的展開，(3) 研修の分類と体系化，(4) 教員研修の法的根拠，(5) 初任者研修制度，(6) 教員免許更新制，(7) 教員研修をめぐる諸問題，の順に論述していこう。

(1) 研修の概念と原理

研修とは，教員として採用されたのちに，教員としての資質能力を維持・向上させることを目的として，自主的に，または職務命令を受けて教育・訓練を行うことである。「研修」が「研究」と「修養」からなる造語であることは，たいていの教科書に書かれている。「研修」にあたる英語として一般には in-service training が用いられることが多いが，これは現職教育という意味である。久保富三夫 (2006) によると，「研修」の英訳は study and self-improvement であるという。手もとの辞書で selfimprovement を引いてみると，自己改善，陶冶，修養などの訳語が見いだされる。「研修」が指し示す範囲は「研究」よりも広いといえる。なぜなら「研究」がどちらかというと知的な傾向を含む概念であるのに対し，「修養」は，例えば人格修養という表現があるように，倫理的な含みをもった概念だからである。

久保はまた，「研修」というのは本来，主体的で能動的な行為をさすものであって，その意味で「研修を受ける」という，今日あたり前のように使われている表現は不適切だと述べている。研修は本来，自主的・主体的な営みである。したがって，**自主研修**が基本であって，**行政研修**はそれを補完するものと位置づけられるべきである。研修は教員にとって「受ける」ものではなく「行う」ものである。「研修を行う」主体は，教育行政当局ではなく，教師自身である。たしかに「研究」も「修養」も，受けるものではなく，行うものである。したがって，研修は「受ける」ものではなく「行う」ものだという久保の主張には説得力がある。

研修の原理として，①自由性，②機会均等性，③職務性の公認，があげられることがある。①の自由性とは，研修が本来，自主的・主体的な営みであるという原理をさすものと考えられる。②の機会均等性とは，研修を行う機

会がすべての教員に平等に与えられるべきであるという原理をさすものと考えられる。③の職務性の公認とは、研修が教員の職務の一部として公認されるべきであるという原理をさすものと考えられる。久保の上記の指摘は、①の自由性の原理にかかわるものといえる。

　なぜ教師は研修を行うのか。研修は教師にとってどんな意義をもつのか。

　第一にあげられるのは、再教育ないし現職教育である。担当教科に関する知識にしろ、生徒指導に関する知識や技能にしろ、学校教育にかかわる法令にしろ、進歩したり変化したりする。したがって、一定期間ごとにあらためて学び直す必要がある。

　第二にあげられるのは「充電」である。「充電」には、疲労回復という面と、「仕込み」という面がある。比較的自由な時間のとりやすい長期休業中などに、休暇を取って旅行に出かけたり、何もしないでのんびりするというのも一種の「充電」である（後述するように、今日の日本では夢のような話かもしれないが）。あるいは、常々読みたいと思っていても、まとまった時間が取れなくて、そのままにしてきた本をじっくり読んだり、研究会や学会に参加して新しい知識に接したりするのも「充電」である。「放電」ばかりしていて「充電」しないと、いい教育はできない。

　ここで、1966年に採択されたILO（国際労働機関）とUNESCO（国連教育科学文化機関）による「ILO/UNESCO教員の地位に関する勧告」のよく引用される一節を掲げることにしよう。教職は「厳しい不断の研究を通じて獲得・維持される専門知識や特種技能を必要とする」という箇所が、研修の意義と関係するからである。理解しやすいように筆者なりの意訳を試みた。

　　教職は、専門職（profession）とみなされるべきである。なぜなら教職は、一方で、厳しい不断の研究を通じて獲得・維持される専門知識や特種技能を必要とするとともに、他方、受け持つ児童・生徒の教育と福祉に対する一人ひとりの教師や教師集団の責任感を求める一種の公共的サービス業だからである。

（2）教員研修制度の歴史的展開

　教員の研修を定めている最も重要な法律は「教育公務員特例法」（教特法）であり、この法律が成立したのは1948（昭和23）年である。

しかし久保によると，文部省は1960（昭和35）年ごろから研修条項の解釈をしだいに変え，1964（昭和39）年には完全に転換させたという。これ以降「勤務場所を離れて」の研修は「職務」ではなく，「職務専念義務免除」によるものとされて今日に至っている。この間に中央教育審議会（中教審）の答申「教員の資質能力の向上について」（1978年）が出され，研修の体系的整備の必要性が指摘された。1960年代以来40年間にわたる研修政策の基調は，行政研修の体系化・肥大化と自主的研修の抑圧・圧縮であった，と久保（2006）は総括しており，この指摘は大筋において首肯できるように思われる。

　しかし，近年はその傾向に変化の兆しが認められる。1990年代半ば以降から着手された教育改革では，教員の資質能力の向上が中心テーマの一つとされてきた。その際，中央教育審議会の第1次答申「21世紀を展望した我が国の教育の在り方について」（1996年7月）や，教育職員養成審議会（教養審）の第1次答申「新たな時代に向けた教員養成の改善方策について」（1997年7月）以来，「自主的・主体的研究奨励」の方針が打ち出されるようになったのである。こうした認識のもとで教員研修に関する改善策も提案されてきており，なかでも「得意分野を持つ個性豊かな教員」という考え方が提起されたことは，従来みられなかった視点として注目され評価されている。

　上記の教養審の第1次答申では，教員に求められる資質能力が
① 　いつの時代も教員に求められる資質能力
② 　今後特に教員に求められる具体的資質能力
とに区分されている。

　①の「いつの時代にも教員に求められる資質能力」としてあげられているのは「教育者としての使命感，人間の成長・発達についての深い理解，幼児・児童・生徒に対する教育的愛情，教科等に関する専門的知識，広く豊かな教養，そしてこれらを基礎とした実践的指導力」である。

　また②の「今後特に教員に求められる具体的資質能力」としてあげられているのは「地球的視野に立って行動するための資質能力，変化の時代を生きる社会人に求められる資質能力，教員の職務から必然的に求められる資質能力」である。

その上で，これらの資質能力を高度に備えることをすべての教員に一律に期待するのは現実的ではなく，むしろ一人ひとりは長所や得意分野もあれば短所や苦手分野もある教師たちが，互いに協力し補完し合うことで，学校全体として充実した教育活動を展開していくことが，意図されているのである。

　教養審の第1次答申は，こうした認識に基づき「今後における教員の資質能力の在り方を考えるに当たっては，画一的な教員像を求めることは避け，生涯にわたり資質能力の向上を図るという前提に立って……積極的に各人の得意分野づくりや個性の伸長を図ることが大切である」と述べている。従来の教師教育改革論議を振り返ってみると，すべての教員に対して同じ資質能力を求め，研修についても，共通の内容・方法に重点をおいて実施してきた傾向がある。しかし2002（平成14）年に法制化され，翌2003（平成15）年度から実施されている10年経験者研修では，教員が各自の教職経験を振り返り，評価し，それに基づいて自己の能力や適性に応じた研修をすることで，各自の資質能力を高めることがねらいとされているのである。

（3）研修の分類と体系化

　1970年代以降，教員としての資質能力は，養成・採用・研修の各段階を通じてしだいに形成されていくものであるという認識が確立してきた。それに伴い，「研修の体系化」という視点が打ち出されるようになった。

　一度には覚えられないくらいたくさんの，名称も多様な研修があるので，整理する必要がある。誰が主催する研修なのかという点に着目すると，次のように分類することができる。

　① 　教員個人が単独で自主的に行う研修（自主研修，個人研修）
　② 　教員が勤務する学校が主体となって実施する研修（校内研修）
　③ 　国や教育委員会などの教育行政機関が主催する研修（行政研修ないし官製研修というのが通称）

これと似ているものに，次の3分類がある。

　❶ 　勤務時間外に教員が自主的に行う研修
　❷ 　勤務時間内に職務専念義務を免除されて行う研修（職専免研修）
　❸ 　職務命令による研修

①と❶，③と❸は，それぞれ一対一の対応関係にあるといってよい。問題は②と❷の関係である。両者が同じものなら，2種類の分類は，説明は違っていても，内容は同じということになる。しかし②と❷は必ずしも一対一の対応関係にあるとは限らない。職専免研修とはどういうものであるか。どういう場合に職専免研修と扱われるのか。例えば校長がある教員に校外で行われる研修への参加を勧め，その教員が研修に参加することにした場合，校長はそれを職専免研修として扱うといったような場合である。しかし行政研修と職専免研修の境界は必ずしも一様ではなく，ケース・バイ・ケースで考える必要があるようである。

　ところで，❷の職専免研修は今日狭められる傾向にあるという。すなわち職専免研修を認めるかどうかについては，立法時の解釈とは異なり，今日では授業に支障がないかということにとどまらず，それ以外の教育活動や校務に支障がないかということまで含まれるようになり，教員が職専免研修を申請してきた場合，それを認めるかどうかについては校園長に事実上ほぼ無制限の裁量権が与えられている，と久保（2006）は指摘する。つまり校園長の判断次第であるという。久保の指摘するとおりだとすれば，日本の教員研修制度にはかなり前近代的な面があるといわざるをえないのではないか。なぜなら，そのような制度では，教職員は校園長の意向を気にせざるをえないと思われるからである。

　また，上記の3分類とは別に，研修の性格や内容に注目した分類がある。経験年数別研修や職能別研修は，研修の内容よりも参加資格や対象者に注目した分類といえるだろうし，課題別・専門別研修となると研修の内容に着目した分類ということになろう。具体的には，次のような分類である。

- 経験年数別研修（初任者研修，5年経験者研修，10年経験者研修等）
- 職能別研修（校長研修，教頭研修，主任研修等）
- 課題別・専門別研修（教科指導，生徒指導，進路指導，同和教育に関する研修等）

経験年数別研修のことを「基本研修」とよぶこともある。「基本研修」という呼称は，該当の経験年数になったら誰もが必ず受けなければならない研修ということに由来するのだろう。職能別研修は，職務別研修ともいう。「経験年数別研修」ないし「基本研修」にしろ，職能別ないし職務別研修に

しろ，そのほとんどが行政研修である。裏返していえば，行政研修の内容が「経験年数別研修」だったり，職能別ないし職務別研修だったり，課題別・専門別研修だったりするのである。

　大学院修学休業制度というのは，本属長（学校の場合は校長）の許可を得て勤務場所を離れて，大学院で長期にわたって研修を行う制度であり，2001年度から実施されている。ただし，これには専修免許状の取得を目的としたものという条件がついている。したがって，単に大学院で勉強したいというだけの理由では認められないし，ある教科・科目の専修免許状をすでに取得している教員がこの制度を利用しようと思えば，別の教科・科目の専修免許状を取得するという名目を立てる必要がある。

　10年経験者研修（10年研，2003年度から実施）は，教員免許更新制の導入を見送る代わりにつくられたものであり，教員一人ひとりの得意分野を強化したり，苦手分野を補強することを主眼としている。「発展研修」や「自己課題解決研修」など，自主企画の研修が組み込まれつつあるのは10年研の成果といえる。また，10年研では教育委員会と大学との連携・協力関係が重視されており，大学は主に「選択研修」の部分を担当することになっている。

（4）教員研修の法的根拠
　教員が研修を行うことの根拠とされている法律は「教育基本法」第9条，「地方公務員法」第39条および「教育公務員特例法」である。
　「教育基本法」第9条には，「法律に定める学校の教員」は「自己の崇高な使命を深く自覚」するとともに「絶えず研究と修養に励み，その職責の遂行に努めなければならない」。また，その「身分」と「待遇」が尊重され，「養成と研修」が充実されなければならない，と規定されている。
　「地方公務員法」第39条には「職員には，その勤務能率の発揮及び増進のために，研修を受ける機会が与えられなければならない」と規定されている。
　「教育公務員特例法」は，教育公務員である教員の研修に一般公務員に対する特例を設け，職務そのものとしての研修を行うことを定め，教育行政にその条件整備を行うことを次のように義務づけている。

（研修）
　第 21 条　教育公務員は，その職責を遂行するために，絶えず研究と修養に努めなければならない。
　2　教育公務員の任命権者は，教育公務員の研修について，それに要する施設，研修を奨励するための方途その他研修に関する計画を樹立し，その実施に努めなければならない。
（研修の機会）
　第 22 条　教育公務員には，研修を受ける機会が与えられなければならない。
　2　教員は，授業に支障のない限り，本属長の承認を受けて，勤務場所を離れて研修を受けることができる。
　3　教育公務員は，任命権者の定めるところにより，現職のままで，長期にわたる研修を受けることができる。

　第 22 条第 2 項及び第 3 項の規定は，一般公務員には認められていない，教育公務員だけに認められる特例である。

　「教育公務員特例法」第 21 条と第 22 条等と並んで「地方公務員法」第 39 条（106 ページ参照）が教員研修の根拠法としてしばしばあげられ，また「国家公務員法」や「地方公務員法」にも同様の研修規定がある。しかしこれらの研修規定は教員以外の一般公務員に適用されるものであって，これらの研修規定をもって教員研修の根拠法とするのは適切な解釈とはいえない。教員研修の根拠法は，あくまでも「教育公務員特例法」であるとして，「教育公務員特例法」固有の意義を強調する意見があることを付言しておこう。

（5）初任者研修制度

　臨時教育審議会の第 2 次答申（1986 年 4 月）において，国・公立学校（幼稚園を除く）の新任教員に「実践的指導力と使命感を養」い「幅広い知見を得させる」ことを目的として，初任者研修制度創設が提案された。また教養審の答申（1987 年 12 月）も，新任教員の時期に「組織的，計画的な現職研修を実施し，実践的指導力や教員としての使命感を深めさせることは，現職研修の第一歩として必要不可欠」であると指摘し，初任者研修制度の創設を提案した。これらの答申を受けて，初任者研修制度が法制化されたのは

1988（昭和63）年である。教育公務員特例法の関係条文を以下に掲げる。
　（初任者研修）
　　第23条　公立の小学校等の教諭等の任命権者は，当該教諭等（政令で指定する者を除く。）に対して，その採用の日から1年間の教諭の職務の遂行に必要な事項に関する実践的な研修（以下「初任者研修」という。）を実施しなければならない。
　　2　任命権者は，初任者研修を受ける者（次項において「初任者」という。）の所属する学校の副校長，教頭，主幹教諭（養護又は栄養の指導及び管理をつかさどる主幹教諭を除く。），指導教諭，教諭又は講師のうちから，指導教員を命じるものとする。
　　3　指導教員は，初任者に対して教諭の職務の遂行に必要な事項について指導及び助言を行うものとする。
　初任者研修は当初，初任者が配置された学校に，初任者の指導にあたる指導教員が配置されるという方法で実施されたが，2003（平成15）年度より「拠点校方式」が段階的に導入され，2005（平成17）年度からはその方式に全面的に移行した。校内にはコーディネーター役の校内指導教員をおき，教科指導，生徒指導，学級経営等，必要な研修分野を初任者配置校の全教員で分担して指導している。
　初任者は「基礎的素養，学級経営，教科指導，道徳，特別活動，総合的な学習の時間，生徒指導・進路指導」等の事項について，校内における研修と校外における研修を受ける。校内における研修は，週10時間以上，年間300時間以上であり，拠点校指導教員（初任者4人に一人の割合）を中心に実施されている。校外での研修は年間25日以上，教育センター等での講義・演習や企業等での体験研修が実施されている。
　なお，初任者研修の期間が1年間であることに対応して，初任者教員の「条件附採用」期間は，公務員の特例として，6ヵ月から1年間に延長された（教育公務員特例法第12条）。

（6）教員免許更新制
　教員免許更新制とは，免許状取得後も教員として必要な資質能力が保持されるよう，免許状に有効期限（10年間）を設け，定期的に刷新を図る制度

である。更新の要件は，有効期限（直近2年間）内に30時間の更新講習を受講し修了することである。

2006（平成18）年7月の中教審の答申「今後の教員養成・免許制度の在り方について」での提言を受けて，2007（平成19）年6月に教育職員免許法と教育公務員特例法が改正され，2008（平成20）年度における予備講習（試行）を経て，2009（平成21）年4月から教員免許状更新講習が本格実施された。

教員免許更新制は，政府・文部科学省による一連の教育「改革」政策（2006年の教育基本法「改正」，2008年度からの教職大学院設置，主幹教諭や指導教諭など新たな職位の導入等）の一環として位置づけられ，教師不信の声の高まりを背景として，安倍首相（当時）肝入りの「教育再生会議」が更新制導入を推進した。

制度上の問題点として，①医師，看護師等の他の職種には導入されていないなか，教員にだけ免許更新制を導入するのは均衡を欠く，②更新制導入前に免許を取得した者にもさかのぼって更新講習受講を義務づけていること，③10年経験者研修（2002（平成14）年の中教審の答申「今後の教員免許制度の在り方について」で更新制導入を見送る代わりにつくられた）との違いがはっきりしないこと，等がある。

教員免許更新制は，発想において，「共通の内容」を伝える「行政研修」ないし「伝達講習」や5年研，10年研などの「基本研修」となんら変わらない，つまり屋上屋を重ねるものである，との指摘もある。

（7）教員研修をめぐる諸問題

教員研修については，その職務性，権利性，自主性が教育法学説と行政解釈との間で争点を形成し，研修法制の解釈と運用に大きな問題が生じている。行政解釈は，1964（昭和39）年の通達で当初の解釈を変更し，教員の研修を，①職務命令による研修，②職務専念義務を免除して行う研修，③勤務時間外の自主研修，の三つに分類し，自主研修を勤務時間外だけに限定し，これを正当化する運用を行ってきた。

研修は教師にとって権利なのか，それとも義務なのかという議論がある。これについて牛渡（2008）は，権利か義務かという二者択一ではなく，教

師にとって研修は，権利であると同時に義務でもあるととらえるべきだ，と述べる。その場合，教師にとって研修が権利であるというのは，教師には研修を行う権利と，教育委員会や校園長に対して研修機会の保障を要求する権利があるからである。また，教師にとって研修が義務であるというのは，教師は（よい教育実践を行うために），児童・生徒とその保護者に対して研修を行う義務を負っているからである。

　教員研修をめぐる対立点として，「自主研修 対 行政研修」が，昔から指摘されてきた。「自主研修」派は，教員にとって研修を行うことは権利であり，したがって，行政側が研修を強制したり，義務づけたりすることは認められない，というだろう。これに対して「行政研修」派は，行政機関が計画・実施する研修に教員は参加する義務がある，と反論する。教師に研修を行う権利があることを認めない者はいない。しかし，だからといって，教師の研修はすべて「自主研修」であるべきで，「行政研修」はいっさい認められない，とまでいえるだろうか。

　教育の本質や教職の特質だけからは，研修の重要性は指摘できても，その必要性を十分に説明しきれない，という指摘もある。教員研修の必要性を積極的に主張するためには，次のような論理構成が必要である。例えば，①教師教育は大学における養成だけでは十分ではないということ，また，②研修を実施することによって教師の職能成長を支援することが可能であり，また必要であるということ，③科学の発達や社会の変化に対応するために，教師は教育の内容・方法を習得し直す必要があるということ，これらのことをいわなければ，研修の必要性を正当化できないというわけである。

　行政研修の問題点や欠点として，以下のことが従来から指摘されている。

- 一方通行的，画一的，形式的な内容である。
- えてして行政の政治的意図の押しつけになりがちである。
- 行政研修は，えてして実践にあまり役立たない。

　ひと言でいえば，行政研修はおもしろくないし役に立たない。だから，教師は行政研修を積極的に受ける気にはなれない。動機づけという点で，行政研修は解決すべき問題を抱えているのである。

①　長期休業中や勤務時間内における校外自主研修をめぐる問題

　近年，かつては広く認められていた，夏休みなどの長期休業期間中における自主的研修活動が，大幅に制約されるようになっている。その直接的契機は「夏季休業期間等における公立学校の教育職員の勤務管理について」と題する初等中等教育企画課長通知（2002年7月4日付）である。夏季休業期間中は，授業がないというだけであって，教員が学校で勤務しなくてもよいということではない。したがって，夏季休業期間中であっても，教員は学期中と同様に出勤して業務に従事しなければならない，という趣旨の通知である。教員の給与は一般の公務員よりも若干高い上，長い休みもあることに対して教育界外部からの風当たりが強いことを慮って，このような通知が出されたものと思われるが，姑息な対応といわざるをえない。

　授業に支障がなければ，本属長の許可を得て，勤務先を離れて研修を行うことができるという規定（教特法第22条第2項）を，行政研修だけに限って認めようとするのは事なかれ主義といわざるをえず，教員の自主的な研修意欲をそぐものと批判されても仕方がないところである。むしろ管理職は「こういう機会を積極的に利用して，ふだんは行けないところに出かけて見聞を広めたり，ふだんは時間がなくて読めない本をじっくり読んでください」と自主的で自由な研修を積極的に奨励することが望ましい。小役人的発想ではよい教員は育たない。大学の教員にとっては，長期休業中こそが研究を進展させる貴重な時間なのであるが，高等学校以下の教員に研究のための自由な時間を認めないのはなぜであろうか。教員に研究は必要ないとでもいうのであろうか。「学校が夏休みだからといって教員も休んでいるわけではありません」と言い訳するために「特に用事がなくても，とにかく学校にいてください」と指示するのは，そもそも教員を専門職とは扱っていないことを意味する。

　この初等中等教育企画課長通知以来，長期休業中でも，勤務場所以外での研修はできるだけ認めないという事態が進行している。教育公務員特例法の趣旨にはまったくそぐわないもので，このような解釈・運用が横行していることに久保（2008）は懸念を表明している。過去半世紀にわたる文部科学省の研修政策を，自主研修に比して行政研修を肥大化させすぎてきたと批判する久保（2008）は，研修に関して「財政的負担なしに今すぐできること」

がある，それは「長期休業中の教員の研修活動を積極的に奨励すること」である，と提言している。

　勤務時間内に校外研修を行うことが問題になるのは，学会や民間教育研究団体等が主催する研究会に教員が自主的に参加する場合，あるいは個人で図書館・博物館・大学等で研修を行ったり，現地調査や自宅で研修を行う場合である。このような場合，授業への支障が明らかにない場合でも，研修が承認されないことがある。授業を中心とする教育活動や校務への支障がないか，研修としてふさわしい内容かどうか，などの従来からの基準に加えて，新たに「緊急性があるかどうか」（緊急性がない場合は不承認）が基準として打ち出されている。また，校務の「円滑な執行に支障が生じるおそれがないとはいえない」という「漠然たる可能性」を，校外研修を承認しない理由として容認する判決が出されている。これでは勤務時間内に校外で自主研修を行う機会は，学期中においては否定されたも同然である。教育公務員特例法が教師に研修機会を保障するために制定された，国家公務員法・地方公務員法の特別法であるという趣旨を否定するような解釈・運用は改められるべきである。

②　初任者研修制度の抱える問題点

　教養審の第3次答申「養成と採用・研修との連携の円滑化について」（1999年）は，初任者研修が「画一化」し「魅力の少ないものになっている傾向」があると指摘し，教職経験者研修についても「内容・方法が画一化され……ニーズに応じた研修の機会が少ない」と指摘している。そして改革の方向として，第1次答申の「自主的・主体的研究奨励」方針を再度提言している。しかし，答申が示す方針と学校現場の実態との間には大きな隔たりがある。

③　大学院修学休業制度の問題点

　2002（平成14）年度から大学院修学休業制度が実施されたことにより，現職教員が修士課程で研修を行う機会は拡大された。しかし，①教育委員会からの派遣とは違って無給であること，②専修免許状の取得が目的とされているために，博士後期課程や学部等での研修には適用されないこと，などの

問題点がある。

　中・長期的には，一定の勤務年数（7～10年）を経過すれば，希望するすべての教員が，希望する研究機関や課題での長期研修を行える制度を創設することが望ましい。

［新井保幸］

【引用・参考文献】
中央教育審議会　「教員の資質能力の向上について（答申）」　1978
中央教育審議会　「21世紀を展望した我が国の教育の在り方について」　1996
中央教育審議会　「今後の教員養成・免許制度の在り方について（答申）」　2006
小島弘道・北神正行・水本徳明・平井貴美代・安藤知子　『教師の条件：授業と学校をつくる力 第2版』　学文社　2006
久保富三夫　「研修と教師の成長」　土屋基規 編著　『現代教職論』　学文社　2006
久保富三夫　「免許更新制と現職研修改革」　日本教師教育学会 編　『日本の教師教育改革』　学事出版　2008
教育職員養成審議会　「教員の資質能力の向上方策等について（答申）」　1987
教育職員養成審議会　「新たな時代に向けた教員養成の改善方策について（第1次答申）」　1997
教育職員養成審議会　「養成と採用・研修との連携の円滑化について（第3次答申）」　1999
文部省初等中等教育企画課長通知　「夏季休業期間等における公立学校の教育職員の勤務管理について（通知）」　2002年7月4日付
文部省教育助成局長通知　「教員採用等の改善について（通知）」　1996年4月25日付
日本教師教育学会 編　『日本の教師教育改革』　学事出版　2008
臨時教育審議会　「教育改革に関する第2次答申」　1986
土屋基規 編著　『現代教職論』　学文社　2006

【追記】
　平成27年12月21日の中教審答申「これからの学校教育を担う教員の資質能力の向上について～学び合い，高め合う教員育成コミュニティの構築に向けて～」は，初任者研修と十年経験者研修について改革の方向を提示した。すなわち，入職後1年間に限定されていた初任者研修については，1年目から3年目の初期研修へ転換させ，十年経験者研修についても，ミドルリーダーの育成を目的とし，研修実施時期を弾力化する中堅教諭等資質向上研修に転換させる方向性を示したのである。

第8章

教師教育制度の改革動向

　教師教育制度は教員養成制度と教員研修制度に大別される。したがって，教師教育制度の改革動向も，教員養成制度の改革動向と教員研修制度のそれとに分けて論じる必要がある。また，教員養成制度の改革動向としては学部段階での改革動向と大学院（修士課程）での改革動向とが区別される。さらに教員研修制度には狭義の研修制度に加えて，教員免許状更新講習制度も関係する。

8-1　教員養成制度の改革動向

（1）学部段階における改革動向
　学部段階（学士課程）における教員養成といっても，教員養成を目的とする教員養成系大学・学部と一般大学とでは事情が異なるので，分けて考える必要がある。

①　教員養成系大学・学部における改革動向
　教員養成にかかわる担当教員数では一般大学に比べて恵まれている教員養成系大学・学部にも克服すべき課題はある。教育職員免許法に定める科目を

開講すること自体は難なくできても，優秀な教員を育てるという目的に向かって各担当教員が連携し合って教育しているとは必ずしもいえないからである。また，教員採用試験合格率の向上という目的大学ならではのハードルもある。そのために教員養成系大学・学部は一般大学との差別化を図るカリキュラム改革に乗り出している。

② カリキュラムの有機的連関

「教科に関する科目」「教科の指導法に関する科目」「教職に関する科目」の関連性は，教員養成を行う条件では一般大学よりも恵まれている教員養成系大学・学部においても，依然として課題である。教員養成カリキュラムが有機的に関連をもって教えられているとは到底いえず，各担当教員が教授内容を連絡・調整することなくバラバラに教えているのが実情である。そうした現状を「予定調和論か，なわばり無責任論」と批判する論者もいる（横須賀，2006）。「予定調和論」というのは，各担当教員がバラバラに教えても，最後には学生がうまくまとめて理解してくれるだろうという，根拠のない期待である。また「なわばり無責任論」というのは，各担当教員が自分の「なわばり」（専門分野）については責任をもって教えるが，あとのことは知らないという態度である。こうした状況に危機感をもった文部科学省は，各大学の教員養成組織内部に「教育課程委員会」を設置して，4年間を見通した有機的で統合的な教員養成のカリキュラムを作成するよう求めている。

③ 教員養成の「モデル・コア・カリキュラム」

21世紀初めの日本では，少子化に伴い新規教員採用数が減り，教員養成系大学の定員も大幅に減らされた（2007年以降，定年を迎えた団塊世代の大量退職によって，都市部を中心としてむしろ深刻な教員不足問題が発生しているが，これはあくまでも短期的なもので，長期的には教員数が減っていくことは間違いない）。そのころ出された「国立の教員養成系大学・学部の在り方に関する懇談会」（「在り方懇」）による報告書（2001）は，教員需要が減少するなかで教員養成系大学・学部が生き残っていこうとすれば，思い切ったカリキュラム改革を行うほかはないと指摘した。その核になるのは「教員養成全体における教員養成系大学・学部の独自性」を発揮すること，

つまり教員養成系大学・学部でなければできないような教員養成を行うことによって，一般大学における教員養成との差別化を図ることである。

「在り方懇」の報告を受けて，教員養成系大学・学部の連合組織である日本教育大学協会（教大協）は研究プロジェクトを立ち上げてカリキュラムの見直しを行い，2004（平成16）年に「教員養成コア科目群」を基軸とする教員養成の「モデル・コア・カリキュラム」を提示した。その基盤となる考え方は「理論知から実践知への重点移動」である。つまり，これまで大学では「理論知」が教えられてきたが，それはそのままでは実践に適用できない知である。そうではなく，実践において活きて働くような知である「実践知」を教えるなり，獲得させるなりしなければならない。「実践知」は「体験」と「省察」（reflection）を積み重ねることによって獲得される。「実践知」獲得の鍵となる「教員養成コア科目群」とは，教育現場における実践・体験とそれをふまえた省察（体験と研究の往還）とをねらいとする一連の科目群で，①教育実習をはじめ，教育実践や教育現場での観察や参加など，学生の教育体験を重視する授業科目，②そうした教育体験を，大学での研究・理論知と結びつける授業科目，の二つを柱とする。こうして，まず観察・参加・実践といった体験をさせ，そのあとでそれを振り返り，省察させるという授業を1年次から4年次まで切れ目なく続けていくことによって，「実践知」を獲得させようというのが「教員養成コア科目群」なのである。

④　一般大学における教員養成の改革課題

教員養成を直接の目的として掲げてはいない一般大学においては，他学部との関係から，教員養成に特化した学年暦や時間割編成を行うことは困難であり，そこから「教育実習の二重履修問題」も発生してくる。これを根本的に解決するためには「実習セメスター」を設定するしかないが，それは一般大学では不可能に近い。

教員養成系大学・学部と比べて，一般大学における教員養成機能は，学部専門教育に比してあくまでも付加的なものという位置づけである。特に私立大学では教職課程専任教員を可能なかぎり抑制するために，多くの教職科目や教科の指導法に関する科目の担当を学外の非常勤講師に頼らざるをえないのが現状であり，教職課程の責任体制が十分ではない。教職課程の運営を教

職科目の担当教員に任せきりにするのではなく，教科専門科目の担当教員も協力して，「教員養成コア科目群」の実施が可能なような組織的な体制づくりが望まれる。

⑤ 開放制のマイナス面

　教員免許が取れることを，多くの大学が学生集めの手段に使っている。学生は学生で，教員になるつもりはあまりなくても，一応取れる資格だということで，教職課程を履修する。免許状授与の開放制という原則それ自体は望ましいものであるが，その弊害は是正していく必要がある。開放制教員養成制度の趣旨は，教員養成を目的として掲げている大学でなくても，教職を進路として考えている人に免許取得機会を与えることである。その本来の趣旨が，教員免許が取れるから，とりあえず取っておこうというふうに転倒してしまっている。

　開放制の弊害——教員になるつもりのないペーパーティーチャーを量産している——を除去する意図から，免許を取得しなかった者が真剣に教員になりたいと思った場合，学部卒業後，教員養成大学・学部や大学院で1年程度の短期間で免許を取得できる仕組み（短期養成コース）は，アメリカやイギリスではすでに存在するし，あまり広く知られてはいないけれども，実は我が国にもそういう仕組みがなくはない（「教職特別課程」）。しかしながら戦後の教員養成制度は一貫して，一般大学での教員免許取得に対してのハードルを引き上げる方向に，つまり開放制を制限する方向に推移してきた。いろいろ問題はあるにしても開放制をあくまでも堅持するのと，短期養成コースを設けるのと，どちらがよいかは一概にはいえないが，教員養成の実質化が肝要であろう。

　教員養成を目的とはしていない一般大学でも教員免許を取得できるという意味での開放制は，今後も堅持していくべきである。そうでないと，つまり教員養成系の大学でないと教員免許が取得できないということになると，戦前の師範学校制度と変わらないことになってしまうからである。実際には，高校教員のほとんどと中学校教員のおよそ半分は一般大学出身者で占められているから，中等教育の教員養成に関しては開放制を廃止することはできない。閉鎖制に戻す可能性があったのは小学校教員だが，これも最近では私立

一般大学の中に小学校教員養成課程が次々に設置されて、国立系の目的大学・学部と拮抗する数の教員を輩出するまでになっている。ということは、いまさら閉鎖制に戻すことはできないということである。いずれにしても、いかにも教員といったタイプを相対化するような多種多様な人材を教育界に迎え入れることが重要なのである。

⑥ 教育実習期間の延長

例えばドイツでは、教職志望者は教職に就くまで何年か待たされることはあっても、確実に教員になれる。日本のように、免許は取得しても、教職に就かない人が圧倒的多数を占めるということはない。ドイツの教員養成制度を日本のそれと単純に比較することはできないが、そのよいところだけに注目すると、教育実習を行った人は確実に教員になれる。ということは、教員になるつもりもないのに教育実習をする者はいないということである。この仕組みのメリットは教育実習生の数を低く抑えられることにある。実習生の数がそれほど多くないから、彼らに対して長期の実習を課すことができる。それに比べると、2週間（高校教員免許の場合）から長くてもたかだか数週間という日本の教育実習期間は、申し訳程度のものにすぎない。教育実習の長期化（少なくとも半年、できれば1年）は必要である。といっても、毎日実習校に行く必要はない。実習校に行くのは週に半分程度でもよい。残りの日は、大学で指導案を作成したり、教材研究を行ったり、卒業論文の作成にあてればよい。

筑波大学のように、大学（茨城県）と附属学校（東京都，埼玉県，千葉県，神奈川県に分散）が離れていると、往復の所要時間や交通費のほかに、実習期間中の宿泊費もかかり、これが実習希望者に附属での教育実習を忌避させたり、断念させる大きな理由となっている。実習校は大学から通える範囲のものを原則とすべきだろう。附属学校としての活用実績を上げるために、学生に遠隔地にある附属学校で実習させようとするのは大学や附属学校の都合であって、そうするのではなく、学生が附属学校での実習を希望する場合には優先的に受け入れるということにすればよい。

⑦　新科目「教職実践演習」

　教育職員免許法施行規則の改正（2009年4月）によって，2010（平成22）年度入学生が4年生になるときから導入されることになった新科目（2単位）で，文部科学省は科目名を「教職実践演習」とするよう指導している（大学が独自の科目名をつけることは認められていない）。この科目については，以下のような条件がついている。

① 　原則として4年次の後期に開講すること
② 　「教科に関する科目」担当教員と「教職に関する科目」担当教員が共同で，主として演習形式で授業を行うこと
③ 　教職課程の総仕上げという性格をもつ科目であり，この科目の単位を認定することは，受講生が教員としての適性をもつことを大学として保証する意味合いをもつこと
④ 　単位の認定にあたっては，1年次からの教職科目の履修状況（ポートフォリオ形式で蓄積される）も点検すること

　自動車教習所では，路上教習に出たり，検定試験を受けるにあたっては，指導員が「見極め印」を押すことになっている。それになぞらえていえば，同科目の単位を認定するということは，大学が責任をもって，教員としての適性があるという「見極め印」を押すことなのである。

　しかし「教職実践演習」の実施にあたっては，いくつかの問題点がある。
　第一に，開設時期の問題である。教職課程の総仕上げという意味で，開設時期が4年次後期に設定されているが，卒業論文の作成と時期的に重なるし，卒業にかかわる事務処理上からも日程的にきつい。
　第二に，教職課程履修者が数百名に達する大学，特に教職課程担当スタッフが十分ではない一般大学では，この科目を演習形式で実施すること自体が相当の困難を伴う。
　第三に，現行の教育職員免許法では，学部卒業段階で教員免許を取得できることになっているが，2009年秋に成立した民主党政権は教員養成6年制案を検討している。現時点（2010年1月）ではその帰趨は定かではないが，仮に教員養成6年制案が実現すると，本科目の前提自体が成り立たなくなるので，廃止を含め本科目を見直す必要が出てくる。

以上，学部段階における教員養成の改革動向について，教員養成系大学と一般大学に分けて論じてきたが，共通する問題もある。それについて最後に述べよう。昨今の教師教育改革におけるキーワードは「実践的指導力」と「リフレクション」である。「実践的指導力」は，1987年ごろから中教審の答申などで出てくる。「リフレクション」という言葉も大流行だが，これはショーン（D. A. Schön）の「反省的実践家（reflective practitioner）」という考えが紹介されてからだろう。「実践的指導力」については，そのとらえ方が近視眼的であってはいけない。つまり，授業がうまくできるとか，児童・生徒の扱いがうまいとか，実務能力があるとかの「即戦力」をもって「実践的指導力」とするだけではいけないということを強調しておきたい。「即戦力」の過大な重視は近視眼的なのである。教師は現場で育つということの意味をかみしめたい。「振り返り（reflection）」も結構なのだけれど，その概念が深められているかといえば，そうではない。「リフレクション」という言葉は盛んに飛び交っているけれども，概念については曖昧なところがあり，きちんとしないと一過性の流行で終わってしまい，あとには何も残らないということになりかねない。

（2）大学院修士課程における改革動向

　大学院修士課程における教員養成の改革動向として注目されるのは，なんといっても教職大学院である。教職大学院は「教員養成の専門職大学院」であるが，プロフェッショナル・スクールの日本版という意味をもつとともに，義務教育版という性格も有している。なお，教職大学院の論述にあたっては，岩田康之（2008）の「『教職大学院』創設の背景と課題」に多くを依拠した。

① 教職大学院

　2006年7月の中央教育審議会（中教審）の答申「今後の教員養成・免許制度の在り方について」を受けて，2007年3月に大学院設置基準が改正され，2008年度より「教職大学院」において「教職修士（専門職）」学位の認定が行われることになった。このことは「二つの大きな流れの結節点」に位置づけられる，と岩田は述べている。岩田のいう「二つの大きな流れ」とは

何か。

　一つは，アメリカをモデルとした世界的な高等教育の再編動向であり，その特徴は，アカデミック学位（研究者養成）のルートとプロフェッショナル学位（専門職養成）のルートを並列させることにある。日本でも「教育改革国民会議」の報告（2000年12月）が，従来の研究者養成型大学院に加えて，プロフェッショナル・スクール（高度専門職業人養成型大学院）を打ち出し，この趣旨に沿って2003年度から専門職大学院が発足している。

　もう一つは，教員養成改革，とりわけ教員養成系大学・学部における教員養成改革への期待である。2000年8月に文部省（当時）内に「国立の教員養成系大学・学部の在り方に関する懇談会」（「在り方懇」）が設けられ，同懇談会の報告（2001年11月）では，大学院に関して「専門的な知識を備え，学校現場が抱える問題に積極的に取り組む中核的教員の養成」のための機能強化が提案された。

　日本の教育系大学院修士課程は，教育職員免許法改正（1988年）によって修士を基礎資格とする専修免許状が設けられたことを契機として，1996年までに全都道府県に設置された。しかしそれから10年以上を経過した現在でも，十分な社会的評価を得ているとは到底いいがたく，大学院内部にも研究志向と実践志向が混在していた。一種免許状の上に「教科又は教職」の単位を積み重ねることによって認定される専修免許状は，教育現場からすると独自の価値を見いだしにくいものだった。こうした経緯から，教育界内部にも「教員養成の専門職大学院」設置への期待が高まってきたのである。こうして2004年夏ごろから「教員養成の専門職大学院」は現実味を帯びた政策課題となった。

　ところで，2004年に内閣府に設けられた「規制改革・民間開放推進会議」は，教育界の閉鎖性を厳しく批判した。同会議は教員の「社会経験の乏しさ」を教育問題の主因の一つとしてあげ，特別免許状の活用促進等による規制緩和を解決策として提案した。同会議は同年11月に「緊急提言」を出し「当該大学院（教員養成の専門職大学院のこと—新井）の修了を教員免許や教員採用の要件，あるいは優遇条件とすることは……悪しき参入規制」であると批判した。こうした流れの中では，「教員養成の専門職大学院」修了者を対象として排他的な職域を設定したり新種の免許状を設定することは不可

能であった。「教員養成の専門職大学院」論議は，そもそも既存の修士課程における教員養成とそこで認定される専修免許状が有効に機能していない問題から出発したにもかかわらず，結果的にこれらの問題に手がつけられることはなかったのである。

　他方で「教員養成の専門職大学院」論議が「教員養成系主導」で進められたことは，一般大学，特に旧帝国大学教育学部からの反発も招いた。旧帝大の教育学部は，教員養成系大学・学部と比べて不利な条件（①小学校教員養成の組織も附属小学校もない，②教科の内容・方法についての教育研究組織が弱い，③地方教育行政との連携が弱い，④教員養成に対する全学的合意を形成しにくい等）を抱えている。「教員養成系主導」で進められた「教員養成の専門職大学院」論議の外におかれた旧帝大教育学部は，教職大学院は「師範学校の大学院版」であると批判した。ネームバリューのある大学が参加しなかったために，「教員養成の専門職大学院」は教員養成系中心の一部大学だけに関係するものという見方が定着することになった。

　中教審は2005年3月の教員養成部会で「専門職大学院ワーキンググループ」（横須賀薫主査）の設置を決定し，2006年7月の答申で「教職大学院」の創設を提案した。「教職大学院」修了者の質保証という点から，「理論と実践の架橋」や「体験と省察の往還」といった基本理念にとどまらず，教育内容の共通イメージや，既存の大学院との差異化を図る双方向的な授業方法（フィールドワーク，事例研究，ワークショップ，シミュレーション，ロールプレイング等）を示すことが求められた。

　「教職大学院」で養成することが期待されているのは次の2通りの教員である。一つは「より実践的な指導力・展開力を備え，新しい学校づくりの有力な一員となり得る新人教員」（ストレートマスター）である。もう一つは「地域や学校における指導的役割を果たし得る教員として，確かな指導理論と優れた実践力・応用力を備えたスクールリーダー（中核的中堅教員）」（現職経験者）である。なお，ここでいう「スクールリーダー」は「校長・教頭等の特定の職位を指すものではなく……将来管理職となる者も含め，学校単位や地域単位の教員組織・集団の中で，中核的・指導的な役割を果たすことが期待される教員」とされている。

　しかし「教職大学院」で学ぶ現職教員は，学校での教職経験を有するか

ら,「実務家教員」の経歴と明確な差異はない。教育以外の分野での「実務経験者」としては「医療機関,家庭裁判所や福祉施設など教育隣接分野の関係者,また例えばマネジメントやリーダーシップに関する経験者については民間企業関係者など」とされている。しかし,教育以外の分野の「実務経験者」が「実務家教員」に招かれる例は実際には少ない。

「教職大学院」の必要専任教員数は 11 人(うち 4 割以上は実務家教員)である。11 人の根拠は,既存の修士課程教育学研究科学校教育専攻の専任教員数である。また,専門職大学院の専任教員数に占める実務家教員の割合は一般に 3 割以上とされているが,「教職大学院」は,すでに教職にある者がさらなる実践性を身につける「より実践性の高い教育機関である」という趣旨から,それを上回る 4 割に設定された。現状では入学者を惹きつけるインセンティブが見込めないため,各大学は当面,比較的小規模の「教職大学院」を構想した。11 人(うち 5 人以上は実務家教員)という最低基準は,教科にかかわる教員なしでクリアできるため,改組プランの多くは既存の教育学研究科の教科専攻を温存したまま,学校教育専攻の一部を「教職大学院」に振り向けるという形をとった。その結果,一般大学と比べて教員養成系大学・学部のセールス・ポイントであると同時に改革の必要性が指摘されてもいる教科教育・教科専門には手がつけられないまま,「教職大学院」は発足することになった。

「教員養成の専門職大学院」のモデルはアメリカのプロフェッショナル・スクールである。しかし,アメリカの教員が授業中心の限定的職務を担うにすぎないのに対し,日本のスクールリーダーの権威は専門性の高さよりも「人間性」「社会性」「使命感」等の人格的要素に根ざしている。そのため「共通科目部分における各内容の具体例」として「教育課程の編成,実施」「教科等の実践的な指導法」「生徒指導,教育相談」「学級経営,学校経営」の 4 領域に加えて,5 番目の共通領域として「学校教育と教員の在り方」が追加されることになった。その結果として「教職大学院」は,①共通科目が多く各大学独自の授業科目は少ない,②「専門職」大学院でありながら職能とは無関係な人格的要素を重視する,という特徴をもつことになった。

「教職大学院」が創設されたからといって,それに過大な期待をもつべきではない。むしろ,それによって教員養成全体が多少なりとも改善されたか

どうかという，控えめで現実的な期待をもつのがよい，と岩田は述べている。率直にいって，既存の大学院教育学研究科には，教職浪人のたまり場という面もある。その在り方が果たして，また，どれだけ変わるか，以前より質のよい人材をどれだけ教育界に供給できるかという観点から，「教職大学院」の行方を見守る必要がある。

　また岩田は，「教職大学院」絡みで都道府県・政令指定都市の教育委員会への権限集中が顕著であることにも注意を喚起している。「教職大学院」の主な入学者（現職教員）を派遣するのも，「実務家教員」候補を大学に送り込むのも，大学と現場との連携を仲介するのも，そして修了者の処遇を定めるのも，結局のところ都道府県・政令指定都市の教育委員会だからである。当該教育委員会のこうした大きな影響力は，たとえ意図したことではないにせよ，結果的に教員養成における大学の主体性を脅かしかねない，と岩田は指摘する。

　教職大学院は4割の「実務家教員」を新たに雇い入れるために学内の承認を取りつけなければならない，教職大学院の専任教員は原則として学部の授業は担当できない，などの厳しい制約があることから，2009年4月現在，教職大学院設置に踏み切った大学は30校に達していない。多くの大学は，先行した大学の教職大学院が成功するかどうか模様眺めの態度をとっている。全国の教員養成系大学院修士課程がコストの高い教職大学院方式に切り替わっていくかどうかは，民主党政権の教員養成6年制案の実現可能性とも関係していて流動的である。個性的で多様な教員を現場に迎え入れることが望ましいという理念に照らしても，教員が教職大学院出身者ばかりになってしまうことがはたしてよいことなのかという問題もある。

　② 　教員養成6年制案をめぐる議論

　2009年末時点で，民主党が検討していると伝えられる教員養成6年制案の骨子は次のとおりである。①教員免許の基礎資格を修士課程修了におく。したがって，専修免許状取得を標準とする。②教育実習の期間は1年間とする。そして③教職8年を経た段階で再び大学院で研修を受け，「学校マネジメント」「生徒指導・進路指導」「教科指導」の3分野のいずれかで「専門免許状」を取得することを標準にする。

　民主党の教員養成6年制案には賛否両論があるが，ここでは反対論について検討してみよう。主な問題点，批判点は次のとおりである。

　① 　教育実習期間を1年間にするというが，はたして受け入れてくれる学校があるか。

② 修士課程までいくと，多額の授業料がかかる。その結果，教員志望者が減る（現に，薬剤師の資格を修士課程修了にしたとたん，志望者が激減した）。その結果，教員採用試験の倍率が下がり，質のよい教員の確保が困難になる。
③ 専修免許状をもっている教員の指導力が特に優れているとは思えない。6年制にしたからといって，教師の質が上がるという保証はない。
④ 教師が成長するのは現場においてであって，大学や大学院においてではない。だから教師は早く現場に出たほうがよい。雑務を減らして教師を多忙から解放したり，教師の数を増やすことのほうが大事である。

これらについて，個別に検討してみよう。

①の教育実習については，学生をいきなり教壇に立たせるのではなく，始めの数カ月は教員の手伝いをさせたり，子どもの遊び相手をさせたりして，学校や子どもの扱いに慣れさせる。慣れてきたら，少しずつ教壇実習（授業実習）を開始し，徐々に授業を増やしていけば，それほど心配はない。

しかしこの案を実行していくためには，教育実習生をある程度絞り込む必要がある。教職に就くことを真剣に考えている学生に限定する必要がある。採用予定者数の2〜3倍程度に教育実習参加者数を絞り込まないと，現場では受け入れ困難になるだろう。また，そうまでして教育実習に参加する学生は教員になる可能性が高い。現場の教員にとってもそのような学生なら教え甲斐があり，メリットがある。

教員養成系大学・学部では現在，1年次からスクールサポーターになり，2年次，3年次，4年次と実習を積み重ねていく方式がとられているが，一般大学ではこのやり方はできない。しかし教員養成を行う大学院──必ずしも教職大学院である必要はない──で教育実習を行うことにすれば，一般大学出身者の不利も解消される。

②は授業料の問題である。民主党案では授業料が高くつくから，何としても教師になりたいと思う者しか教員にならない。つまり，民主党案は開放制を実質的に狭める機能を果たす。いったん教職に就いたら転職は難しい。教員はツブシが効かない。要するに，現在と比べてリスクが大きくなるので，教員志望者が減るだろうという。

しかし，6年分の授業料を払えるのは一部の裕福な人に限られるという理由で6年制に反対するのは，本末転倒である。本当に6年間の修学が必要なら，それが可能になるような支援制度を検討すべきだろう。授業料を払えない学生に対しては，国などが奨学金を貸与し，学生が教職に就き，一定年限を経過すれば返還が免除される制度の創設も検討されてよいだろう。また，現行の4年間を一気に6年間に引き上げるのが難しいのなら，経過措置として5年制を考えてもよい。5年目に長期にわたる実習に取り組んだり，実践的な研究を行うのである。

③と④に関してであるが，教師が力をつけるのは，現場においてであって，大学や大学院においてではない。教師に自由裁量が広く認められ，創意工夫の余地のある教育現場であれば，教員の質も向上し，教員志望者も増える。教員は何よりも現場に出て成長する，自由闊達な，何でも言える自由な雰囲気こそを大事にしなければいけない，こういう意見

は多いし，基本的にまちがいではない。民主党案の批判者たちは，教員養成6年制も教育実習1年間も要らない，それよりも現場の雰囲気を変えないといけない，そして教員にもっとゆとりを与えることのほうがはるかに大事である，と異口同音に言う。

しかし世界（特に先進国）を見渡すと，修士号をもつ教師が増えてきている。修士号や専修免許をもつ教員の指導力が特に優れているわけではないとの指摘もあるが，それは修士課程でなされる教育の質によっても変わってくるのであり，6年制を一概に否定すべきではない。新制大学発足から60年が経って，当初は数％だった大学進学率もいまでは50％を超えている。60年前同様，大学を出ていればいいといっていては，時代から取り残される。修士課程での教育の内容・方法を検討することを条件として，6年間での養成や1年間の教育実習については前向きに検討してよいように思う。と同時に，教職を志望する学生が教職に就くことを保証する仕組みが必要である。なぜなら，長期にわたる学修を行っても，教員になれる保証がなければ，それを選択する学生が少なくなることが懸念されるからである。

8-2　教員の採用・研修制度の改革動向

（1）教員採用試験制度の改革動向

都道府県教育委員会が実施する教員採用試験の内容は少しずつ改善されてきているものの，筆記試験についてはまだまだ暗記中心のところがある。記憶力中心から理解力重視の方向をさらに推し進めることが望まれる。教員採用試験には合格していなくても，何年にもわたって講師を続けてきており，熱意と実績のある候補者は，筆記試験を免除して，口述試験のみ，あるいは口述試験と小論文等でよいとすることはできないだろうか。というのも，熱心な講師ほど日々の教育活動に時間を取られ，採用試験の準備をする時間がなくなり，結局のところ合格できないという事例をよく聞くからである。

（2）教員研修制度の改革動向

① 教員免許更新制

教員免許更新制は，2008年度の試行（予備講習）を経て，2009年度から本格実施された。しかし2009年9月に成立した民主党政権は早くも更新制を廃止する方針であり，法改正を行う意向であると伝えられている。このようにして風前の灯火である更新制であるが，これは導入の経緯からしてさまざまな問題を抱えていた。

① 例えば，2002（平成14）の中教審答申では，時期尚早であるとして見送られていたものが，わずか4年後に当時の政権の意向で拙速に導入された経緯。したがって，更新制の導入を見送る代わりにつくられた10年経験者研修との調整ができていないこと。
② 当初は「指導力不足教員」や「不適格教員」の排除を目的としていたのに，導入に抵抗が多いとみるや，目的を「最新の知識・技能」を学ぶことに切り替えたため，目的がはっきりしないこと。
③ 旧免許法下でパーマネントの免許を手にしていた者にも遡及させて適用するという法の条理を犯していること。
④ 諸外国でもあまり例のない制度を拙速に導入したこと。
⑤ 現場教員のニーズに基づいてできたものではないために，受講者の動機づけが非常に弱いこと。
⑥ 講習の主体は大学であるが，その大学にも十分な相談がないまま見切り発車で始めたこと。

② **教員評価制度の動向**

土屋（2006, pp. 15-16）は，近年における教員評価制度の導入とその問題点について，以下のようにまとめている。

これからの教師教育の研究には，最近の「教師の資質向上策」の展開により，教員の養成・採用・研修の問題に加えて，「教員評価」の問題をも視野に入れる必要が出てくる。1998（平成10）年の中央教育審議会の答申及び教育改革国民会議の最終答申（2000年）に基づき，「地方教育行政の組織及び運営に関する法律」の改正（2001年）によって，「指導力不足教員」の認定制度と「新しい教員評価制度」が導入されている。

「指導力不足教員」の認定制度とは，校長の意見具申により，任命権者の諮問機関である適格性判定（審査）委員会が立ち上げられ，そこで「指導力不足教員」と認定されると，校内外での短期・長期の特別研修を受けることを命じられ，研修結果の評価によっては，これまでの処遇とは異なる人事上の措置（教員から事務職への配置転換等）が可能になる仕組みである。

また「新しい教員評価制度」は，公務員制度改革と連動させて，
① 目標管理と自己評価方式の導入
② 複数の評価者の設定

③　絶対評価と相対評価との併用

④　評定結果の，給与や人事上の措置への活用

といった要素を共通の制度原理にして，いくつかの都県ですでに実施されている。しかし，成果主義に基づく評価への疑問，評価基準の公平性，客観性，透明性が確保されるのかという懸念，評価に対する異議申し立て手続きの欠落，評定結果を給与や人事上の措置へ活用することへの批判など，多くの問題が指摘されている。

[新井保幸]

【引用・参考文献】
中央教育審議会　「今後の地方教育行政の在り方について（答申）」　1998
中央教育審議会　「今後の教員免許制度の在り方について（答申）」　2002
中央教育審議会　「今後の教員養成・免許制度の在り方について（答申）」　2006
岩田康之　「『教職大学院』創設の背景と課題」　日本教師教育学会 編　『日本の教師教育改革』　学事出版　2008
規制改革・民間開放推進会議　「文部科学省の義務教育改革に関する緊急提言：真に消費者（生徒・保護者）本位の多様で質の高い義務教育体系の実現に向けて」　2004
国立の教員養成系大学・学部の在り方に関する懇談会　「今後の国立の教員養成系大学・学部の在り方について（報告）」　2001
教育改革国民会議　「教育を変える17の提案」　2000
日本教育大学協会　「教員養成の『モデル・コア・カリキュラム』の検討：『教員養成コア科目群』を基軸としたカリキュラムづくりの提案」　2004
土屋基規 編著　『現代教職論』　学文社　2006
横須賀薫　『教員養成：これまで　これから』　ジアース教育新社　2006

【追記】

　　最新の改革動向について補足する。なお，第5章の追記もあわせて参照されたい。

　　平成27年12月に中教審答申第184号「これからの学校教育を担う教員の資質能力の向上について～学び合い，高め合う教員育成コミュニティの構築に向けて～」が出された。内容は多岐にわたるが，主な課題として，養成段階では「学校現場や教職に関する実際を体験させる機会の充実」や「教科・教職に関する科目の分断と細分化の改善」があげられている。また採用段階では「求める教員像の明確化，選考方法の工夫」や「採用選考試験への支援方策」の必要を指摘する。さらに研修段階ではアクティブ・ラーニング型研修への転換や初任者研修・十年経験者研修の制度や運用の見直しがあげられている。そしてこれらの課題を達成するためには「大学と教育委員会の連携のための具体的な制度的枠組み」や「新たな教育課題（アクティブ・ラーニングの視点からの授業改善，ICTを用いた

指導法，道徳，英語，特別支援教育）に対応した養成・研修」が必要であるとする。

特に注目されるのは，教員の「キャリアステージ」ごとに改革課題が示されたことである。すなわち，〈養成〉段階では「実践・演習重視の授業へのシフト」や「学校インターンシップの導入」が，〈採用〉段階では「教師塾」方式の普及や「共同採用選考に向けた研究・開発」が，〈1～3年目〉では「初任研から初期研修への転換（2, 3年目研修への接続）」や「メンター方式の研修」が，〈中堅〉段階では「ミドルリーダーの育成」や「研修実施時期の弾力化」が，〈ベテラン〉段階では「管理職研修の充実」や「マネジメント力の強化」が，改革課題としてあげられていて，これらの改革を実現していくための制度的枠組み（国による教員育成指針の策定，都道府県レベルでの育成指標の策定と育成協議会の設置）も提言されている。

この答申を受けて，平成28年11月，教育公務員特例法，教育職員免許法，独立行政法人教員研修センター法が一部改正された。

教育公務員特例法の改正点は二つあり，その一つは教員の資質向上に関する指標の整備である。まず国（文部科学大臣）が資質向上に関する指針を定め，次に任命権者である都道府県教育委員会が「指針を参酌し」，教育委員会と大学等から構成される協議会を組織して資質向上に関する指標を定め，「指標を踏まえ」て教員研修計画を策定する。もう一つの改正点は十年経験者研修（第24条）の見直しで，名称も「中堅教諭等資質向上研修」と改められ，学校の運営において中核的な役割を果たす中堅教諭（ミドルリーダーなどともよばれる）の資質向上を目的とする研修へと変更された。

教育職員免許法改正で注目されるのは，免許状取得に必要な科目区分と単位数が変更されたことである。これまでは「教科に関する科目」「教職に関する科目」「教科又は教職に関する科目」という3区分があり，それぞれの単位数も定められていたが，この区分がなくなり「教科及び教職に関する科目」一本になった。（3区分の単位数の合計と「教科及び教職に関する科目」の単位数は59で変わらない。）また「教職に関する科目」の内部もこれまでは六つに分かれていたが，改正法では大まかな区分に変わっている。これがいわゆる「大くくり化」といわれるものである。

最後に独立行政法人教員研修センター法の改正で，まず名称が「独立行政法人教職員支援機構」と改められた。教員研修センターは文字どおり教員の研修を目的としていたが，教職員支援機構の目的は，研修に加えて「必要な資質に関する調査研究及びその成果の普及その他の支援」と拡げられ，それに伴って「資質の向上に関する指標の策定に関する専門的な助言」，更新講習や認定講習に関する事務，教員資格認定試験の実施に関する事務などの業務が付け加わった。

以上が法改正の概要であるが，これらの改正はどう評価されているか。従来の「養成は大学，研修は教育委員会」という役割分担にとらわれず，両者が連携協力して教員の資質向上に関わることを肯定的に評価する声がある一方で，それによって大学の自律性が損なわれ，研究抜きの実務主義の偏重，「大くくり化」による教科専門知識の弱体化等を懸念する声も上がっている。

第9章

教員の社会と文化

9-1　日本の教員社会

(1) 教師と教員，教員社会

　私たちは，学校の先生のことを「教師」と言ったり「教員」と言ったりする。しかし，厳密にいえば両者は区別されるべきものである。「**教師**」とは「教えること」を生業とする人々の総称であり，「**教員**」は教員免許を有して学校教育法第1条に定める学校に勤務する者のことをさしている（油布，2009）。この区別を前提にして言葉の外延をとるならば，「教員」よりも「教師」のほうが指し示す範囲が広いことになる。つまり，「教員」はすべて「教師」であるが，「教師」は必ずしも「教員」ではない。

　一方，言葉の内包に目を向けると，「教師」の「師」には「長（おさ）」とか「頭（かしら）」といった意味があり，そこに「教える者-教えられる者」の関係が読み取れる。教えられる者よりも長じていて教えられる者の上に立つ存在が「教師」ということである。「教員」はどうか。

　「員」は「人員」などという使われ方からもわかるように「数」を意味している。同時に「員」は英語でいえば"メンバー"であり，組織や集団などに所属して役割を課せられている人のことをさしている。「教員」という言

葉からは，所属する組織や集団が連想されてくる。その組織・集団は，いうまでもなく学校である。

　本章は「教員」に焦点をあて，その人たちが形づくる社会とその社会に固有な文化について考えていこうというものである。焦点をあてるのは「教員」である。前提となるのは「学校」であり，その組織・集団である。

　歴史的にみると「教員」は，学校教育の制度的な確立の中で誕生した。近代化の過程で国家は教育の制度化を推進する。学校教育制度を創出して「学校」を設置する。同時にそこで教える人材を制度的に確保する仕組み——教員の養成制度と免許制度——をつくり出す。人材を養成し，免許制度のもとで公認した者にのみに教育を行わせる。「教員」の誕生である。

　近代学校教育は国民教育であり，その制度化は国家的なプロジェクトとして進行した。「教員」も大量に必要とされ，大量に供給された。多くの児童・生徒を教えるのが学校であり，一つの学校に何人かの「教員」が配置された。かくして「教員」が人口の一定の割合を占め，同時に学校に教員の集団が形成され，そこに「**教員社会**」が誕生した（陣内，1988）。本章でとりあげるのは，このようにして誕生した「教員社会」である。

　このことを前提にすると「教員社会」をとりあげるには二つの方法があると考えられる。一つは個別の学校に目を向け，その学校の教員がつくる社会を「教員社会」としてとりあげる方法である。学校の内部に焦点を合わせたミクロなとりあげ方である。ただ，教員は自身の学校の中にのみ「社会」をつくるのではない。教員は学校の枠を越えて組合に加入したり，研究会で活動をしたりする。教員同士で付き合ったりする。その点で，学校外に広がる「教員社会」も構成している。

　いま一つは教員として仕事をしている人たち一般に目を向ける方法である。日本には「教員」として仕事をしている人が100万人以上いる。そうした人たちは，「教員」という同じ社会的地位に就いている点で一定の層をなしている。そうした層を「教員社会」としてとりあげる方法である。前者がミクロなとりあげ方だとするならば，後者はマクロなとりあげ方である。後者の場合の「教員社会」はくくられる人たちが相互にかかわり合いをもっていない点で，厳密には「社会」といえない側面がある。あるいは，くくり方も全国でくくったり県や市町村でくくったり，いろいろできる点で「社

会」としての特定が難しい。とはいえ，教員について知るためには「社会」としてとらえて実状をみていくことも必要である。まずは，後者の「教員社会」の実態をみてみよう。

(2) 教員社会のアウトライン

学校教育法第1条に規定する「学校」で教えるのに免許が必要なのは，幼稚園，小学校，中学校，高等学校，中等教育学校，特別支援学校である。冒頭の定義に従えば，前の6種類の学校で教える存在が「教員」である。したがって「教員社会」のアウトラインを描くとしたらこの6種類の学校についてみていくことになろう。ただ，中等教育学校と特別支援学校については教員の人数が少なかったり，少なからず特殊な位置づけにあったりする。そこでここでは両者の学校を除き，残りの4種類の学校の教員について，マクロな視点から「教員社会」のアウトラインを描いておく。

表9-1は校種別にみた教員数である。4種類の学校の教員は合わせて約102万人である。これは本務の教員であって，このほか延べ数で14万人の兼務の教員がいる。両方を合わせると約116万人。これはほぼ広島市の人口（116万人）に匹敵する。このように教員は日本の社会において一定の社会層をなしている。

設置者別の人数と私立の教員比率をみると，小・中学校の教員社会はほとんどが公立学校の教員で構成されている。それに対して，幼稚園と高等学校，特に幼稚園の教員社会では私立学校の教員が占める割合が大きい。

表9-1　教員数（校種・設置者別／本務教員）

(2008年)

	総数（人）	国立（人）	公立（人）	私立（人）	私立の教員比率(%)
幼稚園	111,223	335	24,741	86,147	77.5
小学校	419,309	1,855	413,280	4,174	1.0
中学校	249,509	1,684	233,581	14,244	5.7
高等学校	241,226	565	181,564	59,097	24.5
総数	1,021,267	4,439	853,166	163,662	16.0

（出典）文部科学省　『平成20年度　学校基本調査』

表9-2 女性教員の比率とその変化（本務教員／校種別）

(%)

	幼稚園	小学校	中学校	高等学校
1998年度	94.1	62.2	40.5	24.7
2003年度	93.9	62.7	40.9	27.1
2004年度	93.9	62.7	41.0	27.5
2005年度	93.8	62.7	41.1	27.6
2006年度	93.8	62.7	41.2	27.9
2007年度	93.8	62.7	41.4	28.1
2008年度	93.5	62.8	41.5	28.5

（出典）文部科学省『学校基本調査』各年度

教員社会は「男性社会」なのか、「女性社会」なのか。性別構成で社会の特性が異なることを考えると、男女比は見逃せない。表9-2は、女性教員の比率とその変化（本務教員）をみたものである。幼稚園は、教員の9割以上が女性であり、「女性社会」である。小学校、中学校、高等学校と女性教員の割合は低くなり、高等学校はどちらかといえば「男性社会」となっている。ただ、高等学校に関しては、最近、女性教員の割合が徐々に高くなり、少しずつ「女性社会」の色合いを強めている。

国際的にもみてみよう。表9-3は、主な国における女性教員比率とOECD（経済協力開発機構）加盟国における女性教員比率の平均を示したものである。一目瞭然。幼稚園こそ他国と同程度であるが、それ以外の段階にあっては他国に比べて女性教員の占める割合が低くなっている。特に高等学校では、差が著しい。日本の教員社会は、他国と比べて圧倒的に「男性社会」である。

ここではマクロにとらえた教員社会について紹介しているが、その構成は各学校のミクロな教員社会に反映する。もちろんミクロな構成は、教員配置によって異なり、マクロな構成と同じではない。とはいえトータルな「教員社会」の傾向は、個別の学校の「教員社会」を左右しているはずである。重要なのは教員社会の構成が、各学校のレベルにおいて、その社会・文化の性格や学校経営、さらには教育活動の在り方を左右する点である。

その点で年齢構成も大事である。表9-4には、各学校段階における教員

表9-3　国際的にみた女性教員比率（学校段階別）

(2006年) (%)

	就学前教育	初等教育	前期中等教育	後期中等教育
ベルギー	98.2	79.3	60.2	58.4
フィンランド	96.9	77.0	72.9	57.8
フランス	81.5	81.7	63.9	53.5
ドイツ	97.9	84.0	60.6	47.1
ギリシア	99.3	64.2	65.5	47.8
イタリア	99.5	95.7	75.7	60.3
日本	97.8	64.9	40.2	25.7
韓国	99.3	75.9	65.0	39.9
メキシコ	95.7	66.5	49.5	43.1
ニュージーランド	99.0	83.4	65.5	57.6
ポーランド	97.6	84.3	73.4	65.7
ポルトガル	98.1	80.6	66.6	64.6
スペイン	89.4	70.5	62.5	50.2
スウェーデン	96.3	81.0	66.1	50.9
イギリス	97.1	81.3	66.1	61.1
アメリカ合衆国	91.4	88.6	68.1	55.7
OECD各国平均	96.8	79.5	65.9	52.5

（注）日本は本務教員のみ
（出典）OECD 『図表でみる教育：OECDインディケータ（2008年版）』 明石書店

表9-4　教員の年齢構成とその変化（本務教員／校種別）

(%)

	幼稚園			小学校			中学校			高等学校		
	2001年度	2004年度	2007年度	2001年度	2004年度	2007年度	2001年度	2004年度	2007年度	2001年度	2004年度	2007年度
25歳未満	33.7	32.0	31.3	1.1	2.1	2.7	1.3	1.6	2.0	1.5	1.4	1.3
26～30歳未満	20.9	21.5	20.5	6.7	6.8	8.6	9.2	7.2	7.7	8.4	7.2	6.4
30～35歳未満	8.1	9.1	9.7	11.9	10.0	9.3	13.9	12.4	10.9	11.1	11.5	10.7
35～40歳未満	5.5	6.0	6.8	14.6	13.3	11.4	18.4	15.0	13.2	16.4	13.2	12.2
40～45歳未満	7.4	6.1	6.1	20.2	16.2	14.2	21.8	20.9	16.7	17.1	18.8	16.3
45～50歳未満	8.6	8.1	7.0	21.1	22.1	18.4	16.2	19.8	21.4	15.5	16.5	18.7
50～55歳未満	7.5	7.3	7.5	15.8	17.9	20.8	11.8	13.7	16.3	14.7	15.5	16.3
55～60歳未満	3.1	4.8	5.6	8.0	10.9	13.4	6.7	8.5	10.7	11.9	12.7	14.7
60歳以上	5.3	5.2	5.5	0.6	0.8	1.1	0.8	0.9	1.2	3.3	3.2	3.5
平均年齢（歳）	34.4	34.6	35.0	43.4	44.1	44.4	41.8	42.9	43.8	43.8	44.3	45.1

（出典）文部科学省 『学校教員統計調査』 各年度版

の年齢構成と平均年齢及びその変化を示してある。幼稚園の教員社会は30歳未満の教員が半数を占め，その割合はさほど変化していない。幼稚園の教員社会は「若い社会」である。小・中・高等学校を通じて見て取れるのは，教員社会が"高齢化"している点である。網かけ部分が，構成比が最も高い区分であるが，年を追うごとにそれが高いところへ移っている。少子化が進むなかで教員採用が手控えられ，その結果，「教員社会」も"高齢化"の道を歩み始めている。

　以上がマクロな観点から俯瞰してみた日本の教員社会である。他国と比べたときにかなり男性社会の傾向が強かったり，"高齢化"が進んでいたり，いくつかの特徴が見て取れる。ただ，こうした「教員社会」は，教員が直接，そこで職業生活を送っている「教員社会」ではない。次節では，学校内の教員社会をとりあげ，その仕組みと働きをみることにする。

9-2　学校組織と教員社会

(1) 組織としての学校

　教員社会は，学校という組織に根ざしている。そのことを考えると，まずは組織としての学校に目を向けておく必要があろう。

　学校組織に関しては，それが単層構造か重層構造かをめぐる議論に端を発して，その組織構造，組織特性が論じられてきた。特に，学校組織が**官僚制組織**であるかどうかについては，種々，議論が行われている（名越，1986）。あらためて整理しておけば**官僚制**（bureaucracy）とは，近代産業社会に特徴的な組織形態であり，社会学者ウェーバー（M. Weber）が理念的に提示したところによれば次の特徴をもっている。①職位と権限のヒエラルヒーからなっている。②体系的な規則によって各職位の権限・職務が規定されている。③職務が専門分化している。④各職位においては，与えられた権限に関連する資格をもつ成員によって専門的に職務が遂行されている。⑤文書主義を基本とし，職務の遂行が非人格的になされている。

　ウェーバーによれば，上記の特徴をもつ官僚制は組織目標の達成にとって合理的であり，合理的支配の母体となるものである。官僚制のもとでは正確かつ迅速，平等かつ均一，効率かつ継続的にものごとが進められる。同時に

その過程が明示される。官僚制は合理的に編成された組織である。近代産業社会は社会制度の合理化に支えられて成立した。同時に合理化を促進した。したがって，各組織が官僚制組織としての性質を強めるのは歴史的必然である。官庁・行政機関にとどまらず，企業，そして学校も，官僚制組織としての性格を強めていく。はたして，ウェーバーのいうように近代産業社会に登場した学校は「官僚制組織」といえるのか。

　こうした議論に関しては，学校は官僚制組織であると言い切れない，とする論が主流となっている。①学校には校長や教頭，主任がおかれていて職務と権限のヒエラルヒーが成り立っている。副校長や主幹教諭をおくことができるとされ，ヒエラルヒーは強化の一途をたどっている。しかし，各教員が平等な立場で共同して職務を果たすことも多く，そこに厳密なヒエラルヒーが成立しているとはいいがたい。②各種の法令，職務規定，内規等，体系的な規則が存在しているが，規則に規定されない職務も多く存在する。③担当教科や職務分掌など専門分化している側面もあるが，教科指導，生徒指導，さらには学校事務に至るまで，教員の職務は多種多様，包括性に富んでいる。④免許を保有する教員によって専門的に仕事がなされている一方で，権限を越えてせざるをえない業務，必ずしも専門性を要求されない業務も存在している。⑤各種届けや報告など文書が意味をもつ側面もあるが，基本的に教員の業務はヒューマン・サービスであり，そこでは人格的な交流が重要な意味をもっている。このようにみて，学校は「**準官僚制的組織**」（名越，1986）であるとされているのである。

　さらに学校組織に対しては，「ゆるやかな結合モデル」の観点からみる見方も提示されている（耳塚，1993）。学校を，官僚制組織のモデルでとらえようとするのは誤りである。合理的・目標志向的であるかどうかの観点からみてしまうとその特殊な性格が見損なわれる。ワイク（K. Weick）が指摘するように，学校という組織では成員がそれぞれ目標をもち，各々，達成を目指して行動している。学校は，そのフィールドである。目標とその達成の間の関係も厳密に問われない。規則があっても，守られているかどうかに関しては，さほど厳しく監視されていない。「**ゆるやかな結合**」のもとに動いているのが学校である。意思決定の場をとってみても，そこは教員が各々抱える問題や感情，問題解決のための解決策を放り込む「ごみ箱」のような場と

なっている。意思決定の結果が実現するかどうかも，偶然に左右されやすい。行為の予測可能性が低いのが学校組織の特徴である，というのである。

たしかに学校は目標達成のために意図的につくられており，**フォーマルな組織（公式組織）**である。フォーマルな組織であれば行為の予測可能性を高める方向で，極力，組織化されるはずである。ところがそうなっていない。予測可能性が低いままにおかれている。でありながら，組織として動いている。それには，「ゆるやか」である反面，形式面において「**タイトな統制**」がなされていることがかかわっていよう。児童・生徒が学ぶべきことが学年や学期ごとに決められていたり，出席が厳密に管理されていたり，教員についても免許の有無が厳しく問われていたり，学校では「形式」が厳しくコントロールされている。それによって「信頼」が確保されている。であればこそ，「ゆるやかさ」を保ち，機能できているのである。

それだけではない。予測可能性が低いにもかかわらず機能できるのは，学校にはインフォーマルな関係が張りめぐらされており，そのなかで，当面，適切だと思われる意思決定がなされ，資源が動員され，当面の目標に向かって協働がなされているからである。換言すれば学校は「組織」であると同時に教員の「集団」である。しかもインフォーマルな関係を醸成した「教員集団」である。それが学校の機能を支えている。もちろんそこには，例えば教員集団の確執が教育活動の妨げとなるなど，「教員集団」の逆機能も認められる。しかし，「教員集団」の存在を抜きにして学校は機能しない。

（2）教員集団とその機能

一つの学校の教員の集まりは，そのまま一つの**教員集団**である。さらに学校にはいくつかの教員集団が見て取れる。「学年団」には同じ学年の担任の教員が集まっている。中・高等学校には教科でくくられた教員集団が存在する。さらに，分掌組織が教員集団をつくり出している。「教務委員会」「研究委員会」「生徒指導部」「進路指導部」等々，分掌組織ごとに教員の集まりが見て取れる。そのほか，臨時の集まりが設けられることもある。

教員集団は，このようなフォーマルな枠組みでつくられた集団だけではない。**インフォーマル・グループ**も見て取れる。気心の知れた同士で語らい，議論し，悩みを相談し合ったりしている。その付き合いが，仕事を終えた後

の付き合いになったりしている。教員の場合，定期異動でいくつかの学校を経験したり，校外研修があったり，組合があったりで，勤務校以外の教員とのつながりも保持している。このように，教員社会は，いくつかの「教員集団」によって構成されている。

　教員あるいは学校にとって，教員集団が果たす役割が大きいことは，かねてより指摘されてきたところである（油布，1999；永井，2000）。「教員は世間知らず」とはよくいわれるところであるが，教員の付き合いは教員社会を越えてなかなか広がらない。教員同士で仲間をつくり，仲間の中で仕事をし，暮らしていく傾向が見て取れる。その分，内輪の世界が大事であり，また，大事にする傾向にある。「同僚であること」（**同僚性**）とそれに基づいて形成される教員集団が重要な機能を果たしているのである。

　では，教員集団はどのような機能を果たすのか。一つは，職務に向けた動機づけである。高揚した仲間意識は，個々の教員をやる気にさせる。「みんなで決めたこと」であればこそ，「やらなければ」ということになる。特に学校では学年や教科が「足並みを揃える」ことが大事にされる。その場合，教員集団が力となり，縛りとなって，個々の教員の職務を後押しする。教員集団は，準拠集団（reference group）としても機能する。準拠集団とは，個人の行動や価値判断の基準となる集団のことであり，動機づけられた行動の方向や水準を決める機能を担っている。個々の教員の職務の在り方や達成水準は，準拠集団としての教員集団に依拠している。逆にいえば，教員集団は準拠集団となることで，個々の教員を適正な方向へと導き，より高い水準へと啓発する働きをするのである。

　二つには，職務遂行の円滑化である。この場合，重要なのは集団内部のインフォーマルな関係である。学校内の教員のコミュニケーションをつぶさに観察した研究によれば，学校内の情報は，教員同士の雑談で伝えられ，集約されることが多いという（山田・藤田，2004）。ちょっとした立ち話，職員室での会話などが，情報交換となり意思決定となるのである。雑談で伝えられる情報は「**冗長性**」に富んでいる。先に述べたように学校は「ゆるやかな結合モデル」に適合する組織である。ゆるやかであるために冗長さが許され，雑談が生起する。生起するだけでなく，それが生かされ，組織として適切な意思決定がなされていく。雑談を育むような教員集団が，教員の職務を

円滑化し，学校の教育活動を支えている。

　三つには，緩衝的機能である。学校は純粋な官僚制組織ではないにしても，ある部分，官僚制的な側面が存在している。組織の論理を優先させざるをえない部分もある。ただ，教員集団で仕事をすることでその強圧的な部分は後退する。しかも教員集団には，たとえ校務分掌に依拠するようなフォーマルな集団であったとしても，インフォーマルな関係が介在する。インフォーマルな関係も含めて仲間で仕事をすることで，自分たちの主張も言いやすく，通しやすくもなっている。"抜け道"もつくりやすくなっている。教員集団は，学校組織と個人を媒介するだけでなく，その間でクッションのような役割を果たしている。

　四つには，職場のストレスや不満を解消する機能を果たしている。愚痴を言い合ったり，互いに慰め合ったりできるのも仲間なればこそ，である。フォーマルな集団の集まりでも，学校の場合，児童・生徒のことが語られる。かこつけて，管理職のことも話題になる。保護者についても語られる。あれこれ話が展開するなかに愚痴が入ったり慰めがなされたりする。ここでも学校組織の「ゆるやかさ」が生きてくる。冗長であることが意味をもつ。気心の知れた仲間の集まりであれば，なおさらである。教員集団は，個々の教師のストレスや不満の受け皿になっている。

　五つには，教員，特に経験に乏しい教員を育てる機能である。新任教員が仕事の具体的な進め方を学ぶのは，教員の間のインフォーマルな規範からだという（新井，1993）。仕事のコツや知恵は，「手引き」になっていたり「マニュアル」になったりしているものではない。教員集団の中に蓄積されたものである。教員集団は，仕事のコツや知恵を経験の乏しい教員に意図することなく伝え，彼／彼女を育てる役割を果たしている。経験の乏しい教員も，周囲の教員のすることをそっとのぞき，まねをしながら育っていく。教員集団の職能的社会化に果たす役割は計り知れないものがある。

　このように教員集団は，個々の教員にとっても学校にとっても大きな役割を果たしている。もちろんそこには「逆機能」も見て取れる。「みんなでやらないと決めたこと」だから「やらなくてもよい」となったりする。雑談が「雑談」のまま終わってしまったり，教員集団が"隠れ蓑"になってしまったりすることも起こりうる。愚痴のはけ口があることでモラールが高まれば

よいが，それがニヒリズムを醸成してしまうおそれもある。教員集団のコツや知恵が，よい意味での"要領"につながればよいが，"手抜き"や"逃げ"になる可能性も残される。

　学校は，「ゆるやかな結合」を特徴とする組織である。その「ゆるやかさ」が教員集団の力を大きなものに仕立てている。学校という組織は，教員集団によってよくも悪くも方向づけられているのである。

（3）教員集団の現在

　ところで，このような教員集団に関しては，その変質が指摘されている。一つは，**プライバタイゼーション**（privatization）である（油布，1994）。私事化の進む社会では，教員もその流れに無縁でない。組織や集団の都合よりも自己の都合を優先する価値観を身につけ，行動するようになってくる。自己都合を優先する教員にとって同僚は二の次である。同僚性が弱まることで教員集団の凝集性が低下し，その機能が薄れてくる。

　第二に，教育改革が教員集団の変質につながりかねない方向で進められている。教育改革は，教頭や主任に加えて副校長や主幹教諭の設置を認めるなど，教員組織のヒエラルヒーを強化する方向で進められている。職員会議が校長の職務遂行の補助機関であることの確認もあらためてなされている。個人の成果を重視する教員評価の導入も始まっている。このような新自由主義に基づく教育改革は，個人を単位に発想された合理モデルに依拠するものであり，その点で「ゆるやかな結合モデル」に適合的であった学校組織を官僚制モデルに近づけようとするものだとみなしうる。結果的にこのような改革は，学校から「ゆるやかさ」や冗長さを奪うものとなり，それが教員社会の同僚性を低下させ，教員集団とその機能を変質させていくことは十分に予想できるところである。

　第三に，教員社会の構成である。9-1節でみたようにマクロな教員社会では"高齢化"が進んでいる。年齢の高い教員が多く，若い教員が少なくなり，世代的なアンバランスが生じている。この傾向は，人事配置の在り方次第ではあるが，多くの場合，各学校にも現れている。世代的なアンバランスがあると同僚性に基づく教員集団の構成が難しくなる。それが教員集団とその機能を変質させるものと思われる。

「教員集団」には二つのタイプがあるといわれている（油布，1999）。一つは「協働（collaboration）」とよばれるもので，その特徴は，①自発性がある点，②義務的でなければ強制でもない点，③改善や発展を志向している点，④相互のコミュニケーションが時と場所にかかわりなく十分に行われる点，⑤協働の結果が必ずしも成果として現れないし，予測できない点にある。いま一つは，「わざとらしい同僚性（contrived collegiality）」である。こちらは，「協働」の反対の特徴をもっていて，管理者の関心から生み出されたものである。

教員集団は学校組織がゆるやかであることから，これまで前者としての性格が強かった。それゆえ，学校の運営において重視されてきた。しかし，先にみた状況は，このタイプの教員集団の後退を予測させる。教員集団が「わざとらしい同僚性」に転じることになるかどうか，また，それで「よし」とするか，教員集団の去就が問われている。

9-3　教員文化とその機能

（1）教員文化とその背景

社会には，各々，固有のものの見方，考え方，感じ方，行動の仕方がある。それらは「方法」であると同時に「型」でもある。こうした「方法＝型」のことを「文化」という。教員社会にも，固有の文化がある。**教員文化**あるいは**教師文化**（teachers' culture）といわれるものである。

自由な雰囲気の学校，かしこまった雰囲気の学校，ルーズな雰囲気の学校など，学校は，各々，特有の雰囲気をもっている。同様に，各学校の教員社会は，その学校の教員社会として固有の文化をもっている。管理的な学校の教員と開放的な学校の教員ではものの見方や考え方，感じ方，行動の仕方が違っている。教員文化は，各学校の教員社会を基盤に形成される。

とはいっても，学校は学校，教員は教員。個別の学校を越えて広く教員社会に共有されている文化も存在する。教員文化という場合，どちらかといえば，個別の学校を越えて教員なるものが共有しているものの見方や考え方，感じ方，行動の仕方をさす場合が多い。

学校の枠を越えて教員文化なるものが存在するのはなぜか。教員文化の背

景には，一定の資質をもつ者が教員として集まりやすいことがあるといわれている（永井，2000）。「ティーチャーズ・ファミリー」などといわれるように，教職を志す者の家族・親族には教員がいることが多い。教員養成課程をもつ大学には，卒業後も地元に残りたい学生が集まりやすく，そのことも教員の同質性を高めている。教職が比較的安定した職業であるところから，安定性を求める者が教職に集まるという事情もある。転職者が少なく，新たな経験が持ち込まれることがあまりないこと，年功序列で一度勤めたらそのまま停年まで勤めるケースが多く，同じ経験が蓄積されやすいことも「教員文化」の背景となっている。

　教員文化の背景には，学校という制度化された仕組みが存在する。学校は，国レベルで高度に制度化されている。どこへ行っても，学校の基本的な仕組みは変わらない。教員の場合，人事異動に伴う転勤がある。学校にはそれぞれ特色があるが，どこに転勤しても大枠は同じである。そのことで同じ形で経験が蓄積されやすくなっている。さらに，教員には，どちらかといえば学校教育に適応してきた人間がそのままの志向性をもって就きやすい。学校という制度化された枠組みが，教員文化の生産・再生産にかかわっているものと思われる。

（2）教員文化の特質と機能

　このような教員文化は，どのような特質をもち，機能を果たすのか。

　日本の教員文化の特質は，一つには教員の職業的パーソナリティとかかわらせて示される。「まじめ」「堅実」，逆に「融通が利かない」「卑屈」「偽善的」といった指摘がそれである。一方，それを教員集団の行動を規制する規範の次元で示すこともなされている。「旧例墨守」「建前優先」「事なかれ」「調和重視」「協調主義」「集団主義」などの指摘がそれである。いずれにしても，実証的な研究は数多くなく，論の域を出ないものが多い。

　教員文化に関しては，特質もさることながら，機能に目を向けておくことが重要である。教員文化は，教員社会に固有のものの見方，考え方，感じ方，行動の仕方である。いうまでもなく，それは個々の教員の日常的なものの見方，考え方，感じ方，行動の仕方を形づくる働きをする。さらにそれは，教員の教育指導や，その他の教員の仕事をも形づくる。

例えば教員はよく,「いい子」「悪い子」といったカテゴリーで子どもをみる。どういった子どもが「いい子」であるか,「悪い子」であるかは,どこかに書かれているわけではない。しかし,教員には,どのような子どもが「いい子」であり,どのような子どもが「悪い子」であるか,それなりの見方がある。その見方は個々の教員の見方であると同時に教員社会に共有された見方――教員文化――である。さらに,その子が「いい子」であった場合,あるいは「悪い子」であった場合,どのような行動をとればよいか,教員にはわかっている。わかっていると同時に,褒めたり叱ったり,実際にしかるべき行動に着手する。その行動の仕方も,教員個々人の行動の仕方であると同時に教員社会に共有された行動の仕方――教員文化――である。このように,教員の子どもに対する見方や行動は,教員文化によって形づくられる。教員の日常的な教育指導は,教員文化によって規定されている。

教員は,表向きには,個人として児童・生徒に接し,彼/彼女らを見て理解し,個人としてその教育指導にあたっているように見て取れる。しかし,その背景には教員文化が控えている。上記の例は,ほんの一例である。教員が日常的に行う教育指導は,教員文化の「型」に従った教育指導である。教育指導だけではない。保護者への対応も,同僚との付き合いも,事務仕事も,教員としての仕事は教員文化の「型」に合わせて行われている。

ところでこのことは,教員文化にいま一つの機能があることを示唆している。**職業的社会化**(vocational socialization)の機能である。教員として仕事をしていくためには,教員らしいものの見方,考え方,感じ方,行動の仕方を身につける必要がある。教員文化を学ぶことが,教員として職務を遂行するための条件である。教員文化は新たに教員社会に入ってくる人を一人前の教員に仕立てる働きをする。職業的社会化とは,新たに職業社会に加入したメンバーに,その社会の文化を身につけさせ,一人前の職業人として自立させることである。教員文化は,職業的社会化の機能を果たしている。

先にも述べたように,学校という組織は「ゆるやかな結合」を特徴とする組織である。「ゆるやか」であるということは,そこでの教員の職務が事細かに決められていないことを意味している。決められていないにもかかわらず,学校は相応の機能を果たしている。その背景には,教員文化の存在があろう。教員文化があればこそ,決められていない職務も教員らしいやり方で

もって進められていく。学校という「ゆるやかな」組織は，教員文化に頼るところが大きい組織であるということができよう。

（3）教員文化の現在

「キレる子ども」「学級崩壊」「モンスター・ペアレンツ」……教員はさまざまな問題を抱えている。これらの問題は，問題を引き起こす子どもや親，問題を引き受けざるをえなくなった教員個人の問題としてとらえられがちである。そうした子どもや親をどうするか。教員はどうすればよいかといった次元で議論が進みがちである。だが，このような認識や対応で十分であろうか。

これらの問題は，教員としてのものの見方や考え方，感じ方，行動の仕方が，これまでどおりに通用しなくなったことを意味している。これらの問題は，**教員文化の正当性**が揺らぐなかで生じてきているように思われる。

例えば，モンスター・ペアレンツ。親たちは，教員が保持する子どもの見方や指導のやり方に予想だにしないクレームをつけてくる。想定していない対応を教員に求めてくる。教員は，自分たちの見方ややり方が正当なものだと信じて教育指導に従事している。しかし，その見方ややり方は，モンスターの認めるところではない。それ以外の見方ややり方を正当なものとして，クレームや要求を突きつけてくるのである。

このようにみると，今日の学校に起こっている問題は，文化と文化の対立であるようにみえてくる。これまで教員文化は，相応に人々の認めるところであった。ところが，それをまったくといってよいほど，理解し，認めない人たちが現れている。教員文化の正当性が揺らいでいる。揺らぎの中でこれまでとは異なった文化が主張されている。ぶつかり合う文化と文化。このような局面が今日の教育問題の背景にあるものと思われる。

はたして，この対立にどのように対応すればよいか。教員文化について，再度，理解を求めて，問題の収束を図っていくのか，それとも，両者の文化の食い違いを調整していくのか，あるいは，とりあえず問題を棚上げにして休戦状態をつくり出すのか，それとも教員文化の在り方を見直し，場合によっては譲歩しつつ，新たな教員文化を紡ぎ出すのか，問題の解決は，個々の教員や子ども，保護者のレベルを越えたところに所在する。

教員文化の正当性の揺らぎはそれを支える教員集団の揺らぎでもある。さらにいえば，教員文化，教員集団を支える学校制度の揺らぎでもある。先にも述べたように，教員社会についても，それを揺るがす状況が生じている。学校制度も，人々の価値観が多様化するなかで揺らいでいる。教員文化は，揺らぎの只中におかれている。

[飯田浩之]

【引用・参考文献】

新井真人 「教員の職業的社会化」 木原孝博・武藤孝典・熊谷一乗・藤田英典 編著 『学校文化の社会学』 福村出版 1993

陣内靖彦 『日本の教員社会：歴史社会学の視野』 東洋館出版社 1988

耳塚寛明 「組織としての学校」 木原孝博・武藤孝典・熊谷一乗・藤田英典 編著『学校文化の社会学』 福村出版 1993

永井聖二 「『学校文化』に埋め込まれる教師」 永井聖二・古賀正義 編 『《教師》という仕事＝ワーク』 学文社 2000

名越清家 「教師の職場」 麻生誠・小林文人・松本良夫 編著 『学校の社会学：現代学校を総点検する』 学文社 1986

OECD 『図表でみる教育 2008年版』 明石書店 2008

山田真紀・藤田英典 「教師間コミュニケーションに関する実証研究」『椙山女学園大学研究紀要』 第35号（社会科学編） 2004

油布佐和子 「現代教師のPrivatization (3)」『福岡教育大学紀要』 第43号第4分冊 1994

油布佐和子 「教員集団の解体と再編」 油布佐和子 編 『シリーズ子どもと教育の社会学：教師の現在・教職の未来』 教育出版 1999

油布佐和子 編 『リーディングス 日本の教育と社会・教師という仕事』 日本図書センター 2009

第10章

教師のライフコース

　ライフコースとは人生航路を意味する。生まれながらにして教師という人はいない。人生のある時点で教師になりたいと決意し，教師という一隻の船になって大海に漕ぎ出すのである。そこにはどんな難関が待ち構えているのか，あらかじめ知るよしもない。また，最初から一人前の教師というのも存在しない。誰もが，帆もないエンジンもない，ただの船で漕ぎ出すのである。どの職業も同様であるが，さまざまな困難を乗り越えて一人前の教師になっていく。一つひとつの困難を乗り越えるごとに船は能力を増し，ついにはタイタニックのように洋上を快走するようになる。しかし，突然の高波にあえなく転覆ということもある。また，どの職業にもこうなったら完成というものがないように，教師にも完成はない。理想の教師を模索しながら生きているのが教師といえるかもしれない。

　本章は，将来教師になろうという人のために，これから漕ぎ出そうとしている大海はどのようなものなのか，またどのような大波小波が待ち構えているのかをこっそり教える，いわば教師の人生航路案内である。かくいう筆者も小さな短期大学の教師であり，いまだいつ沈没するかわからないボロ船の身である。一緒に教師のライフコース研究の成果に学ぶことにしたい。

10-1　教育実習から新任教師へ

(1) 教育実習

① 教育実習の役割

　教育実習は，教員免許を取得しようとする者が免許取得以前に行う教育の現場体験である。なぜ，机上の学問だけで免許を取得することができないのか。それは，教師の仕事の性格と深いかかわりがある。教師の仕事はあらかじめ何か理論や技術をマスターしてそのとおりにやればうまくいくというものではない。自転車の運転に似ている。自転車の乗り方について前もって微に入り細に入り教わっても，いざ実際に運転となるとうまくいかない。実際に子どもたちにふれ，子どもたちの興味や関心，息づかい，言葉づかい，表情，体の動かし方などをみてみないことには，何をどうしたらいいのか，さっぱり見当がつかないのである。教師になるためには，この現場に立つという経験が絶対に欠かせない。未熟であってもまず現場に立つこと，それが教師への第一歩である。

② 教育実習で経験すること

　このような役割をもつ教育実習は，実習生にとっては実際のところどのようなものなのか。『教師をめざす：教員養成・採用の道筋をさぐる』（日本教師教育学会 編，2002）に紹介された，教育実習を経験した学生の感想を紹介しよう。

- その1　「今日は初めての授業だった。総合的な学習の時間で歌づくりをやった。自分が観察者のときは授業全体を見ることができ，一人ひとりに目を向けることができても，いざ自分が授業をするとなると，見える範囲がすごく狭くなってしまった。今日初めて授業をやってみて，一番心に残ったことは，子どもと同じ目線に立つことの難しさである。」
- その2　「今日はすごく考えさせられる一日だった。子どもの気持ちを大切にしたいと考えながらも，全くそのように対応できない自分が情けなかった。今日は図工の時間を担当したが，子どもに意欲を高めて欲しいという願いを抱いていたはずなのに，気づかぬうちに『この時間を楽しんでほしい』という思いに変わってしまった。」

● その3 「私は教育実習前は，子どもの姿を見て環境を整えたり，学習を促すのが教師の役目だと思っていた。だから客観的に見ている監視役みたいなものが教師の立場だと思っていた。しかし，実際に授業を通して子どもとふれあってみて，それでは何も見えてこない。なぜ笑っているのか，なぜつまらなそうにしているのか，今どんな感情なのかもわからない。これが分かるようになる，分かろうとするには，客観的な見方ではだめだ。内側から見つめて行く眼，言い換えれば，もう一人の子ども自身になることが必要だと思う。子どもと教師が同じ環境のもとで，同じ人間としての立場に立って，同じ方向を向いて考える。そういうふうに師弟が同一化してこそ見えてくるものがあると思う。四週間たっての私の考える教師とは『もう一人のその子自身』の立場になってあげることであるような気がする。」

　教育実習で初めて経験することはどんなことなのかを整理してみよう。まず第一に「見られる」側に立つということである。ふだんの大学の授業では見る側にいるのに，その反対の見られる側に立つというのは慣れない，また緊張が伴う経験である。上記の感想にあるように，視野が狭くなってしまったり，子どもたちの中に入っていけなかったりすることも起こりうる。第二は，教室にいるすべての子どもたちに配慮するという経験である。杓子定規に平等に接するという意味ではないが，少なくともえこひいきをしないようにしなくてはいけない。大学では気に入った仲間と一緒にいればいいし，話をしたい相手とだけ話をすればよい。もっといえば，嫌な相手は避けることも可能である。しかし，教師はそうはいかない。山田詠美の小説『風葬の教室』に登場する体育教師は個人的に好意をもった子どもに「おっ，杏のリボンは今日も可愛いなあ」などと話しかける。そのことでその子は壮絶ないじめを受けることになる。いじめの原因は教師，という教師にとっては耳の痛い話である。

　さて，教育実習で味わう新しい経験の三つめは，授業以外の教師の動きを見ることである。ふだん，大学では授業をしている教師の動きしか見られないが，実習先では授業以外の教師の動きも見ることができる。教師は，職員会議，諸委員会，諸行事の準備と実行，保健衛生，給食指導，読書指導，清掃指導，クラブ活動指導，資源回収などさまざまな仕事をしている。四つめ

は，指導教員が熱心に**暗黙知**を開陳してくれることである。最初に書いた自転車の乗り方，これを教えてくれる。暗黙知とは教科書には書かれていない実践的な見識である。例えば，実習生の研究授業。筆者が見学した研究授業の最後のところで，実習生が子どもたちにA4の紙を配って何かを書かせるという場面があった。授業後，指導教員は実習生に「紙を配ってから子どもたちからの質問に追われていましたね。あの質問に出るようなことは紙を配る前に予測して，何を書けばよいのかをしっかり伝えてください。つまり，子どもたちに見通しをもたせてから事に臨ませるのです」と言った。授業場面で何かを書かせる指示の出し方に関する実践的な見識は，教育実習の場でないとなかなか学べない。以上のように種々の新しい経験をする教育実習は，衝撃と感動に満ちあふれている，たぐいまれな心揺さぶられる経験であるため，教育実習を機に少なからぬ実習生が教師になることへの思いを強くする。

　総計1400名あまりの現役小中学校教師を対象にした質問紙調査と何十人にも及ぶ聞き取り調査をもとに，統計的考察に事例研究を加えた山崎準二(2002)の『教師のライフコース研究』は，教師の人生航路に関する情報の宝庫である。本書によると，教育実習の経験が教師になることの一番大きなきっかけになったという者の割合は若い層ほど増加している（表10-1）。いま現在，職業として教師を選ぶかどうか決めかねている学生は，教育実習に真剣に取り組み，教育実習での学びに賭けてみるのもいい方法である。

表10-1　教師になろうと決めた一番のきっかけベスト5

	年配教師層	中堅教師層	若手教師層
1	親・身内の者の影響	小・中・高の教師の影響	小・中・高の教師の影響
2	小・中・高の教師の影響	親・身内の者の影響	**教育実習の経験**
3	その他	**教育実習の経験**	親・身内の者の影響
4	経済的安定・有利	その他	経済的安定・有利
5	**教育実習の経験**	経済的安定・有利	その他

（出典）山崎準二　『教師のライフコース研究』　2002　図表10（p.88）より筆者が作成

(2) 新任期
① 最初の赴任校

　教師にとって新任期とはどのようなものなのか。教師になるということは，教える対象である児童・生徒と出会うことであるし，また校長，教頭，同僚と出会うことでもある。さらにいえば，父母，教育委員会，教職員組合，地域の人々と出会うことでもある。個人のライフコースとしては，大学から職場へというまったく新しいライフステージへの参加であることはいうまでもない。どの職業も同じであるが，最初の職場に目標となる人物や気軽に話せる仲間が存在したかどうかは重要なことである。「最初が肝心」とはよくいったものである。その意味で，教師のライフコースにおける最初の赴任校がもつ意味は大きい。

　さて表10-2は，上記の山崎の著書をもとに作成したものであるが，最初の赴任校時代，新米教師として成長していくうえでエネルギーとなったもの，役に立ったもののベスト5を示したものである。

　これでわかることは，年齢層を問わず，「経験豊かな年配教師のアドバイス」「児童・生徒との日常の交流」「新任，若手教師同士の経験交流」といったややインフォーマルな行動が上位を占めていることである。「児童・生徒との日常の交流」には授業も含まれているから完全にインフォーマルとはいえないが，授業以外の場面でも子どもたちと接することは多いわけで，その

表10-2　最初の赴任校時代，エネルギーとなったもの，役に立ったものベスト5

	年配教師層	中堅教師層	若手教師層
1	経験豊かな年配教師のアドバイス	経験豊かな年配教師のアドバイス	経験豊かな年配教師のアドバイス
2	児童・生徒との日常の交流	児童・生徒との日常の交流	児童・生徒との日常の交流
3	新任，若手教師同士の経験交流	新任，若手教師同士の経験交流	新任，若手教師同士の経験交流
4	個人的な読書・修養	所属校の研究活動・研究体制	所属校の研究活動・研究体制
5	教頭・校長・指導主事等の指導・助言	個人的な読書・修養	教頭・校長・指導主事等の指導・助言

（出典）山崎準二『教師のライフコース研究』2002　図表16（p.130）より筆者が作成

ような場面での接触のほうが人間的な面での交流が多いと考えられるから「ほぼインフォーマル」といって差し支えないであろう。

　山崎（2002）の著書の中から，中堅層に属するO教師の事例と若手層に属するV教師の事例を要約して紹介しよう。

　　◇O教師　昭和28（1953）年生まれ。最初に赴任したA小学校で4年生の担任になった。新任早々クラスで一番体格の大きい，乱暴なT男に悩まされた。T男の被害にあった子の親からは抗議電話や「T男とは一緒のクラスにしないでくれ」といった強い要請がきた。T男は，1年から2年にかけて登校拒否をしたことがあること，両親は仕事が忙しくT男は愛情不足の状況にあること，両親のしつけも甘く兄以外は怖いものなしであること，九九はできるが計算ができないことなどがわかってきた。O教師は，地域にあった生活指導に関する自主的研究サークルの例会に参加していき，T男に関する報告という形で相談を投げかけた。そこで仲間から受けたアドバイスは，子ども同士の良さを互いに知りあうチャンスを作り，T男の良い面をクラスのみんなに知らせること，T男には何かクラスの中で役割を与えること，学習面では個別指導によって学力を回復させることなどであった。3学期にはやっとクラスが落ち着き始め，学級通信も出せるようになってきたが，あっという間に終わった一年目だった。

　　◇V教師　昭和43（1968）年生まれ。平成4（1992）年，B小学校に赴任。1学年のクラス数が5〜6の大規模校だった。子どもが縛られているという印象を持った。学生時代オープンスクールの教育実践を知り，その自由な感じに憧れた。そのような教育実践をしたいと思っていたので，目の前の風景に強い違和感を覚えた。4年生の学級担任となったV教師は自分の理想とした教育イメージで行こうと自分のクラスの子どもたちには自由にさせた。たとえ他の先生に注意されても曲げなかった。その結果，子どもたちは好き勝手，やりたい放題になってV教師のいうことを聞かなくなり，クラスの中はメチャクチャ，収拾がつかなくなった。見かねた学年主任が乗り出してきたが，逆に子どもたちに不信感を持たれてしまった。また，クラスの成績は良かったが，問題行動を起こす子が多かった。乱暴な子，無気力ですぐ家に帰ってしまう

子，不登校の子がいた。やや知恵遅れ気味の子がいてかばったことが裏目になり，余計その子へのいじめがひどくなったこともあった。「先生は頭が悪い，教え方が下手だ，こんなクラスになりたくなかった，替わってほしい」といわれたり，通信簿を渡した時その場で破り棄てられたりしたこともあった。初任者研修の一環として実施された合宿研修では，初任者同士の悩みの出しあいで涙，涙。自分より大変な人もいることが分かった。2年目に入ったV教師は考え方を変えた。学生時代「しゃべるな」といわれると窮屈なイメージを持った。だから子どもたちには「しゃべるな」といえなかったが，そうではないと考えるようになった。子どもを受け入れるということは何でも自由にさせるということではない，集団生活には守らなければならないこともある，授業を楽しくするためにはこういう決まりをつくろうということを意識し，実行するようになった。

② 同僚性

二人とも1年目から衝撃的な経験をしているが，O教師は地域に合った生活指導に関する自主的研究サークルの仲間に，V教師は初任者研修の一環として実施された合宿研修に救われている。救われているといっても問題がすべて解決したわけではない。しかし，自分の思いを他の教師に打ち明け共感やアドバイスを得たり，他の教師も大変な思いをしていることを知り，悩み苦しんでいるのは自分だけではないと孤独感から解放され，代わりに連帯感を得たりと，とにかくどん底からはい上がるきっかけをつかんでいることは事実である。

多くの教師たちは「小・中・高の教師の影響」や「教育実習の経験」を通して教職に対してよいイメージ，あこがれのイメージを抱き教師になる。しかし，初任期になって初めて味わう現実はそのイメージの甘さとは程遠いシビアなものである（リアリティ・ショック）。よく教師たちの間で「最初の3年間が大切」といわれる。それは，この甘いイメージと過酷な現実との深い相克を乗り越えようと苦しみもがいた経験が，その後の教師生活に降りかかってくるさまざまな難題・難問に対して一種の免疫となって働くからであろう。

「経験豊かな年配教師のアドバイス」「児童・生徒との日常の交流」「新任，若手教師同士の経験交流」といったややインフォーマルな行動は，子どもや他の教師との濃密なコミュニケーションといえる。職能的な技能修得の世界（例えば理容師）では，技術面での先輩後輩といった上下関係があり「見習う」が学びのスタイルであるのに対して，教師の世界では，新米教師も担任をもつなど一人前扱いされる平等な関係が基本なので「相談する」が学びのスタイルとなる。これは，**同僚性**（の文化）といわれる。同僚性が上記のような深い相克を乗り越えるうえで新米教師の力になっている。新任期はまさにこうした同僚性への入門期といえよう。

10-2　専門家としての自己確立の模索

（1）自己確立への転機となるもの

① 個との出会い

　無我夢中で初任期を乗り切った教師たちは，周りが見えてくる4, 5年目あたりから次の段階に入る。初めは授業を成立させることに精一杯だった教師たちが，新任期を越える自分の授業の完成度に関心をもち，教材研究を深め，教育方法を工夫し，教えることの専門家として自分自身を確立しようとする。いくら給料などの待遇がよくても日々の授業がうまくいかず，子どもたちの顔が輝かないといたたまれない気持ちになる。それは一種の教師の業(ごう)のようなもので，教える専門家として自己を確立したいという教師の気持ちの強さの表れである。さて，表10-3は山崎の著書から，教師が自らの教育実践を確立するうえで何に影響されたかを示したものである。

　「教育実践上の経験」と「学校内でのすぐれた先輩や指導者との出会い」がどの年齢層の教師にも上位を占める。この「教育実践上の経験」とは何か。同書からいくつか抜き書きしよう。

- 新採の年に受け持ったクラスにいたT君と接してきたこと。T君は乱暴な男の子だった。他の子どもに乱暴な行為をし，さらにそれにうまく対処できなかった私にも反抗的な態度をとってきた。どうしていいかわからず，同じ学年の先生方や新採指導の先生に相談し，いろいろとアドバイスをいただき私自身も変わってきた。その結果，T君も少しずつ変

表10-3　自己の教育実践や教育に対する考え方に影響を及ぼしたものベスト5

	年配教師層	中堅教師層	若手教師層
1	学校内でのすぐれた先輩や指導者との出会い	教育実践上の経験	教育実践上の経験
2	教育実践上の経験	学校内でのすぐれた先輩や指導者との出会い	学校内でのすぐれた先輩や指導者との出会い
3	新任,若手教師同士の経験交流	学校内での研究活動	自分にとって意味ある学校への赴任
4	職務上の役割の変化	個人及び家庭生活における変化	学校内での研究活動
5	学校内での研究活動	学校外での研究活動	個人及び家庭生活のおける変化

（出典）山崎準二　『教師のライフコース研究』　2002　図表19（p.155）より筆者が作成

わってきた。このT君との1年は，つらくて苦しいときもあったが，1年たってこのことを振り返った時，教師としての喜びのようなものを感じた。（若手教師層）

- 普通学級の1年生にダウン症の女の子を受け入れまして，どうなることかと不安やら構えやらでしたが，本人の人柄，家庭の協力，さらに25名の子どもたちや父母の協力で，教職経験20数年の中でやはりかけがえのない年となりました。教師は，学級の子どもや，子どもを通して家庭との結びつきの中で育てられるのだ，育ててもらっているのだ，ということをつくづく感じます。技術，テクニック，方法ではなく，本質は人間としてだと思います。（中堅教師層）
- 養護学校に研修交流として3年間赴任しました。精薄養護の高等部でしたので，普通小学校とは違う世界でした。能力（学力）的には小学生と同じかそれ以下でしたが，卒業後社会へ出るということで，社会的自立に向けて教師も父母も生徒も一つになって頑張っていました。個に応じた指導の根本的なものを学んだように思います。（中堅教師層）

こうした教師の語りの共通項は，個との出会い，つまり一人の子どもとの出会いである。教師は20人とか，30人といったたくさんの子どもを受け持ち，前述したようにそのすべての子どもに配慮しながら，集団として子どもたちをどう動かすかが日々の仕事であるのに，自己の教育実践や教育に対す

る考え方に影響を及ぼしたものはと問われて浮かんでくるのは一人の子ども，しかも手に負えない，荷が重い，対処の仕方がわからない子どもである。大学で学んだことや教師になってからの数年間で実践的に身につけたやり方ではもはや太刀打ちできない一人の困難を抱えた子どもとの出会いが，教師として大きくなるための大きな転機になっていることがわかる。

② 先輩との出会い

さてもう一つの「学校内でのすぐれた先輩や指導者との出会い」についての語りにも耳を傾けよう。

- 研修を進めていくメンバーの中に，情熱をもって取り組む方がいらっしゃって，徹底して討論したり，専門書を読んで理論を深めたり，同一教材で自分の考え方で授業を実践してきて，反省しあったりして研修ができたこと。（中堅教師層）
- ある教師に出会い，人生観，教育観，授業観が大きく変わった。その方の授業を見たり，自分の授業を見てもらったりして，いろいろと語り合うことにより，これまでの学校ではいけないと感じるようになった。教師が教師として強い立場でいる以上，子どもは育たない！ 子どもも教師も同じ人間である。このことを大半の教師がわかっていないのが現状である。（若手教師層）
- 一年目に同じ学年を組んだ先輩教師は教材研究をしっかり行い子どものことをつねに考えている人で，いろいろな本や講演会を紹介してもらった。管理的な雰囲気の学校でやる気がなく，人間関係がおかしいこの学校において，この先生と知り合えたことが救いであり，もしこの人がいなかったなら，悪い流れに流されていたかと思うとゾッとする。（若手教師層）

これらの語りに共通しているのはすごい先輩との出会いである。キーワードは，情熱，人生観，教育観，授業観，教材研究である。教育への姿勢，人間としての器量，教師としての研究力が教師の力量であることがわかる。

(2) もう一つの転機

① 教師も親となる，そのプラス面

　もう一度，表10-3「自己の教育実践や教育に対する考え方に影響を及ぼしたものベスト5」を見ていただきたい。中堅教師層および若手教師層特有のものとして「個人及び家庭生活における変化」がある。これは，年配層にはない，人生航路中盤の独自性である。要するに出産，子育てのことである。教師も結婚し，子どもを育てる。あたり前といえばあたり前だが，このあたり前のことが教師の人生航路には光と影となって表れる。山崎の著書から教師の声を紹介しよう。

- <u>結婚，出産し，自分も親の立場になって</u>，親としての子どもとの接し方，親として学校教育に望むもの，また親同士のコミュニケーションなどを通じて，子どもを見る目に大きな変化があった。以前よりも子ども一人ひとりを大切にし，より良い方向に伸ばしていこうという意欲が高まった。（若手教師層）

- 5年前，長男が小学校に入学しました。<u>小学生を持つ親となって</u>，初めて教師というもの，学校というものを外部からの目で見ることができ，親の立場となって一人ひとりの大切さがわかった。育児休暇を1年間取ったことにより，教師だけではなく，一般社会人としての感覚（普通のオバサンになった）を身につけることができ，有意義だった。（中堅教師層）

- <u>昨年長女が生まれた</u>。育休が明けて間もないが，学校で子どもたちを見る目が前とは変わった気がするし，研究授業を見たほかの先生たちにもそのように言われた。前は自分の考えた通りにならないと怒ったり，イライラして自分の思うように動かしがちだったけれど，子どもを自由におおきな枠の中でいろいろさせてあげられるようになった。（若手教師層）

以上はいずれも女性教師の声であるが，男性教師の声も紹介しよう。
- 30歳で同じ中学校教師と結婚して二人の子どもに恵まれた。長男が小学生の頃，家に帰ったら「お父さん，僕は百点だぞ」と誇らしげに言った。私は思わず「百点は何人いたのか」とたずねてしまった。すると子

どもは「クラスで 16 人が百点だ。どうだ、うちのクラスはできるだろう」と答えた。その時、子どもは点数で競い合っているのではなく、みんながどうがんばったかということを中心に考えているのだ、百点もたった一人なら値打ちがあるという差別の論理を大人は持ってしまっているということに気がついた。(年配教師層)

　子どもを育てる経験がないと教師としてやっていけない、ということはない。例えば、灰谷健次郎の小説『兎の眼』の主人公小谷先生は、大卒新採用で小学校に赴任する、既婚者だが子どものいない若い女性である。ハエを飼っていてひと言もものを言わず、塵芥処理場内の長屋に祖父と二人きりで暮らしている鉄三という子どもがまったく理解できない。しかし持ち前の若さと好奇心を武器に、同僚教師に相談したり、子どもたちの家を一軒一軒訪ねたり、その地域にあるいろいろな職業を体験したりするうちに、とうとう鉄三がなぜハエを飼うのかその謎を解き明かし、鉄三の中に光り輝くものがあることを発見するのである。子どものいない小谷先生であっても、積極的に行動して人間としての想像力を働かせれば、こんなこともできるのだと感心させられる話である。

　しかし、子育てを経験することは教師にとって大きなプラスとなることはいうまでもない。なぜなら、わが子が大きな指標になるからである。こんなことがわが子にわかるだろうか、こんなことをわが子はできるだろうか、こんなことに目を輝かせるだろうかという無数の問いかけが自然に生まれてきて、それが教師としての教育実践に影響するからである。ひと言でいうと、親身になるということである。出産・育児は教師に限らず働く人にとっては大きな負担であるが、一般論として、教師の場合、それを補って余りあるプラス面、光の部分をもっている。

② **教師も親となる、そのマイナス面**
　もちろん、育児や家事を中心とした家庭生活と教師としての仕事との両立が困難となって教師を辞める人もいる。この場合、辞めるのは基本的には男性ではなく、女性である。
　山崎の著書に登場する家族のために退職を決意した B 教師の例を紹介しよう（下線は筆者による）。

B教師は昭和7（1932）年生まれ。昭和29（1954）年，最初の赴任校A中学校で1年生を担任。学校初の女性担任教師となった。3年目に結婚し，翌年長男を出産。当時は<u>産休が未整備</u>であった。労働基準法第65条には産前産後6週間の休暇保障は定められていたが，休暇中の産休教員補助制度が未整備だったため，実質的に産休は取れなかった。B教師は，先輩女教師は出産の日まで働いていたという話を聞き，自らに鞭打って働いた。

　教職5年目，B教師は2番目のB中学校に赴任する。<u>この学校では女性教師には学級担任をさせないという方針を持ち，B教師は担任をはずされた</u>。

　英語の専科担当に回されたB教師は，自分は担任を持ちたい，級外で終わりたくないとの思いから，同僚の授業を観察させてもらい授業のコツを学ぼうとする一方，英語の発音のレベルアップのためにアメリカ人による発音訓練の講習会に通う。<u>まだ3歳だった長男と生後2ヶ月に過ぎなかった次男を抱え，朝，実家の母のもとへバスで二人の子どもをあずけに行っては，電車で講習会の会場に行き，帰りに迎えに寄り，食事をさせ授乳をして，再びバスに乗って帰宅するという生活を送った</u>。

　昭和53（1978）年，G中学校に赴任。赴任4年目頃から学校が荒れてくる。全国的に衝撃を与えた「尾鷲中学校対教師暴力事件」が昭和55年のことである。中学校を中心に学校の"荒れ"が全国的に噴出した時期だった。B教師は，生徒の暴力事件，シンナー事件，非行や家出などの対応に追われ，深夜の帰宅が続いた。コンビニもまだ近くになかった時代，家族の夕食もままならず，カラの冷蔵庫を前にして「お前がやめなければ俺がやめる」との夫の一言で退職の意思を固めた。<u>夫は高校教師として責任ある立場で，B教師より仕事と部活指導で多忙であった</u>。教職の継続より家族の健康と考えたのだ。

　B教師は年配教師層に属する。彼女の歴史は，戦後の女性教師の歴史そのものである。下線部を見ていただきたい。産休が取れなかったという話。今日では，ありえない話である。1975（昭和50）年，「育児休業法」が成立をし，その後改正を経ていまでは男女ともに育児休業を取得できる。そもそも

女性が参政権を得たのは1945（昭和20）年のことで，日本の女性はずっと長い間，社会参加を拒まれてきた。これがその後，解消の方向に向かったかというとそうではなく，その後もずっと女性の社会参加は拒まれ続けたのである。それが2番目の下線部，担任はずしの方針である。

　また，昭和30年代から40年代にかけての高度経済成長期，国は「男は仕事，女は家庭」という性別役割分業と「3歳児神話」とをセットにして国民に宣伝した。「3歳児神話」とは，子どもは3歳までは母親の手で育てないと欠陥をもった子どもになるという説で，当時の政府・厚生省の保育制度の基本方針である。すなわち，保育の基本は家庭保育にあり，保育園に子どもを預けるのは母子家庭などの特殊なケースであって，男が外で働き女が家にいて子育てや家事をするのが一般的な家庭のあるべき姿であるというのである（1998（平成10）年，厚生省は『保育白書』で「3歳児神話」は根拠のないことであったと認めた）。これの表れが，3番目の下線部である。講習会に行くために子どもを預ける公的保育施設がない，妻の実家に子どもを連れて行くのはもっぱら母親の役割。

　そして最後妻が辞める決意をするが，それは夫のほうが「責任ある立場」だからだという。これもまた日本社会がずっとつくりあげてきた，管理職やリーダー的立場に女性を起用しないという悪しき習慣・伝統，ジェンダー不平等の表れである。この傾向は一向に改善されず，国会議員や管理職に占める女性の割合が日本は先進国中最下位グループにあり，改善するよう国連女性差別撤廃委員会から勧告を受けている。

　家庭生活と教師としての仕事との両立が困難となったときに，仕事を辞めるのは女性という現実は，それを知らされた子どもたちに間接的なジェンダー不平等教育をしていることになる。やはり，家事・育児は女性の仕事なのだという意識を子どもたちに植え続けることになり，男女不平等が際限なく再生産される。これが教師（女性）も出産し子育てをすることのもつマイナス面，影の部分である。

10-3　中年期教師の危機を乗り越える

（1）教師の葛藤
①　さまざまな葛藤

　教師も中年期に入ると，後輩にアドバイスしたり，取り組みたい研究テーマを見つけたりと一種の自信のようなものが生まれてくる。しかし，教師の仕事には波があり，順調に事が進むときもあれば，ちょっとしたことがきっかけで子どもとの間に壁ができたり同僚と意見が合わなかったりして，もろくも自信が崩れ去るときもある。昨日までの順調な航海はいったい何だったのだろうと思う瞬間である。

　なぜこうなるのか。それは，教師の仕事は常にさまざまな葛藤を抱えているからである。先のV教師の例にあった自由な教育観と現実の管理主義的教育，子どもが主体的に学び合う授業をつくりたいという思いと進学・受験に対応した教育をしなければならないという現実，一人ひとりの子どもの学びの経験を大切にしたいという思いと決められた時間に決められたカリキュラムを遂行しなければならないという現実，さらに，よく準備し工夫したおもしろみのある授業をしたいという思いと実際には多忙の中であまり準備に時間がとれないという現実。こうした葛藤は解決されないままやがて深刻なジレンマとなり，教師はそこから抜け出せない蟻地獄的な苦しみを味わうことになる。これは教師にとってあまりに大きな精神的負担である。

②　バーンアウト

　このような重圧に耐え切れず，教師生活半ばでバーンアウト（燃え尽きること）してしまう教師たちが増えている。表10-4を見ていただきたい。病気休職中の教師は年々増えている。また，そのうちの精神疾患による休職者も増え続けている。いかに，教師の仕事が困難で多忙であるかがわかる。

　このような教師の抱える問題は，個人だけの問題ではなく，教師が教育活動に専念できその専門的な成長が支えられる環境をどう作るかという問題である。具体的には，ジレンマを放置せず，いったいどのようなジレンマを感じているのかについて教師間でよく話し合い，意識を統一した上でジレンマ解決のための実践を少しずつでも進めるということである。その取り組みが

表10-4 病気休職者数等の推移（2003～2007年度）

年度	2003	2004	2005	2006	2007
在職者数（A）	925007	921600	919154	917011	916441
病気休職者数（B）	6017	6308	7017	7655	8069
うち精神疾患による休職者数（C）	3194	3559	4178	4675	4995
在職者比（％） （B）／（A） （C）／（A） （C）／（B）	0.65 0.35 53.1	0.68 0.39 56.4	0.76 0.45 59.5	0.83 0.51 61.1	0.88 0.55 61.9

（出典）文部科学省ホームページから筆者が作成

教師の専門的力量を向上させるのである。子どもたちが育つことが困難になっている現在の社会状況の中で，そのことの必要性はますます高まっている。

（2）葛藤を乗り越えて
① **自由と管理の狭間で**

葛藤経験の具体例をみてみよう。山崎の著書に登場するS教師は，長年にわたり自由と管理の葛藤に翻弄され続けた。

　　S教師は，昭和40（1965）年生まれ。若手層に属する。昭和63（1988）年，最初の赴任校はA小学校だった。3年目，大きな転機が訪れる。特殊学級の担当を命じられる。当時のA小学校には，特殊学級が5つほどあり障害の重い子もいた。それを担当するのは，「お払い箱の教師」，「退職間近の教師」，「組合左翼の教師」と相場が決まっていた。どうして自分が，と暗澹たる気持ちになった。最初の1年は嫌で嫌でしょうがなかった。担当した学級には比較的障害の重い子が5人いた。やっているときは必死だったが，嫌だなあという思いから抜け出すことはなかった。

　　あの時がなかったら今の自分はなかったと思えるようになったのは，A小学校を出てからである。2年間特殊学級を受け持った後，S教師は中学校に転任した。その着任式に身震いがした。生徒たちが一言もしゃべらずに軍隊みたいに整列していた。静寂の中を生徒会長がステージに

上がり原稿を見ずに歓迎の言葉をいった。すごいな，中学はと思う反面，こういうのが本当なのだろうか。これは違うなあと思った。男子は坊主頭で，女子は同じ髪型，靴下の長さは生徒手帳で決められていた。自分は管理的ではなく，子どもの心をわかってやれるような先生になろうと決意した。特殊学級で一人ひとりに合ったカリキュラムを作っていたこと，あれが本当の教育なのだと思った。

　思い返せば，特殊学級担当時は不合理なことも経験した。職員会議では特殊学級は忘れられがちで，運動会の配置席も忘れられたことがあった。そんな中で，子どもに障害があるといえばみんなある，障害児の教育はこうで普通児の教育はこうと分けるのは変に感じたし，そうレッテルを貼っていた自分を恥じた。2人の先輩教師に相談もし，いろいろな養護学校を見て回って勉強もした。統合教育の可能性を求めて専門書も読んだ。実は，特殊学級2年目は自分から志願した。その年，校長が替わった。新任校長は，特殊学級の子どもたちと一緒に動物体操をやり，プールにも一緒に入って子どもたちの手を引くような人だった。それを見て，涙が出そうになった。

　平成4（1992）年，S教師はB中学校に赴任した。前任校の入学式で覚えた違和感はずっとひきずったままであったので，B中学校でも生徒たちには「おれはこういうところには向かないなあ」などといって学校に背を向けているかのような態度をとった。しかし，そうはいかなくなってきた。1年目に教えた生徒たちが2年目から荒れ始め，3年目で大荒れ状態になった。自分が子どもに甘いことをいってきたそのツケがまわってきたのか，と思った。

　平成7（1995）年，C中学校に赴任。3年生がものすごく荒れていた。教師への暴力，器物の損壊，授業妨害が次々と起こり，これが学校かとさえ思った。生徒を自由にさせてあげたいと思う自分と，1年生に向かって「おまえら，あんなふうになってはいけないよ」と口うるさくいっている自分とがあることに気づき，これからどういう教師として生きていこうか，わからなくなった。

② 授業と校務との狭間で

　石井順治・牛山栄世・前島正俊（1996）の『教師が壁をこえるとき：ベテラン教師からのアドバイス』は，3人の小学校教師がそれぞれどんな葛藤に直面し，それをどう乗り越えたかを語った著書である。牛山は，学習指導要領に沿って教えることと子どもの内的な欲求としての学びを支援することとのどうしようもない矛盾について書いている。石井は，子どもたちの心をつかみ大成功を収めた合唱指導に意を得て，年度を追うごとに工夫を重ねるが工夫すればするほど子どもたちが離れていく矛盾について書いている。また前島は，校務に全力を尽くそうと頑張れば頑張るほど，授業への意識が希薄になってしまったジレンマについて書いている。ここでは，年齢を追うほどに多忙化する中年期の典型例として最後の前島のケースについて詳しく紹介しよう。

　前島は，1941（昭和16）年生まれ。年配教師層に属する。若いころから斎藤喜博全集を読み，授業の質を高める努力を続けた気鋭の教師である。子どもたちが学び合う，妥協のない授業を目指していた前島は，帰宅途中，ある決まった喫茶店に立ち寄る。一日の授業の反省や次の日の教材メモを取るためである。学校や自宅だと四角四面の考えに陥りがちだが，安らいだ気持ちになれる喫茶店では自由に，柔軟に，時には飛躍も含んだ新しい発想や自由な視点がわいてくる。ところが不惑の年（40歳）になってそれをやめてしまった。教務主任になったのである。その結果，学年の先生間の意見調整や学校行事の日程等の調和を図るといった課題に意を傾けざるをえないことが多くなり，授業に対する熱意や理想が薄くなっていった。だから，たまにその喫茶店に寄っても，以前のように気持ちがくつろがず，久しぶりにぽさっとしようとしても，すぐにその日あった他の教師とのいざこざや確執が頭に浮かび，孤立感を覚え，焦りといらだちにとらわれたという。「今は耐える時だ。授業は自分なりに大切にする努力を続ければいい」と自分への説得を試みたが，我慢することが度重なると息苦しくなり，できるだけ人との接触を最小限にしようと真剣に考えたという。そして，ついに胃潰瘍を患ってしまった。一番悲しく思ったのは，教務主任として全体の調和に神経を使っているうちに，授業に対する眼がだんだん甘くなっていく自分を感じたことだという。

10-4　おわりに

　以上，教師の人生航路を追体験してきた。大波小波が押し寄せる大変な航路であることがおわかりいただけたかと思う。
　それぞれのライフステージのキーワードを整理しておこう。
- 教育実習……現場体験
- 新任期……同僚性
- 困難を抱えた子どもや優れた先輩との出会い……転機
- 結婚，子育て……光と影
- 中年期の危機……ジレンマ

　結局，教師として生き続けるためには，何度も壁にぶつかりながら，壁を乗り越えられるような自分へと自分をつくり変え成長させていくしかない。スポーツ選手のいう「進化」である。そのよりどころは，何だろう。スポーツ選手ならば，練習につぐ練習ということなのだろうが，教師の場合は，新任期のキーワードである同僚性ではないだろうか。すなわち，同僚教師と心を通わせることであると思う。相談相手に「わかった，同感だ」といわれるそのひと言，それが教師を孤立感から救い「よし，またやってやろう」という活力を生むのだと思う。上記の胃潰瘍を患った前島も，ピンチから立ち直ったきっかけは自宅で細々と始めた研究会だったという。月に一度集まって，指導案や授業記録や子どもの作品を持ち寄り，いま悩んでいることや授業への思いを腹蔵なく語り合ったことが元気回復のもとだったという。そしてその「糸杉会」という名の研究会は13年も続いているという。
　いまの教師たちはあまり個人宅に集まってということはしないかもしれない。学校でも喫茶店でも居酒屋でもいい。自分たちの「糸杉会」をつくり，語り合い心通わせることが困難を乗り越えて進化し続けていく秘訣であるように思われる。

　　　　　　　　　　　　　　　　　　　　　　　　　　　　［中村弘行］

【引用・参考文献】
秋田喜代美・佐藤学 編著　『新しい時代の教職入門』　有斐閣　2006
灰谷健次郎　『兎の眼』（角川文庫）　角川書店　1998

原田彰　『教師論の現在：文芸からみた子どもと教師』　北大路書房　2003

石井順治・牛山栄世・前島正俊　『教師が壁をこえるとき：ベテラン教師からのアドバイス』　岩波書店　1996

日本教師教育学会 編　『教師をめざす：教育養成・採用の道筋をさぐる』（講座教師教育学Ⅱ）　学文社　2002

山田詠美　『風葬の教室』（河出文庫）　河出書房新社　1991

山崎準二　『教師のライフコース研究』　創風社　2002

第11章

教科指導と教師

　これまでの章では，教師や教師集団，あるいは教師と児童・生徒という関係を中心として展開されている人々の活動それ自体に着目し，その意義，役割，能力などを検討してきた。またそれらの人々の活動を，最大限に生かそうとする教育・学校の枠組み，仕組みとしての制度などについて考えてきた。

　ここではこれらの基本的なことを理解したうえで，教師と児童・生徒の間にあって，両者の意思や利益などをつなぎ，社会全体の幸福などを結果的には実現しようとする，実際に授業場面において常に登場する諸教科や諸教材とその指導（授業）の在り方，さらにはそれらの教育資源や要素を適切に活用しようとする教師の指導の在り方について考えてみる。

11−1　教師と児童生徒の間にある教科とは何か

　ある教科や教材を介在させることで，人は具体的に○○教科で，××の教材を使って大切なことを教えているとか，いま○○教科のこんな内容を勉強しているなどという。いわば現実的・実際的に教育や学校を考えるために，教科指導をはさむことで，教育という活動を効用や利益などの側面から，生

き生きとしたものにさせることができる。

　そのため，教職という営みの中に，また教師になるということの中に，教科と教科を通しての指導の在り方について知見を深め，教授の技能を学び，磨くことが必然的に含まれることになる。

　ところで，教科とはいったい何だろうかと考えてみよう。自明のように見えて，意外と正しい答えを見つけるのは難しい。

　一般的には，人々の間で伝達されている伝統・文化，諸学問，さらには有益な実用的技能等々のまとまりを，まだ学んでいないが，学ぶ意欲や意思をもっている人に，言語や活動などで伝えられるように工夫した知識・理解・社会的価値等の要素やその総体，あるいは「構造的な形をとった資源」とでも考えられるのではないだろうか。

　いずれにしても，伝達可能な形式で，教師から学習者に伝えられる知恵の全体であろう。

　これまでの長い教育の歴史の中で，見えないものを「形」あるものにして，一つのまとまった構造として，時代に耐えてきた知識や経験を，教師は教科として指導し，学習者はそれぞれの意図や目的に従って，この教科としてのまとまりを適宜習得し，一人前，さらには有用な能力をもつ人材として社会に出ていくことが常であった。そこで広い意味での教科とは，教師が学習者に伝え，継承されることで，徐々に生き残ってきた知識のまとまりと考えられるのではないだろうか。

　ちなみに現在まで広く残ってきた教科は，一応それぞれに固有な見方や考え方のまとまりであることから，固有な役割や使命をもつことになる。教科とは，ある効用や目的を内包した一つの固有なものとみなしてもいいのではないだろうか。

　これに関連して現在の学校の中でもすぐに思い浮かぶ，国語，算数・数学，理科，社会（地理，歴史，公民），英語といったいわゆる主要5教科の違いを想像してみよう。

　例えば国語・数学は，ものごとを考える道具としての性格をもっているため「道具・用具教科」，理科・社会はある観点から知識を構造化したという性格が強いため「内容教科」といった具合にその用途で分けることがある。さしずめ美術・音楽は人々の暮らしに潤いをもたらす「情操教科」というこ

とになる。こうした教科の区分は，教科のもつ固有性に着目したことによる。

また教科の背景となる政治学や経済学などの社会科学，文学や哲学などの人文科学，物理学や生物学などの自然科学といった親学問のくくりから，社会科，国語，理科といったまとまりを形成したりすることもある。このように教科とは，何らかの意義をもった特殊なものととらえることで，その価値や意義をしっかり習得し，教師としての資質を構成できるのである。

11-2　学習指導要領における教科指導の基本とは何か

他方，現代の学校教育では教科・科目等の活動は，日本の教育課程上で決められてくる。およそ10年程度の間に，教科・科目等の名称が変わることもたびたびあった。そこで，教科とその指導を考えるうえでは，日本の教育課程の動きや枠組みの中で，しっかりその基本をとらえなければならない。

すなわち現在の学習指導要領上で教科とされているものをもとに，教科指導の基礎基本を理解する必要がある。

（1）教育法規からみた教科とは

例えば『中学校学習指導要領』（2008（平成20）年3月告示）を参考に，日本の教育課程と教科との関係がどうなっているのかを概観してみよう。

①　教育基本法

2006（平成18）年12月に教育基本法が改正され，第2条で教育の目標を示し，目標達成に必要な措置を基本法として示した。日本の教育課程は日本国憲法とこの教育基本法に，教育のよりどころをもっているため，教科の目標等の設定では改正された教育基本法が大きな影響を与えることとなった。

②　学校教育法・学校教育法施行規則

学校教育法の第21条では「義務教育として行われる普通教育は，教育基本法第5条第2項に規定する目的を実現するため」に，10の基本的な目標を示している。

この目標を実現するため学校教育法施行規則では，第5章中学校の第72条第2項で中学校の教育課程の「必修教科は，国語，社会，数学，理科，音楽，美術，保健体育，技術・家庭及び外国語の各教科」であるとし，それらの指導を教育課程の大きな活動としている。これらと合わせて「道徳，総合的な学習の時間並びに特別活動」を教育課程に付加して「各教科等」とよび，全体としての日本の教育課程を表している。
　そしてこれらの教科指導の時間数が規定されることになる。

③　学習指導要領

　これらの基本的な法規面から示された「各教科等」の指導については，その指導の原則や指針，実際的な取扱いなどを規定する学習指導要領が告示される。学習指導要領は教育課程の基準となるもので，一般には学校教育の教科指導の最も基本的なガイドとなる。
　2008（平成20）年版の『中学校学習指導要領』の総則の「第1　教育課程編成の一般方針」では，「各学校においては，教育基本法及び学校教育法その他の法令並びにこの章以下に示すところに従い，生徒の人間として調和のとれた育成を目指し，地域や学校の実態及び生徒の心身の発達の段階や特性等を十分考慮して，適切な教育課程を編成するもの」とある。
　なお教科指導では，これらの教育諸法規と学習指導要領に加えて，学習指導要領の基本的な構造等を解説したもの，いわゆる指導書が発行されており，「各教科等」の指導の実際的・現実的な在り方や教室での教材の取り扱い方などについて，一定程度の解説が提示されている。
　〇〇教科の教師としてこんな先生になりたいと思っている場合，最低限この〇〇教科の解説を熟読してほしい。
　解説に加え，学校教育において教科の主たる教材として，実際には，教科書が教師と生徒の間をしっかりつないでいる。日本の教科書制度は検定制度といわれるもので，学習指導要領に準拠した教科書が発行され，それにかかわる資料集・参考書などとともに，教科指導の重要な要素となっている。
　以上が教科および教科等の指導にかかわる主な法令等や教材であるが，これらにより編成される教育課程のもとで，実際の教科指導が次のようなことを考慮して行われていくことになる。

（2）学習指導要領からみた教科指導の基礎・基本

　学習指導要領と各教科の学習指導要領解説は，教科指導を行う際の大綱的な基準あるいは指針となるもので，教師を目指す者にとってはやはり大きな教科指導の手がかりとなるに違いない。

　ちなみに教育活動の基礎・基本あるいは「配慮すべき事項」として，2008年版『中学校学習指導要領』で示されたものは，例えば次のようなものである。

　　「基礎的・基本的な知識及び技能を確実に習得させ，これらを活用して課題を解決するために必要な思考力，判断力，表現力その他の能力をはぐくむ」（第1章－第1－1）

　　「各教科等及び各学年相互間の関連を図り，系統的，発展的な指導ができるようにすること」（第1章－第4－1(1)）

　　「生徒の思考力，判断力，表現力等をはぐくむ観点から，基礎的・基本的な知識及び技能の活用を図る学習活動を重視するとともに，言語に対する関心や理解を深め，言語に関する能力の育成を図る上で必要な言語環境を整え，生徒の言語活動を充実すること」（第1章－第4－2(1)）

　　「生徒の興味・関心を生かし，自主的，自発的な学習が促されるよう工夫すること」（第1章－第4－2(2)）

　　「生徒が学習の見通しを立てたり学習したことを振り返ったりする活動を計画的に取り入れるようにすること」（第1章－第4－2(6)）

　　「生徒が学習内容を確実に身に付けることができるよう，学校や生徒の実態に応じ，個別指導やグループ別指導，繰り返し指導，学習内容の習熟の程度に応じた指導，生徒の興味・関心等に応じた課題学習，補充的な学習や発展的な学習などの学習活動を取り入れた指導，教師間の協力的な指導など指導方法や指導体制を工夫改善し，個に応じた指導の充実を図ること」（第1章－第4－2(7)）

　これらは，各教科指導に共通する最も基礎・基本となる指導の原則であり，実際にはこうした指導の配慮事項を十分に検討したうえで，実際の教材等をもとに，教師はその指導にあたらなければならない。

　また児童生徒の発達の段階等でも考慮する事項等は異なっていくため，実際の学校段階等を想定して，教科指導を具体的に考える習慣を身につけるこ

とが教師になるための一つの条件になるのではないだろうか。

さてこれらの考慮すべきことに加え，より本質的なことについてもう少し考えてみたい。

11-3　いま大切な教科指導の原理・原則を考える

一般的な教科の定義や指導の基礎・基本は，多くの教師に共通に求められる知識であろう。しかし「本当に，私はこんな教科の，こんな教師になりたいんだ」と思っている場合，やはりその授業観・教材観・指導観などを絶えず反省的に深める習慣を身につけてほしいと考える。

すなわち○○教科の教師となろうとする人々に求められる知識・技能さらには態度・信念などは，やはり教師である人やなろうとする人は，絶えず問い続けなければならない問いではないだろうか。

ちなみに筆者は，社会科・公民科の教員養成等にこれまで長く携わってきた。例えば図11-1などを参考に，『中学校学習指導要領』で示された社会科の教科目標である「広い視野に立って，社会に対する関心を高め，諸資料に基づいて多面的・多角的に考察し，我が国の国土と歴史に対する理解と愛情を深め，公民としての基礎的教養を培い，国際社会に生きる平和で民主的

図11-1　社会科・公民科を学ぶことで育ってほしい人間像のモデル

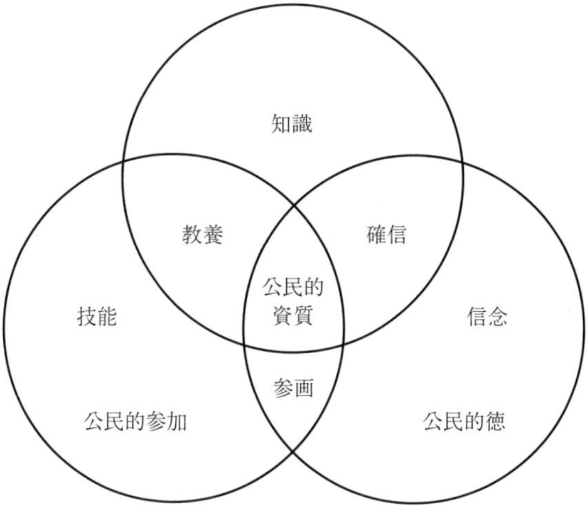

な国家・社会の形成者として必要な公民的資質の基礎を養う」ために，生徒への意義を次のような論点から自問しながら，教科指導等のことを個別具体的に考えている。

① 社会科・公民科で伝えるべき不可欠な教養・リテラシー・価値的核心として「どんな知識を伝えるべきであるか」「知識・理解の内容と質」
② 社会科・公民科が固有の目標とする実社会への生徒の円滑な参画・参加のために「どんな社会的技能が伝えられるべきであるか」「社会的技能・技術の質や範囲，程度など」
③ 公共性を担いつつ，自己の確信に従って自由な社会に生きようとする公共的価値として「どんな信念がお互いに共有されるべきか」「みんなで共有すべき理念と，各人がそれぞれ分有すべき自由など」

これらの問いを個人的にはいつも抱きながら，社会科・公民科の教科としての内容である「知識・理解，社会的技能・参加の技能，社会的態度・規範的価値の共有」などを，具体的に考えているのである。

あわせて理想的な「公民的資質」とは何か，「いま必要な国民・市民の像はどのような性質をもちあわせるべきなのか」といった問いを，教科に固有な目標に引き寄せて考え，目の前の生徒に応じてそれらの目標をできるだけ個別具体的に砕き，それに近づけるような教科の内容と方法，評価の在り方を悩み考え続けている。残念ながら，いまだ不十分と思いつつ，教員養成にかかわっているのが実際ではあるが，こうした基本的な問いは教科指導では大切な原理原則ではないだろうか。

それぞれが，〇〇教科の目標や性質に引き寄せて，実際的にぜひ問い続けてほしいと願っている。

ある教科を担う教師になるためには，それぞれが教科指導に即して自分なりに設定した問いに向き合い続ける姿勢こそ，教科指導に反映するものである。なおこうした原理的な問いでは，解答が一つとは限らないし，あるいはないこともあるかもしれない。だから問わないのではなく，教師の仕事に着目すれば，問わざるをえないと思ってぜひ考えてほしい。大切なことは，生徒と教科との固有な関係をつなごうとする教師の力量である。

11-4　教師の力量が反映する教科指導

　ある教科の指導が行える教師になるためには，いくつかの力量を形成することが必要ではないかと考える。

　一般的に教員養成では，教科に関する知識・理解を習得し，教科の背景となる諸学問や，その諸学問が継承してきた基本的な見方や考え方，その中心となっている知識・概念・原則・原理や基本的価値などを教科指導の教材研究としてまずしっかり行っていくことが重要である。またこれらの諸学問的な理解に加えて，教員養成で重視されているように，現実の社会の現状理解や将来の展望，児童生徒の性質の変容の理解，教育活動が公共性を担う重要な活動であることの自覚など，教科を取り巻く知見も不可欠である。

　ところで，今回の学習指導要領の改訂では，次のようなことが求められていた。すなわち「生きる力」という理念の共有，基礎的・基本的な知識・技能の習得，学習意欲の向上や学習習慣の確立，豊かな心や健やかな体の育成のための指導の充実などである。

　これらの重点事項は，「21世紀は，新しい知識・情報・技術が政治・経済・文化をはじめ社会のあらゆる領域での活動の基盤として飛躍的な重要性を増す，いわゆる『知識基盤社会』の時代である」という時代状況認識と，「思考力・判断力・表現力等を問う読解力や記述式問題，知識・技能を活用する問題に課題」があるとしたPISA調査（OECDによる生徒の学習到達度調査）などからみられる児童生徒の実態理解などをもとに議論された論点であり，今後の教科指導においても十分な考慮が必要である。

　ただし筆者としては，教師の力量はこうしたマクロな視点・国レベルの行政的な側面からだけではなく，目の前にいる子どもたちの「まさに生きている現実をとらえ」「彼らがこれから生きて働くために必要となるものは何か」，さらには「生きていくために重要なことは何か」といった，生きた人間を教室にみる，学習者を常に個別具体的にとらえるミクロな視点，あるいは「人間的な視点」が求められているのではないかと考えている。

　こうしたマクロとミクロ，知識と人間，必要と重要などといった一見対立しそうである論点をしっかり見つめる力量こそ，指導に必要となる大切なものではないかと実感している。

11-5　指導する教科から自分らしい教材をつくることの必要性

　教科は自明のものであり，教材は教科書や参考書にあるというのは幻想である。これまでのいくつかの論点を参考に，まさに自分の思想に従って，つくりあげていく作業がなければ，生きた人間を相手にする教科指導などは基本的にはできないのではないだろうか。

　たしかに，学習指導要領とその解説，教科書，参考書，諸基礎学問のテキスト，さらには自分がこれまで受けてきた学習経験や「こんな教師になりたいとあこがれてきた教師」の指導事例などをある程度下敷きにすれば，最低限の教材はつくれるかもしれない。こうした先例や基礎的な教材理解は，もちろん必要最低限のことになる。

　しかしより充実した指導を求めてやまない教師であれば，教材や目の前の生徒を見つめつつ，自分のこれまでの経験をその場で指導という形で展開するきわめて固有な活動であることを考え，やはり自分なりの教材観をもとに，最終的には学んでいる生徒とその場にふさわしい教材をつくりあげる努力が必要ではないだろうか。

　ちなみに，社会科や公民科，さらには地理歴史科などの教科では，教材とは「見えにくい，とらえにくい社会という対象」をある具体物や事実，考え方などを利用して「具体的に見えるもの」「手で触れるもの」にする努力であると個人としては考えている。

　児童生徒の知識や理解状況に合わせて，できるかぎり「見えやすい」形で，「見えにくいもの」を「見えるもの」にすることが，教材化・教材開発ではないだろうか。

　一般に社会事象は，法律や制度，歴史と文化，地域や自然環境等で自明のように対象が見えそうに錯覚するが，実際には，ほとんどある人々の解釈を潜り抜けて加工された「事実」を，実際のように伝えているにすぎない。そのため生徒には，それらの教材がもたらす意味やその背後にある関係などを見させる必要があり，教材と指導を組み合わせて，社会や自然などを考えさせる工夫が必要になるのではないだろうか。

　ところで筆者は，中学校社会科「公民的分野」と高等学校公民科「政治・経済」の非常勤の教科調査官としてそれぞれの解説書づくりに参画したが，

その際にも個別の教材等をもとに絶えず指導の実際を自分なりに考えるようにしていた。これから教師になろうとする場合，目の前の社会現象を「自分だったらこんなふうに子どもたちには伝える」「こんな導入で，こんな具体物を使って，その背後にある意味を考えさせる」等々のいわゆる教材化の視点をもって，いろいろな事実を見つめてほしいと思っている。

11-6　時代と人々が求める教材の開発とその指導

　筆者は社会科・公民科の教員の資格をもちその教員養成にかかわっているが，基本的には日本の教育課程では「法的な見方や考え方の基礎・基本」があまり教えられていず，基本的には法律的な資質や能力があまり重視されていないのではないだろうかという印象を長年もっていた。

　そこで個人的に海外の教科指導の状況等を調査し，「法教育」という新しい内容の充実がこれからの社会では必要になるのではないかと考え，その目標や内容等について概略を示し，法律専門家や教育課程研究者らにその意義を訴え続けてきた。そして結果的には，国民が司法に参加する裁判員制度も実施され，裁判員裁判が刑事司法の柱になってきたこともあり，最近の学習指導要領では「法教育」という領域が人々に少しずつ知られるようになってきた。

　このささやかな事例からも個人的にいえることであるが，教師は教科の中に，そして具体的な教材の中に，いまという時代やこれからという時代が求めること，そしていまとこれからに生きる人々が求める内容とは何かを自問し続け，いまある教科と教科指導にその手がかりを求める努力を続けるべきではないだろうか。

　これから教師になろうとする人も，なぜ教師になりたいのかという最初の動機を大切にしたとき，きっと新しく伝えるべき「時代と人々が求める教科指導」の理想が浮かび上がってくるはずである。

　ある事態を切り開こうとするワクワクする営みが背景にあって，日々の教科指導が逆に生き生きしたものになるのではないだろうか。唯々諾々と過去や現状の再生産をするだけでは，教科指導は行えない。いい意味での主張をもって，担当する教科の将来を切り開いていってほしいと願っている。

11-7　指導に基づく評価を活かすことの意味とは

　教科指導で意外と厄介なものは，評価であろう。

　確かに計測できる基礎・基本的な知識・理解や一定程度人々が共有できる見方や考え方，判断力・表現力などの重視が現在の教育課程では重要な動きになっている。また実際には，指導のあとには評価を行わなければならず，教師として向き合うべき最も大切な教育活動であろう。この教員による教科指導後の評価を通じて，生徒は自信をつけて次の新しい課題や活動に向き合おうとするのである。

　そこで，現在の学校教育では，例えば「習得」⇒「活用」⇒「探究」という流れで，指導がある程度区切られ，ある時間にはしっかり基礎知識を理解させること，そしてその基礎知識を利用した応用問題が解けるようになること，さらには学校を越えた空間でも通用する探究能力を習得するためのトレーニングを繰り返し行うことなどが，現在の学校教育では強く求められている。合わせてその方向に従って教育評価が議論され，今後指導要録の改訂という形で新たな評価の在り方が示されることになる。

　ただ個人的には「指導と評価は一体」であるということの意味について，少し違った考えをもっている。

　多くの学校現場で，教えたことをしっかり評価するために生徒の理解度を試験することの大切さが自明のように語られているが，それらの評価活動は何のために行われているのか，あまり反省的に検討されていないように感じている。ある意味では，社会的説明・親への説明として，一種教師のアリバイ証明のように学力や知識の調査が示されているが，それほど簡単に生徒の能力などは計れないという実感をもっている。もちろん評価自体を否定しているのではない。評価することへの向き合い方，その意味づけが，それほど単純ではないという姿勢や感覚を教師はもつべきであるということをいっている。

　そのため日々の教科指導・教材研究などでは，評価にあまり拘泥しない教師を目指してほしいと願っている。

　むしろ〇〇教科に必要なある知識・理解を深めること，ある技能や技術が使いこなせるようになること，ある態度や姿勢がしっかりとつくれるように

なることなどの意味が、生徒に伝わることのほうが大切であり、そのことが伝われば評価はおのずと形を現すのではないかとも考える。そのため評価は大切な論点ではあるが、あまり強く意識せず、教科指導の流れの中で考えたい。

11-8 「各教科等」の範囲を教科指導に活かすことへ

「各教科等」ということから、道徳教育や「体育・健康に関する指導」、総合的な学習の時間、特別活動といった教育課程を構成するすべての要素をうまく利用して、教科指導にあたることが非常に大切である。

2008年版の『中学校学習指導要領』では、例えば「教育課程編成の一般方針」として次のようなことが示されている。

> 「学校における道徳教育は、道徳の時間を要(かなめ)として学校の教育活動全体を通じて行うものであり、道徳の時間はもとより、各教科、総合的な学習の時間及び特別活動のそれぞれの特質に応じて、生徒の発達の段階を考慮して、適切な指導を行わなければならない。」(第1章-第1-2)

> 「学校における体育・健康に関する指導は、生徒の発達の段階を考慮して、学校の教育活動全体を通じて適切に行うものとする。」(第1章-第1-3)

これらの教育活動全体で取り組むべきとされている「道徳教育」「健康・安全教育」などは、基本的にはどの教科でも大切な視点として、目を向けさせる必要がある。むしろこうした重要な課題を軸として、教科指導の在り方を考えることがあってもよい。

具体的には、これらの時代と人々が求め、社会が要請する教育活動は、教科指導の方向性や選択されるべき教材の質や幅を決めるものであり、積極的に教科の中で応じるべき論点である。

また教科の指導では、時間数等の制限もあるため、できれば道徳の時間のほか、特別活動、総合的な学習の時間など「教科等」とみなされている領域を有効に活用する「しなやかさ」と「したたかさ」が、必要になるのではないだろうか。時間数が足りない、生徒が興味関心を示さないといった問題は、実は教師に与えられている資源や活動を十分に使いこなせていないこと

から起こることもある。教科指導の本筋をはずすことなく，大胆に「教科等」の活動を，自分の教科指導にうまく活かせる教師になってほしいものである。

11-9　教科指導は誰のため，何のためか

　さて教科指導と教師という標題で，これまで一般的なことから筆者なりの考え方まで，いくつかのことを論及したが，大原則は「教科や教材は，生徒と社会のためにある」ということである。

　もちろん「ためにある」というのは，どういう意味なのかはっきりさせる必要はあろうが，「そのとおりに」まずは考えるべきであると思う。

　一つは，間違いなく「生徒のためにある」。この原則から，生徒の中に，知識・理解・技能・社会性などの教科指導によって伝えられてきたものを，その人に適切なように積み上げさせ，それらが「生きる力」として役立つものにさせることである。その際，その人にとって「必要なこと」「重要なこと」「あることでその人に意義あるもの」といったいろいろな側面を，余裕をもって積み上げさせることである。「ためになる」には，教科指導であせらないことを覚えることである。

　いま一つは，人が生きる舞台である社会という場や時代にとって，意味があるような視点を伝える指導を盛り込むことである。近年環境教育が重視され，今回の改訂でも「持続可能な社会」のために必要な教育活動の在り方が問われているが，やはり「社会のために」教育はあるという事実は忘れてはならない。

　この二つの問いを活動の中に活かすことから，これからの教科指導を構想してほしいと願っている。

〔江口勇治〕

【引用・参考文献】
文部科学省　『中学校学習指導要領』（2008（平成20）年3月告示）

第 12 章

変わりゆく社会の中での
教育と教師

　本章では，社会の変動に対応して変わっていかざるをえない学校教育の在り方と，それに真剣に向き合おうとする教師の姿勢などについて考える。

　前章までにいろいろな視座から述べられた基本的な考察をふまえて，「自分はこれからの時代，どんな教師になりたいと思っているのか」「自分は教師になったら，どんな教育や指導をしたいのか」という問いに向き合い，変わりゆく社会と教育や教師の在り方を各人が探究してほしい。

　なお筆者は社会科・公民科等の教科指導を中心に教育を考えてきたため，ここでも 11 章と同じように主に学習指導要領等の動きや社会科関連の教科・科目の改訂等で明らかにされた社会の変動との関係から，上記の課題に迫りたい。

12-1　新学習指導要領改訂の背景としての
　　　　「変わりゆく社会」とは

　今回の学習指導要領の改訂の経緯で描かれているように，現在の社会の動きと教育の基本的な関係の一つは，次のとおりである（小・中・高等学校学習指導要領解説の第 1 章総説より）。

「21世紀は，新しい知識・情報・技術が政治・経済・文化をはじめ社会のあらゆる領域での活動の基盤として飛躍的に重要性を増す，いわゆる『知識基盤社会』の時代であると言われている。このような知識基盤社会化やグローバル化は，アイディアなど知識そのものや人材をめぐる国際競争を加速させる一方で，異なる文化や文明との共存や国際協力の必要性を増大させている。このような状況において，確かな学力，豊かな心，健やかな体の調和を重視する『生きる力』をはぐくむことがますます重要になっている。」

ここにみられるように今回の学習指導要領による教育課程の日本の政策形成では，これからの社会の主な傾向を「知識基盤社会」ととらえている。知識が中心となって社会を変えることを意味する。

すなわち，商品としてのモノではなく，生活や職場等において交換され，分配され，消費される知識と，それにかかわって創造のコアとなるアイディアなどの見方や考え方などが，人々や社会に対してイニシアティブ的な機能を発揮し，社会的価値と利益を生み出すことを意味していよう。あわせて知識のもとに，人の共生・共存の関係が新たにつくり出され，知の側面から強く人々の在り方等を共生・共存の関係へと構造づけることになろう。

このように知識が基本的な社会の要素となり，知識の相互依存・相関の関係が構造となる「社会」となり，その動きが国を越えてみられる社会となるということであろう。

そしてこの状況のもとでは，今後ますます教育の働きや教師の活動がいっそう重要な位置を占めることになる。

こうした変化に対応して，新学習指導要領では例えば具体的な重点事項の一つとして「言語活動の充実」をどの教科指導等でも強化することを求めるとともに，各教科指導において「基礎的・基本的な知識・技能の習得」「思考力・判断力・表現力等の育成」をとりあげ，子どもたちの知識面での基盤の充実と知識にしっかりと基盤をもつ社会の実現を図ろうとしているのである。

さらにこうした学校で伝達される知識が，社会を一定程度制御し，規律する「知識基盤社会」がこれまで以上に進行し，知識をデータとして組み替える情報化の進展や，それらの情報を経済活動等のあらゆる面に国境を越えて

拡散させようとするグローバル化の進展などが展開される社会が生まれ，社会自体がまさに知識を中心にダイナミックに変わりゆくことを想定して，それに対応する価値的・規範的な面での資質や能力の育成を図ろうとしている。

すなわち変わりゆく社会における一種の安定・安全の確保のため，社会生活を規律する規範の教育の充実を求めつつ，社会変動に対する文化や伝統によりどころをおく国や地域社会の安定のための心の教育の充実などを要請している。

こうした知識面と規範面での教育的対応が近年の日本における教育課程上では絶えず模索されており，今回の改訂でもその二つの側面での学校教育の変更が行われたといえよう。

ちなみにこの知識やアイディアを独立変数的にとらえる社会変動のイメージが，どの程度実際の子どもの教育と連動しているのかについては若干の疑問もあるが，いずれにしてもこの「知識基盤社会」での学校教育の在り方や教科指導が，今回の学習指導要領改訂では強く描かれており，それを描く教師の主体性が強く要請されていると考えても差し支えない。

12-2　社会の変化に対応する学習指導要領の方向
——「生きる力」と知育

この知識基盤社会の中での教育の在り方について，2008（平成20）年1月の中央教育審議会の答申「幼稚園，小学校，中学校，高等学校及び特別支援学校の学習指導要領等の改善について」は，次のような改善の方向性を提示した。

① 改正教育基本法等を踏まえた学習指導要領改訂
② 「生きる力」という理念の共有
③ 基礎的・基本的な知識・技能の習得
④ 思考力・判断力・表現力等の育成
⑤ 確かな学力を確立するために必要な授業時数の確保
⑥ 学習意欲の向上や学習習慣の確立
⑦ 豊かな心や健やかな体の育成のための指導の充実

この七つの改善点は、日本固有の教育の基本を規定する教育基本法の改正に対応する論点でもあり、あわせて社会の変化に対応する教育課程の改善の方向でもある。

　実際の各教科指導等では、この七つの論点をもとに学校教育や教科指導の在り方が検討され、それに十分に応えられる教科の内容や教師の在り方が新しい学習指導要領に盛り込まれたわけである。

　特に今回の改訂では、上記の②で求められた「生きる力」の育成の理念をより詳細に整理し、具体的には③と④に代表されるように、知識・理解を充実する指導と内容の充実した取扱いを各教科指導等に求め、最終的には「確かな学力」を充実する教育が求められることになり、「生きる力」の実体に「確かな学力」を据えたことが一つの大きな対応であったといえよう。

　ところで時代の変化や社会の変動に応じて、子どもたちの知識・理解の発達にしっかり着目することがそもそもの教科指導の基本であると考えれば、「確かな学力」の充実は、今回の改訂に限らず常にこれまでの改訂でも大切な論点であった。教科指導を行うことを大切にする教師がいなければ、教育の実体は充実しない。その意味では、今回の改訂も科学技術の発展に対応した教育活動の充実であったともいえるであろう。

　そこで教師は時代の変化に応じて、自分が担う教科の時代的な在り方の意義等の考察、教材研究、教科指導方法等の習得を通じて、子どもたちの「生きる力」の実質となる「確かな学力・能力」の育成にしっかり努めなければならない。筆者は「教師の本分は、教科指導にある」という気持ちをもっている。子どもたちのいろいろな生き方に配慮しつつ、彼らに教科を通じて「生きる力」の実質を伝えることが教師には変化の中で絶えず要請されているのではないだろうか。

12-3　「生きる力」としての「徳育」「体育・健康教育」の充実

　「生きる力」の理念の中には、知力ばかりでなく、変わりゆく社会の中での「徳育」と「体育・健康教育」の重視も含まれていることも見落としてはいけない大切な論点である。前記の⑥と⑦の観点にみられるように、どの教科の教師も、徳育と体育・健康教育に着目しつつ、教科の指導等を行わなけ

ればならないものであると今回の改訂は特に強調した。

いわゆる知育を支える両輪として，徳育と体育・健康教育の必要性を明示したのである。「体の力」と「心の力」が兼ね備わっていない「知の力」は，やはり弱々しいものにならざるをえないことは当然であり，「知・徳・体」の一体的教育の必要性は時代の変化を越えて「不易」として論じられてきたのは周知のとおりである。

その意味からも今回の改訂でのこうした知育と徳育と体育をともに充実させようとする方向には個人的に賛同したい。できれば，どの教科の教師もこの三者のことをふまえつつ，指導する子どもたちに向き合うべきものではないだろうか。

ただし往々にして「徳育」は，インフレ気味に拡張して，実態からひどく遊離した押し付けの道徳の教育となることが多々みられる。規範心の育成と叫ばれるが，人々の「内心」や心の自由に権力を利用して直接入り込む一方的な指導になりがちである。また体育・健康重視の教育も，硬直した体験・体育観に基づく鍛錬まがいの「体育・健康教育」の強制となることも往々にしてみられる。こうしたある種の強制は，やはり公教育にはなじまないものである。

子どもと教師の中から，生まれ成立する，しっかり地に着いた三者のつながりがうまく確保された教育や指導の在り方を，今後は各教師に切に期待したいと考える。近年では「ケアの教育」なども着目されつつあり，より実際の子どもたちの心のありようや社会の人々の求める共生的関係に軸足をおく教師の活動が求められている。

なお「徳育」に関して，道徳教育をどの教科活動でも行うことをいっそう徹底することを求めつつ，教育基本法の改正との関連で次のような道徳教育の目標が今回示されている（学習指導要領解説の道徳編を参照のこと）。

① 人間尊重の精神と生命に対する畏敬の念を培う
② 豊かな心をはぐくむ
③ 伝統と文化を尊重し，それらをはぐくんできた我が国と郷土を愛し，個性豊かな文化の創造を図る人間を育成する
④ 公共の精神を尊び，民主的な社会及び国家の発展に努める人間を育成する

⑤ 他国を尊重し，国際社会の平和と発展や環境の保全に貢献する人間を育成する
⑥ 未来を拓(ひら)く主体性のある日本人を育成する
⑦ その基盤としての道徳性を養う

　上記論点のうちで，③，④，⑤は教育基本法に新たに加えられた理念とも関連して示されており，筆者がこれまで教員養成にかかわってきた社会科や公民科の教科指導とも密接な関連があるため，「変わりゆく」社会の一側面として次の節で少しく考えてみたい。

12-4　社会の変化への各教科指導の対応——社会科を例に

　今回の改訂は，時代の変化に応じた日本の「教育の形づくり」と「各教科内容の新しい知識の形」をともに求めたと筆者なりに考えている。

　学習指導要領が知識・理解を充実したということは，これまで以上に知識自体の変わりゆく社会・時代に適切な，知識をコアとした教育の「形」を求めたものと見て取れる。また教育の法的側面からみれば，日本国憲法の理念と教育基本法で新たに追加された理念や価値をともに教育の柱にした知識内容の構造が，具体的には模索されたのである。

　例えば筆者の担当した社会科・公民科では，「社会科改訂の趣旨」として，先に引用した中央教育審議会の答申にふれつつ，「社会科において，……知識基盤社会化やグローバル化が進む時代にある今こそ，世界や日本に関する基礎的教養を培い，国際社会に主体的に生き，公共的な事柄に自ら参画していく資質や能力を育成すること」（『中学校学習指導要領解説　社会編』）が必要であるとした。今回の改訂の意味はこの文言に象徴的に示されており，これまでの社会科の理念に加えて，時代に応じた新たな理念の追加が求められ，そのことを教科指導に求めるものであった。

　構造的には，社会科等で日本国憲法の基本原理である基本的人権の尊重の基礎となる「個人の尊厳」と，国民主権の表れとして展開される多数者の意思の実現による「社会の安定と公正化」といった二つの相反する理念の統一・調整を目指した知識像を紡ぎ出し，その指導の充実を目指しているのであろう。

すなわち「日本国憲法に掲げられた民主的で文化的な国家の建設」並びに「世界の平和と人類の福祉の向上に貢献する国民の育成」を目指した戦後の日本国憲法が求める「教育の在り方」を中心として展開されてきた民主教育，平和教育，人権教育などに加えて，「伝統と文化の尊重」「国と郷土を愛する教育」「公共の精神を尊ぶ教育」「他国を尊重すること」「環境保全に貢献すること」といった価値的，規範的な側面を付加して，日本独自の教育の形，在り方の必要性を強調したことを受けたものであった。

　時にこれらの教育基本法改正の中心的な論点の追加によって，社会科・公民科の教師には，これまでにみられない葛藤状況が生まれ，「個人の尊厳さ」の確保と「国家・社会の秩序維持」への教育的支援といった，利益相反状況での調整的な解決能力や，そのために必要な知識の教材化の研究や，教科の指導の在り方等の検討といった新たな課題が現れてくることであろう。

　しかし社会科・公民科の教師には，このような教科指導上の困難な局面を乗り越えて，しっかりした知識を伝達する教育的ミッションがあり，目の前の子どもの最善の利益をもとに，しっかりと社会の変化に応じた知識の質を吟味できる能力を磨いていかなければならない。社会科・公民科といった教科の性格上，物事が競合・相反することを恐れるのではなく，その本質や意義を見極め，公正に子どもたちに教材を通じて知識を伝えることに専念しなければならないのではないだろうか。

　あわせて日本国憲法の理念と教育基本法の理念はともに学校教育に最も密接な国の基本法であり，ともに教育の現場で確実に実現されるべき性質のものである。たとえ政権交代等が行われた中であっても，教師一人ひとりが「自由」「公平・公正」「人権」「平和」などの理念の指導的意味や子どもたちにとっての意義をやはり実質的・実際的に考える時代となってきた。

　これまで以上に教師の主体的・自律的活動が求められる政治状況の中にあって，知育，徳育，健康教育等の三者の充実のために，それぞれの教師には柔軟に社会を見つめる能力がいっそう求められるようになってきているといえる。

　そのため教科の指導で基本とされてきた「人間の尊厳さ」「個人の尊重」を支える日本国憲法を中心とした社会科，公民科の指導の実質的展開に加え，今回の改訂で示された「文化・伝統」「公共性」「環境」「国・郷土・地

域の場」といった新たな価値や理念も，やはり教科指導等では教師自身が向き合うべきものとなっていく。その意味で，これからの教師はやはり一人ひとりが社会をしっかりとらえる教師としての「眼」や「心」をもたなければならないのではないだろうか。そして指導では，自由と公平・公正の競合，平和と公共の葛藤といったことを，一人ひとりの子どもに寄り添って伝えられる教師となっていかなければならない。さらにこうした葛藤・競合や対立を，共生・共存へと転換しうる，ある種の明確な社会ビジョンや知識観・人間観をもって，社会の変動に臆することなく「自己を生きる」自立した子どもを育てる教育を行わなければならないと思われる。

　個人的にはこうした教師の資質が今後ますます求められ，社会の変動の中での教育や教科指導の形や在り方を見失わないことが大切な時期となってきたと考えている。

　ところでこの社会への変動の対応について，中学校「公民的分野」と高等学校公民科「政治・経済」等では，学習活動の最後の締めくくりの内容として「持続可能な社会の形成」にかかわる活動や知識・理解を新学習指導要領では求めた。これは筆者が最初に示した知識基盤社会化やグローバル化，情報化などに対する社会科・公民科という教科の一つの解答であった。

12-5　「持続可能な社会」の形成と教師
　　　　――よりよい社会を目指して

　今回の社会・地理歴史科・公民科の改善の方向としては，例えば中学校社会科「公民的分野」では次のような「改善の基本方針」と「改善の具体的事項」があげられた（『中学校学習指導要領解説　社会編』参照のこと）。
　（i）　改善の基本方針（一部省略）
　　○　社会科，地理歴史科，公民科においては，その課題を踏まえ，小学校，中学校及び高等学校を通じて，社会的事象に関心をもって多面的・多角的に考察し，公正に判断する能力と態度を養い，社会的な見方や考え方を成長させることを一層重視する方向で改善を図る。
　　○　……各学校段階の特質に応じて，習得すべき知識，概念の明確化を図るとともに，……社会的事象の意味，意義を解釈すること，事象の

特色や事象間の関連を説明すること，自分の考えを論述することを一
　　　層重視する方向で改善を図る。
　　○　……持続可能な社会の実現を目指すなど，公共的な事柄に自ら参画
　　　していく資質や能力を育成する方向で改善を図る。
（ⅱ）　改善の具体的事項（公民的分野の一部のみ掲載）
（ウ）　公民的分野については，現代社会の理解を一層深めさせるとも
　　　に，よりよい社会の形成に参画する資質や能力を育成するため，文化の
　　　役割を理解させる学習，ルールや通貨の役割などを通して，政治，経済
　　　についての見方や考え方の基礎を一層養う学習，納税者としての自覚を
　　　養うとともに，持続可能な社会という視点から環境問題や少子高齢社会
　　　における社会保障と財政の問題などについて考えさせる学習を重視して
　　　内容を構成する。（以下略）

　以上の方針と具体的事項が，中学校社会科での一つの社会の変化に対する学習指導要領の解答であり，これをもとにいわゆる「伝統・文化の教育」「金融経済教育」「法教育」などといった新しい教科での教育の動きが今回の改訂で盛られたわけである。また標題の「変わりゆく社会」にかかわっては「持続可能な社会の形成」とそのための教科指導が，内容として新たに示されたわけである。そこでここでは，「持続可能性」を教師という側面から検討してみたい。

　中学校社会科という教科の目標は，ちなみに「広い視野に立って，社会に対する関心を高め，諸資料に基づいて多面的・多角的に考察し，我が国の国土と歴史に対する理解と愛情を深め，公民としての基礎的教養を培い，国際社会に生きる平和で民主的な国家・社会の形成者として必要な公民的資質を養う」である。この目標の実現のために，教師の教科指導が営まれることになる。

　この目標は上記の時代状況に応じた改善方針や改善事項に対応して設定されるもので，今回の改訂では目標はほとんど修正されず内容面での対応が中心であった。

　そして社会変動やこれからの社会をイメージしたものへの教科論的な応答として，公民的分野では「持続可能な社会の形成」という論点が学習の最後に位置づけられたわけである。

この対応の内容については，『中学校学習指導要領解説　社会編』では次のような知識・理解や活動を求めている。

　　「『持続可能な社会を形成する』については，ここでは将来の世代のニーズを満たすようにしながら，現在の世代のニーズを満たすような社会の形成を意味している。その際，世代間の公平，地域間の公平，男女間の平等，社会的寛容，貧困削減，環境の保全と回復，天然資源の保全，公正で平和な社会などが持続可能性の基礎となるものであり，環境の保全，経済の開発，社会の発展を調和の下に進めていくことが必要であることを理解させる。」

　この文言は，国際連合を中心に取り組まれてきた「持続可能な開発」の世界的な動きに呼応する日本の教育的な対応でもあり，世界的な一つの理念でもあるが，今後のこれからの社会の進むべき方向や，社会における人々の「在り方・生き方」をも含んでいる。個人的には，社会におけるあらゆる面での「公平公正さ」の確保こそ「変わりゆく社会の到達すべきもの」ととらえており，社会科「公民的分野」と公民科「政治・経済」「現代社会」の指導の柱に今後なっていくのではないかと想像している。

　「持続可能性」という考え方自体，ある種抽象的で多義的な曖昧性を含みすぎる面もないわけではないが，これからの教科の指導では地域・国・地球に生きる人々の在り方に着目しつつ，その生活舞台としてのそれぞれの場の感覚や価値にもっと注目させる教材化が求められることも事実である。その実現は難しい問題にもみえるが，社会科・公民科のすべての学習内容を総動員してでも理解させる工夫を教師はすべきではないだろうか。

　またいろいろな側面から社会の在り方をとらえさせ，子どもたちがいま生きている社会を次世代に向けて確保する姿勢の中にも，学校の教育やそこでの知識・理解の核心があることを認めることも大切な論点である。

　そのような社会認識から「社会の持続可能性」を，最終的な知識基盤社会の落ち着き先とした今回の教科の改善は，ひとえに教師の指導と教育的な姿勢に多く依存しているといわざるをえない。

　教師は，教科の指導では，社会についての多角的・多面的な理解をもとに，子どもたちが将来を展望しうる前向きの知識・理解を伝え，持続可能な社会の形成を担いうる社会的能力や資質を育成する責務を負っている。その

意味で，豊かな経験と公正な姿勢をもって社会的事象の意味を冷静に判断することが不可欠であろう。

以上，筆者の向き合ってきた教科を事例に，変わりゆく社会における教育と教師の在り方について少しく考察してきたが，最後に各教科指導に共通して，社会の変化にかかわりなく，不易なものとして問わなければならない論点について最後に検討してみよう。

12-6 変わりゆく社会での教師としての「不易」なこと

「不易」とは辞書的には「変わらないこと」であるが，ここでは「変わりゆく社会」にあっても「変わってはいけない」教育の原則と教師の在り方と思ってほしい。

筆者は「教職論」の授業を担当しているが，「君たちはどんな教師になりたいのか，どんな教科指導を行いたいのか」と受講生に絶えず問いかけながら講義をし，それについてのレポートを学期のはじめと終わりに課している。その中でおもしろいと思っていることがある。回答が，おおよそ3分の1ずつ分かれることがここ数年続いているのである。一つは，「中・高等学校の○○の教科の，○○先生に教えてもらったことを，自分も教師になってやりたい」である。この話を聞くと，きっと中・高校の教師は自分の仕事に満足感を感じ，うれしい気持ちになるのではないだろうか。

そしてここに「不易」の一つがある。

すなわち，たとえ時代が変わり，学習者としての子どもが変わっていくことがあっても，教師はそれぞれの時代や社会に適した知識・理解を指導する過程で，子どもたちに学ぶ喜びや「生きる力」の糧となる種を植え続けること，あるいは学習への向き合い方それ自体の大切さを伝えることである。教育の仕事の大きなミッションは，人々がモノや事象・現象に向き合うときの「眼」や「心」を育てることである。そのため時代の変化に動じることなく，指導すること自体の価値をしっかり見定める教師になってほしいと個人的には思っている。

さて次の3分の1は「私の受けた指導や学校は，○○がだめであった。こんな教師にだけはならないようにがんばりたい」というものである。私は

ここにも「不易」の一つがあると思う。

　すなわち教育とは，学ぶ者がある種の不平不満や疑問を感じることから始まり，その疑問を解消するための絶えざる時代を通じての作業であるとも考えている。こうした不平不満やある種の教師批判・批評は，結局自分のこれからの教師を目指す姿勢につながっていくわけであり，ぜひその芽を公正に育てていくことが大切である。学校教育という権力的・公的空間の問題点の自覚や教師という権力的地位や職務への公平な批評こそ，教育が浄化される大きな源泉である。自分が受けた指導の改善を目指すことは，人々と時代がいつもやはり教育と教師に求めてきた大切な論点ではないだろうか。

　さて最後の3分の1は「○○の知識や○○の内容を知ることが個人的に楽しいし，教師の資格でもとってみよう」というある種個人の利益に着目した回答である。私はやはりここにも「不易」の一つがあると感じている。

　このグループは筆者の担当する社会科・公民科に興味がなかった場合，「なんでこんな話をするの」という顔をする。一種の個人主義的自由論者に近い。興味関心があるものだけが意味があり，学ぶ価値があるともみえる。しかし私は彼らのそうした姿勢の中に，前向きの自立的な姿勢があることも評価している。こうした学習者の自発的な態度の形成は，やはりしっかりした教科指導が中・高校や塾等で行われてきた結果であったとも思われる。教育の大きなミッションには「自分の価値を見つけさせること」がある。このあたり前の原理は日本のようなある種の集団主義的・共同体的な空間では疎まれることもあるが，個人的には教育とは「己の価値に着目させること」であると思うので，ぜひ教師はそれぞれの子どもに寄り添って，その前向きな姿勢を育てることに専念すべきであると思っている。

　さて「不易」について三つのことにふれたが，いま一つ「不易」がある。
　それは学校という場は「安全・安心」な場でなくてはならないということにかかわるものである。私は，近年「法教育」なる教育の価値の大切さを訴えてきた。そして「ルール・法・決まりの教育」や「裁判員制度時代の法的資質の育成」「公共空間の価値を担うパブリック・リテラシーの資質の育成」などといった，いわゆる「社会的場や空間，秩序」などの意義を伝える教育の必要性を主張してきた。これは筆者なりに教師は「子どもたちの生命安全規範だけは守らなければならない」という「不易」があるからだと思って

言っていることでもある。そのため教師として子どもの「最善の利益」を守るための営みは，絶えず自覚していなければならないことではないだろうか。

　以上標題について，筆者なりの教育観，指導観，教師論について言及した。実は，教師論としてはこうした問いを，教師を目指す人々が，自分の履修しようとする教科をもとに，現実的・実際的に考えることが大切であると考えている。えてしてこれまでの教師論，教育論は，「○○すべきである」「○○であるべきである」という当為論が過剰ではなかったとも考えている。
　筆者のような教科教育の研究を行ってきたものからみれば，もっと教育論や教師論は，実際的である必要性を感じている。人々の意識と時代に適合した実際的な教育論，教師論を，ぜひ少しずつ醸成しながら，よき教師になることを目指してほしいと思っている。
　「あきらめないこと」も，教育の「不易」であることを忘れないでほしい。

[江口勇治]

【引用・参考文献】
中央教育審議会　「幼稚園，小学校，中学校，高等学校及び特別支援学校の学習指導要領等の改善について（答申）」2008
文部科学省　『小学校学習指導要領』（2008（平成20）年3月告示）
文部科学省　『中学校学習指導要領』（2008（平成20）年3月告示）
文部科学省　『高等学校学習指導要領』（2009（平成21）年3月告示）
文部科学省　『小学校学習指導要領解説　道徳編』2008
文部科学省　『中学校学習指導要領解説　道徳編』2008
文部科学省　『中学校学習指導要領解説　社会編』2008

◆ 付　録 ◆

注）法令中の「条」「項」「号」などの漢数字は算用数字を用いた。「条」に続くカッコ内は見出しを示す（法令に付されているものは（　）内に，便宜的に付したものは〔　〕内に示す）。法令に付されている見出しの位置は，「条」の後に移動した。「項」は丸囲み数字を示した（①，②……は法令に付されているもの，❶，❷……は便宜的に付したもの）。「号」は法令では漢数字表記であるが，ここでは四角囲み数字で示した（1，2……）。

◆ 日本国憲法（抄）

昭和 21 年 11 月 3 日憲法

日本国民は，正当に選挙された国会における代表者を通じて行動し，われらとわれらの子孫のために，諸国民との協和による成果と，わが国全土にわたつて自由のもたらす恵沢を確保し，政府の行為によつて再び戦争の惨禍が起こることのないやうにすることを決意し，ここに主権が国民に存することを宣言し，この憲法を確定する。そもそも国政は，国民の厳粛な信託によるものであつて，その権威は国民に由来し，その権力は国民の代表者がこれを行使し，その福利は国民がこれを享受する。これは人類普遍の原理であり，この憲法はかかる原理に基くものである。われらは，これに反する一切の憲法，法令及び詔勅を排除する。

日本国民は，恒久の平和を念願し，人間相互の関係を支配する崇高な理想を深く自覚するのであつて，平和を愛する諸国民の公正と信義に信頼して，われらの安全と生存を保持しようと決意した。われらは，平和を維持し，専制と隷従，圧迫と偏狭を地上から永遠に除去しようと努めてゐる国際社会において，名誉ある地位を占めたいと思ふ。われらは，全世界の国民が，ひとしく恐怖と欠乏から免かれ，平和のうちに生存する権利を有することを確認する。

われらは，いづれの国家も，自国のことのみに専念して他国を無視してはならないのであつて，政治道徳の法則は，普遍的なものであり，この法則に従ふことは，自国の主権を維持し，他国と対等関係に立たうとする各国の責務であると信ずる。

日本国民は，国家の名誉にかけ，全力をあげてこの崇高な理想と目的を達成することを誓ふ。

第 11 条〔基本的人権の享有と性質〕　国民は，すべての基本的人権の享有を妨げられない。この憲法が国民に保障する基本的人権は，侵すことのできない永久の権利として，現在及び将来の国民に与へられる。

第 13 条〔個人の尊重，生命・自由・幸福追求の権利の尊重〕　すべて国民は，個人として尊重される。生命，自由及び幸福追求に対する国民の権利については，公共の福祉に反しない限り，立法その他の国政の上で，最大の尊重を必要とする。

第 14 条〔法の下の平等〕　すべて国民は，法の下に平等であつて，人種，信条，性別，社会的身分又は門地により，政治的，経済的又は社会的関係において，差別されない。

❷　（以下略）

第 15 条〔公務員の性質，普通選挙と秘密投票の保障〕　（略）

❷　すべて公務員は，全体の奉仕者であつて，一部の奉仕者ではない。

❸ （以下略）
第19条〔思想及び良心の自由〕　思想及び良心の自由は，これを侵してはならない。
第20条〔信教の自由〕　信教の自由は，何人に対してもこれを保障する。いかなる宗教団体も，国から特権を受け，又は政治上の権力を行使してはならない。
❷　何人も，宗教上の行為，祝典，儀式又は行事に参加することを強制されない。
❸　（略）
第21条〔集会・結社・表現の自由，検閲の禁止，通信の秘密〕　集会，結社及び言論，出版その他一切の表現の自由は，これを保障する。
❷　検閲は，これをしてはならない。通信の秘密は，これを侵してはならない。
第23条〔学問の自由〕　学問の自由は，これを保障する。
第25条〔生存権〕　すべて国民は，健康で文化的な最低限度の生活を営む権利を有する。
❷　（略）
第26条〔教育を受ける権利，教育の義務，義務教育の無償〕　すべて国民は，法律の定めるところにより，その能力に応じて，ひとしく教育を受ける権利を有する。
❷　すべて国民は，法律の定めるところにより，その保護する子女に普通教育を受けさせる義務を負ふ。義務教育は，これを無償とする。

◆ 教育基本法

　　平成18年12月22日法律第120号
教育基本法（昭和22年法律第25号）の全部を改正する。
　我々日本国民は，たゆまぬ努力によって築いてきた民主的で文化的な国家を更に発展させるとともに，世界の平和と人類の福祉の向上に貢献することを願うものである。
　我々は，この理想を実現するため，個人の尊厳を重んじ，真理と正義を希求し，公共の精神を尊び，豊かな人間性と創造性を備えた人間の育成を期するとともに，伝統を継承し，新しい文化の創造を目指す教育を推進する。
　ここに，我々は，日本国憲法の精神にのっとり，我が国の未来を切り拓く教育の基本を確立し，その振興を図るため，この法律を制定する。
第1章　教育の目的及び理念
第1条（教育の目的）　教育は，人格の完成を目指し，平和で民主的な国家及び社会の形成者として必要な資質を備えた心身ともに健康な国民の育成を期して行われなければならない。
第2条（教育の目標）　教育は，その目的を実現するため，学問の自由を尊重しつつ，次に掲げる目標を達成するよう行われるものとする。
　① 幅広い知識と教養を身に付け，真理を求める態度を養い，豊かな情操と道徳心を培うとともに，健やかな身体を養うこと。
　② 個人の価値を尊重して，その能力を伸ばし，創造性を培い，自主及び自律の精神を養うとともに，職業及び生活との関連を重視し，勤労を重んずる態度を養うこと。
　③ 正義と責任，男女の平等，自他の敬愛と協力を重んずるとともに，公共の精神

に基づき，主体的に社会の形成に参画し，その発展に寄与する態度を養うこと。
　④　生命を尊び，自然を大切にし，環境の保全に寄与する態度を養うこと。
　⑤　伝統と文化を尊重し，それらをはぐくんできた我が国と郷土を愛するとともに，他国を尊重し，国際社会の平和と発展に寄与する態度を養うこと。
第３条（生涯学習の理念）　国民一人一人が，自己の人格を磨き，豊かな人生を送ることができるよう，その生涯にわたって，あらゆる機会に，あらゆる場所において学習することができ，その成果を適切に生かすことのできる社会の実現が図られなければならない。
第４条（教育の機会均等）　すべて国民は，ひとしく，その能力に応じた教育を受ける機会を与えられなければならず，人種，信条，性別，社会的身分，経済的地位又は門地によって，教育上差別されない。
②　国及び地方公共団体は，障害のある者が，その障害の状態に応じ，十分な教育を受けられるよう，教育上必要な支援を講じなければならない。
③　国及び地方公共団体は，能力があるにもかかわらず，経済的理由によって修学が困難な者に対して，奨学の措置を講じなければならない。

第２章　教育の実施に関する基本
第５条（義務教育）　国民は，その保護する子に，別に法律で定めるところにより，普通教育を受けさせる義務を負う。
②　義務教育として行われる普通教育は，各個人の有する能力を伸ばしつつ社会において自立的に生きる基礎を培い，また，国家及び社会の形成者として必要とされる基本的な資質を養うことを目的として行われるものとする。
③　国及び地方公共団体は，義務教育の機会を保障し，その水準を確保するため，適切な役割分担及び相互の協力の下，その実施に責任を負う。
④　国又は地方公共団体の設置する学校における義務教育については，授業料を徴収しない。
第６条（学校教育）　法律に定める学校は，公の性質を有するものであって，国，地方公共団体及び法律に定める法人のみが，これを設置することができる。
②　前項の学校においては，教育の目標が達成されるよう，教育を受ける者の心身の発達に応じて，体系的な教育が組織的に行われなければならない。この場合において，教育を受ける者が，学校生活を営む上で必要な規律を重んずるとともに，自ら進んで学習に取り組む意欲を高めることを重視して行われなければならない。
第７条（大学）　大学は，学術の中心として，高い教養と専門的能力を培うとともに，深く真理を探究して新たな知見を創造し，これらの成果を広く社会に提供することにより，社会の発展に寄与するものとする。
②　大学については，自主性，自律性その他の大学における教育及び研究の特性が尊重されなければならない。
第８条（私立学校）　私立学校の有する公の性質及び学校教育において果たす重要な役割にかんがみ，国及び地方公共団体は，その自主性を尊重しつつ，助成その他の適当な方法によって私立学校教育の振興に努めなければならない。
第９条（教員）　法律に定める学校の教員は，自己の崇高な使命を深く自覚し，絶えず研究と修養に励み，その職責の遂行に努めなければならない。
②　前項の教員については，その使命と職責の重要性にかんがみ，その身分は尊重され，待遇の適正が期せられるとともに，養成と研修の充実が図られなければならな

い。
第10条（家庭教育）　父母その他の保護者は，子の教育について第一義的責任を有するものであって，生活のために必要な習慣を身に付けさせるとともに，自立心を育成し，心身の調和のとれた発達を図るよう努めるものとする。
② 　国及び地方公共団体は，家庭教育の自主性を尊重しつつ，保護者に対する学習の機会及び情報の提供その他の家庭教育を支援するために必要な施策を講ずるよう努めなければならない。
第11条（幼児期の教育）　幼児期の教育は，生涯にわたる人格形成の基礎を培う重要なものであることにかんがみ，国及び地方公共団体は，幼児の健やかな成長に資する良好な環境の整備その他適当な方法によって，その振興に努めなければならない。
第12条（社会教育）　個人の要望や社会の要請にこたえ，社会において行われる教育は，国及び地方公共団体によって奨励されなければならない。
② 　国及び地方公共団体は，図書館，博物館，公民館その他の社会教育施設の設置，学校の施設の利用，学習の機会及び情報の提供その他の適当な方法によって社会教育の振興に努めなければならない。
第13条（学校，家庭及び地域住民等の相互の連携協力）　学校，家庭及び地域住民その他の関係者は，教育におけるそれぞれの役割と責任を自覚するとともに，相互の連携及び協力に努めるものとする。
第14条（政治教育）　良識ある公民として必要な政治的教養は，教育上尊重されなければならない。
② 　法律に定める学校は，特定の政党を支持し，又はこれに反対するための政治教育その他政治的活動をしてはならない。
第15条（宗教教育）　宗教に関する寛容の態度，宗教に関する一般的な教養及び宗教の社会生活における地位は，教育上尊重されなければならない。
② 　国及び地方公共団体が設置する学校は，特定の宗教のための宗教教育その他宗教的活動をしてはならない。

第3章　教育行政

第16条（教育行政）　教育は，不当な支配に服することなく，この法律及び他の法律の定めるところにより行われるべきものであり，教育行政は，国と地方公共団体との適切な役割分担及び相互の協力の下，公正かつ適正に行われなければならない。
② 　国は，全国的な教育の機会均等と教育水準の維持向上を図るため，教育に関する施策を総合的に策定し，実施しなければならない。
③ 　地方公共団体は，その地域における教育の振興を図るため，その実情に応じた教育に関する施策を策定し，実施しなければならない。
④ 　国及び地方公共団体は，教育が円滑かつ継続的に実施されるよう，必要な財政上の措置を講じなければならない。
第17条（教育振興基本計画）　政府は，教育の振興に関する施策の総合的かつ計画的な推進を図るため，教育の振興に関する施策についての基本的な方針及び講ずべき施策その他必要な事項について，基本的な計画を定め，これを国会に報告するとともに，公表しなければならない。
② 　地方公共団体は，前項の計画を参酌し，その地域の実情に応じ，当該地方公共団

体における教育の振興のための施策に関する基本的な計画を定めるよう努めなければならない。
第4章　法令の制定
第18条　この法律に規定する諸条項を実施するため，必要な法令が制定されなければならない。
附則（抄）
（施行期日）
① この法律は，公布の日から施行する。

◆ 教育基本法（旧法）

　　　　昭和22年3月31日法律第25号
　われらは，さきに，日本国憲法を確定し，民主的で文化的な国家を建設して，世界の平和と人類の福祉に貢献しようとする決意を示した。この理想の実現は，根本において教育の力にまつべきものである。
　われらは，個人の尊厳を重んじ，真理と平和を希求する人間の育成を期するとともに，普遍的にしてしかも個性ゆたかな文化の創造をめざす教育を普及徹底しなければならない。
　ここに，日本国憲法の精神に則り，教育の目的を明示して，新しい日本の教育の基本を確立するため，この法律を制定する。
第1条（教育の目的）　教育は，人格の完成をめざし，平和的な国家及び社会の形成者として，真理と正義を愛し，個人の価値をたつとび，勤労と責任を重んじ，自主的精神に充ちた心身ともに健康な国民の育成を期して行われなければならない。
第2条（教育の方針）　教育の目的は，あらゆる機会に，あらゆる場所において実現されなければならない。この目的を達成するためには，学問の自由を尊重し，実際生活に即し，自発的精神を養い，自他の敬愛と協力によつて，文化の創造と発展に貢献するように努めなければならない。
第3条（教育の機会均等）　すべて国民は，ひとしく，その能力に応ずる教育を受ける機会を与えられなければならないものであつて，人種，信条，性別，社会的身分，経済的地位又は門地によつて，教育上差別されない。
❷　国及び地方公共団体は，能力があるにもかかわらず，経済的理由によつて修学困難な者に対して，奨学の方法を講じなければならない。
第4条（義務教育）　国民は，その保護する子女に，九年の普通教育を受けさせる義務を負う。
❷　国又は地方公共団体の設置する学校における義務教育については，授業料は，これを徴収しない。
第5条（男女共学）　男女は，互に敬重し，協力し合わなければならないものであつて，教育上男女の共学は，認められなければならない。
第6条（学校教育）　法律に定める学校は，公の性質をもつものであつて，国又は地方公共団体の外，法律に定める法人のみが，これを設置することができる。
❷　法律に定める学校の教員は，全体の奉仕者であつて，自己の使命を自覚し，その職責の遂行に努めなければならない。このためには，教員の身分は，尊重され，その待遇の適正が，期せられなければならない。

第7条（社会教育）　家庭教育及び勤労の場所その他社会において行われる教育は，国及び地方公共団体によつて奨励されなければならない。
❷　国及び地方公共団体は，図書館，博物館，公民館等の施設の設置，学校の施設の利用その他適当な方法によつて教育の目的の実現に努めなければならない。
第8条（政治教育）　良識ある公民たるに必要な政治的教養は，教育上これを尊重しなければならない。
❷　法律に定める学校は，特定の政党を支持し，又はこれに反対するための政治教育その他政治的活動をしてはならない。
第9条（宗教教育）　宗教に関する寛容の態度及び宗教の社会生活における地位は，教育上これを尊重しなければならない。
❷　国及び地方公共団体が設置する学校は，特定の宗教のための宗教教育その他宗教的活動をしてはならない。
第10条（教育行政）　教育は，不当な支配に服することなく，国民全体に対し直接に責任を負つて行われるべきものである。
❷　教育行政は，この自覚のもとに，教育の目的を遂行するに必要な諸条件の整備確立を目標として行われなければならない。
第11条（補則）　この法律に掲げる諸条項を実施するために必要がある場合には，適当な法令が制定されなければならない。
附則
この法律は，公布の日から，これを施行する。

◆ 学校教育法（抄）

　　昭和22年3月31日法律第26号
　　最終改正年月日：平成28年5月20日法律第47号

第1章　総則
第1条〔学校の範囲〕　この法律で，学校とは，幼稚園，小学校，中学校，義務教育学校，高等学校，中等教育学校，特別支援学校，大学及び高等専門学校とする。
第2条〔学校の設置者〕　学校は，国（国立大学法人法（平成15年法律第112号）第2条第1項に規定する国立大学法人及び独立行政法人国立高等専門学校機構を含む。以下同じ。），地方公共団体（地方独立行政法人法（平成15年法律第118号）第68条第1項に規定する公立大学法人を含む。次項において同じ。）及び私立学校法第3条に規定する学校法人（以下学校法人と称する。）のみが，これを設置することができる。
❷　この法律で，国立学校とは，国の設置する学校を，公立学校とは，地方公共団体の設置する学校を，私立学校とは，学校法人の設置する学校をいう。
第5条〔学校の管理・経費の負担〕　学校の設置者は，その設置する学校を管理し，法令に特別の定のある場合を除いては，その学校の経費を負担する。
第6条〔授業料の徴収〕　学校においては，授業料を徴収することができる。ただし，国立又は公立の小学校及び中学校，中等教育学校の前期課程又は特別支援学校の小学部及び中学部における義務教育については，これを徴収することができない。
第11条〔学生・生徒等の懲戒〕　校長及び教員は，教育上必要があると認めるとき

は，文部科学大臣の定めるところにより，児童，生徒及び学生に懲戒を加えることができる。ただし，体罰を加えることはできない。

第2章 義務教育

第16条〔義務教育年限〕　保護者（子に対して親権を行う者（親権を行う者のないときは，未成年後見人）をいう。以下同じ。）は，次条に定めるところにより，子に9年の普通教育を受けさせる義務を負う。

第17条　保護者は，子の満6歳に達した日の翌日以後における最初の学年の初めから，満12歳に達した日の属する学年の終わりまで，これを小学校，義務教育学校の前期課程又は特別支援学校の小学部に就学させる義務を負う。ただし，子が，満12歳に達した日の属する学年の終わりまでに小学校の課程，義務教育学校の前期課程又は特別支援学校の小学部の課程を修了しないときは，満15歳に達した日の属する学年の終わり（それまでの間においてこれらの課程を修了したときは，その修了した日の属する学年の終わり）までとする。

❷　保護者は，子が小学校の課程，義務教育学校の前期課程又は特別支援学校の小学部の課程を修了した日の翌日以後における最初の学年の初めから，満15歳に達した日の属する学年の終わりまで，これを中学校，義務教育学校の後期課程，中等教育学校の前期課程又は特別支援学校の中学部に就学させる義務を負う。

第18条〔病弱等による就学義務の猶予・免除〕　前条第1項又は第2項の規定によつて，保護者が就学させなければならない子（以下それぞれ「学齢児童」又は「学齢生徒」という。）で，病弱，発育不完全その他やむを得ない事由のため，就学困難と認められる者の保護者に対しては，市町村の教育委員会は，文部科学大臣の定めるところにより，同条第1項又は第2項の義務を猶予又は免除することができる。

第19条〔経済的就学困難への援助義務〕　経済的理由によつて，就学困難と認められる学齢児童又は学齢生徒の保護者に対しては，市町村は，必要な援助を与えなければならない。

第21条　義務教育として行われる普通教育は，教育基本法（平成18年法律第120号）第5条第2項に規定する目的を実現するため，次に掲げる目標を達成するよう行われるものとする。

① 学校内外における社会的活動を促進し，自主，自律及び協同の精神，規範意識，公正な判断力並びに公共の精神に基づき主体的に社会の形成に参画し，その発展に寄与する態度を養うこと。

② 学校内外における自然体験活動を促進し，生命及び自然を尊重する精神並びに環境の保全に寄与する態度を養うこと。

③ 我が国と郷土の現状と歴史について，正しい理解に導き，伝統と文化を尊重し，それらをはぐくんできた我が国と郷土を愛する態度を養うとともに，進んで外国の文化の理解を通じて，他国を尊重し，国際社会の平和と発展に寄与する態度を養うこと。

④ 家族と家庭の役割，生活に必要な衣，食，住，情報，産業その他の事項について基礎的な理解と技能を養うこと。

⑤ 読書に親しませ，生活に必要な国語を正しく理解し，使用する基礎的な能力を養うこと。

⑥ 生活に必要な数量的な関係を正しく理解し，処理する基礎的な能力を養うこ

と。
　7　生活にかかわる自然現象について，観察及び実験を通じて，科学的に理解し，処理する基礎的な能力を養うこと。
　8　健康，安全で幸福な生活のために必要な習慣を養うとともに，運動を通じて体力を養い，心身の調和的発達を図ること。
　9　生活を明るく豊かにする音楽，美術，文芸その他の芸術について基礎的な理解と技能を養うこと。
　10　職業についての基礎的な知識と技能，勤労を重んずる態度及び個性に応じて将来の進路を選択する能力を養うこと。

第3章　幼稚園

第22条〔幼稚園の目的〕　幼稚園は，義務教育及びその後の教育の基礎を培うものとして，幼児を保育し，幼児の健やかな成長のために適当な環境を与えて，その心身の発達を助長することを目的とする。

第23条〔幼稚園教育の目標〕　幼稚園における教育は，前条に規定する目的を実現するため，次に掲げる目標を達成するよう行われるものとする。
　1　健康，安全で幸福な生活のために必要な基本的な習慣を養い，身体諸機能の調和的発達を図ること。
　2　集団生活を通じて，喜んでこれに参加する態度を養うとともに家族や身近な人への信頼感を深め，自主，自律及び協同の精神並びに規範意識の芽生えを養うこと。
　3　身近な社会生活，生命及び自然に対する興味を養い，それらに対する正しい理解と態度及び思考力の芽生えを養うこと。
　4　日常の会話や，絵本，童話等に親しむことを通じて，言葉の使い方を正しく導くとともに，相手の話を理解しようとする態度を養うこと。
　5　音楽，身体による表現，造形等に親しむことを通じて，豊かな感性と表現力の芽生えを養うこと。

第27条　幼稚園には，園長，教頭及び教諭を置かなければならない。
❷　幼稚園には，前項に規定するもののほか，副園長，主幹教諭，指導教諭，養護教諭，栄養教諭，事務職員，養護助教諭その他必要な職員を置くことができる。
❸　第一項の規定にかかわらず，副園長を置くときその他特別の事情のあるときは，教頭を置かないことができる。
❹　園長は，園務をつかさどり，所属職員を監督する。
❺　副園長は，園長を助け，命を受けて園務をつかさどる。
❻　教頭は，園長（副園長を置く幼稚園にあつては，園長及び副園長）を助け，園務を整理し，及び必要に応じ幼児の保育をつかさどる。
❼　主幹教諭は，園長（副園長を置く幼稚園にあつては，園長及び副園長）及び教頭を助け，命を受けて園務の一部を整理し，並びに幼児の保育をつかさどる。
❽　指導教諭は，幼児の保育をつかさどり，並びに教諭その他の職員に対して，保育の改善及び充実のために必要な指導及び助言を行う。
❾　教諭は，幼児の保育をつかさどる。
❿　特別の事情のあるときは，第1項の規定にかかわらず，教諭に代えて助教諭又は講師を置くことができる。
⓫　学校の実情に照らし必要があると認めるときは，第7項の規定にかかわらず，

園長（副園長を置く幼稚園にあつては，園長及び副園長）及び教頭を助け，命を受けて園務の一部を整理し，並びに幼児の養護又は栄養の指導及び管理をつかさどる主幹教諭を置くことができる。

第4章　小学校

第29条〔小学校の目的〕　小学校は，心身の発達に応じて，義務教育として行われる普通教育のうち基礎的なものを施すことを目的とする。

第30条〔小学校教育の目標〕　小学校における教育は，前条に規定する目的を実現するために必要な程度において第21条各号に掲げる目標を達成するよう行われるものとする。

❷　前項の場合においては，生涯にわたり学習する基盤が培われるよう，基礎的な知識及び技能を習得させるとともに，これらを活用して課題を解決するために必要な思考力，判断力，表現力その他の能力をはぐくみ，主体的に学習に取り組む態度を養うことに，特に意を用いなければならない。

第34条〔教科用図書・教材〕　小学校においては，文部科学大臣の検定を経た教科用図書又は文部科学省が著作の名義を有する教科用図書を使用しなければならない。

❷　前項の教科用図書以外の図書その他の教材で，有益適切なものは，これを使用することができる。

❸　（略）

第35条〔児童の出席停止〕　市町村の教育委員会は，次に掲げる行為の一又は二以上を繰り返し行う等性行不良であつて他の児童の教育に妨げがあると認める児童があるときは，その保護者に対して，児童の出席停止を命ずることができる。

1　他の児童に傷害，心身の苦痛又は財産上の損失を与える行為
2　職員に傷害，心身の苦痛を与える行為
3　施設又は設備を損壊する行為
4　授業その他の教育活動の実施を妨げる行為

❷　（以下略）

第37条〔職員〕　小学校には，校長，教頭，教諭，養護教諭及び事務職員を置かなければならない。

❷　小学校には，前項に規定するもののほか，副校長，主幹教諭，指導教諭，栄養教諭その他必要な職員を置くことができる。

❸　第1項の規定にかかわらず，副校長を置くときその他特別の事情のあるときは教頭を，養護をつかさどる主幹教諭を置くときは養護教諭を，特別の事情のあるときは事務職員を，それぞれ置かないことができる。

❹　校長は，校務をつかさどり，所属職員を監督する。

❺　副校長は，校長を助け，命を受けて校務をつかさどる。

❻　副校長は，校長に事故があるときはその職務を代理し，校長が欠けたときはその職務を行う。この場合において，副校長が二人以上あるときは，あらかじめ校長が定めた順序で，その職務を代理し，又は行う。

❼　教頭は，校長（副校長を置く小学校にあつては，校長及び副校長）を助け，校務を整理し，及び必要に応じ児童の教育をつかさどる。

❽　教頭は，校長（副校長を置く小学校にあつては，校長及び副校長）に事故があるときは校長の職務を代理し，校長（副校長を置く小学校にあつては，校長及び副校

長）が欠けたときは校長の職務を行う。この場合において，教頭が二人以上あるときは，あらかじめ校長が定めた順序で，校長の職務を代理し，又は行う。
❾ 主幹教諭は，校長（副校長を置く小学校にあつては，校長及び副校長）及び教頭を助け，命を受けて校務の一部を整理し，並びに児童の教育をつかさどる。
❿ 指導教諭は，児童の教育をつかさどり，並びに教諭その他の職員に対して，教育指導の改善及び充実のために必要な指導及び助言を行う。
⓫ 教諭は，児童の教育をつかさどる。
⓬ 養護教諭は，児童の養護をつかさどる。
⓭ 栄養教諭は，児童の栄養の指導及び管理をつかさどる。
⓮ 事務職員は，事務に従事する。
⓯ 助教諭は，教諭の職務を助ける。
⓰ 講師は，教諭又は助教諭に準ずる職務に従事する。
⓱ 養護助教諭は，養護教諭の職務を助ける。
⓲ 特別の事情のあるときは，第1項の規定にかかわらず，教諭に代えて助教諭又は講師を，養護教諭に代えて養護助教諭を置くことができる。
⓳ 学校の実情に照らし必要があると認めるときは，第9項の規定にかかわらず，校長（副校長を置く小学校にあつては，校長及び副校長）及び教頭を助け，命を受けて校務の一部を整理し，並びに児童の養護又は栄養の指導及び管理をつかさどる主幹教諭を置くことができる。

第5章　中学校

第45条〔中学校の目的〕　中学校は，小学校における教育の基礎の上に，心身の発達に応じて，義務教育として行われる普通教育を施すことを目的とする。

第46条〔中学校教育の目標〕　中学校における教育は，前条に規定する目的を実現するため，第21条各号に掲げる目標を達成するよう行われるものとする。

第49条〔準用規定〕　第30条第2項，第31条，第34条，第35条及び第37条から第44条までの規定は，中学校に準用する。この場合において，第30条第2項中「前項」とあるのは「第46条」と，第31条中「前条第1項」とあるのは「第46条」と読み替えるものとする。

第49条の2　義務教育学校は，心身の発達に応じて，義務教育として行われる普通教育を基礎的なものから一貫して施すことを目的とする。

第49条の3　義務教育学校における教育は，前条に規定する目的を実現するため，第21条各号に掲げる目標を達成するよう行われるものとする。

第49条の4　義務教育学校の修業年限は，九年とする。

第49条の5　義務教育学校の課程は，これを前期六年の前期課程及び後期三年の後期課程に区分する。

第49条の6　義務教育学校の前期課程における教育は，第49条の2に規定する目的のうち，心身の発達に応じて，義務教育として行われる普通教育のうち基礎的なものを施すことを実現するために必要な程度において第21条各号に掲げる目標を達成するよう行われるものとする。

❷ 義務教育学校の後期課程における教育は，第49条の2に規定する目的のうち，前期課程における教育の基礎の上に，心身の発達に応じて，義務教育として行われる普通教育を施すことを実現するため，第21条各号に掲げる目標を達成するよう行われるものとする。

第49条の7　（略）
第49条の8　（略）

第6章　高等学校

第50条〔高等学校の目的〕　高等学校は，中学校における教育の基礎の上に，心身の発達及び進路に応じて，高度な普通教育及び専門教育を施すことを目的とする。

第51条〔高等学校教育の目標〕　高等学校における教育は，前条に規定する目的を実現するため，次に掲げる目標を達成するよう行われるものとする。

1　義務教育として行われる普通教育の成果を更に発展拡充させて，豊かな人間性，創造性及び健やかな身体を養い，国家及び社会の形成者として必要な資質を養うこと。

2　社会において果たさなければならない使命の自覚に基づき，個性に応じて将来の進路を決定させ，一般的な教養を高め，専門的な知識，技術及び技能を習得させること。

3　個性の確立に努めるとともに，社会について，広く深い理解と健全な批判力を養い，社会の発展に寄与する態度を養うこと。

第53条〔定時制の課程〕　高等学校には，全日制の課程のほか，定時制の課程を置くことができる。

❷　（略）

第54条〔通信制の課程〕　高等学校には，全日制の課程又は定時制の課程のほか，通信制の課程を置くことができる。

❷　（以下略）

第7章　中等教育学校

第63条〔中等教育学校の目的〕　中等教育学校は，小学校における教育の基礎の上に，心身の発達及び進路に応じて，義務教育として行われる普通教育並びに高度な普通教育及び専門教育を一貫して施すことを目的とする。

第64条〔中等教育学校の目標〕　中等教育学校における教育は，前条に規定する目的を実現するため，次に掲げる目標を達成するよう行われるものとする。

1　豊かな人間性，創造性及び健やかな身体を養い，国家及び社会の形成者として必要な資質を養うこと。

2　社会において果たさなければならない使命の自覚に基づき，個性に応じて将来の進路を決定させ，一般的な教養を高め，専門的な知識，技術及び技能を習得させること。

3　個性の確立に努めるとともに，社会について，広く深い理解と健全な批判力を養い，社会の発展に寄与する態度を養うこと。

第65条〔修業年限〕　中等教育学校の修業年限は，六年とする。

第66条〔課程〕　中等教育学校の課程は，これを前期三年の前期課程及び後期三年の後期課程に区分する。

第8章　特別支援教育

第72条〔特別支援学校の目的〕　特別支援学校は，視覚障害者，聴覚障害者，知的障害者，肢体不自由者又は病弱者（身体虚弱者を含む。以下同じ。）に対して，幼稚園，小学校，中学校又は高等学校に準ずる教育を施すとともに，障害による学習上又は生活上の困難を克服し自立を図るために必要な知識技能を授けることを目的とする。

第76条〔小学部・中学部の設置義務と幼稚部・高等部〕　特別支援学校には，小学部及び中学部を置かなければならない。ただし，特別の必要のある場合においては，そのいずれかのみを置くことができる。

❷　特別支援学校には，小学部及び中学部のほか，幼稚部又は高等部を置くことができ，また，特別の必要のある場合においては，前項の規定にかかわらず，小学部及び中学部を置かないで幼稚部又は高等部のみを置くことができる。

第9章　大学

第83条〔大学の目的〕　大学は，学術の中心として，広く知識を授けるとともに，深く専門の学芸を教授研究し，知的，道徳的及び応用的能力を展開させることを目的とする。

❷　大学は，その目的を実現するための教育研究を行い，その成果を広く社会に提供することにより，社会の発展に寄与するものとする。

第10章　高等専門学校

第115条〔高等専門学校の目的〕　高等専門学校は，深く専門の学芸を教授し，職業に必要な能力を育成することを目的とする。

❷　高等専門学校は，その目的を実現するための教育を行い，その成果を広く社会に提供することにより，社会の発展に寄与するものとする。

第11章　専修学校

第124条〔専修学校の目的等〕　第1条に掲げるもの以外の教育施設で，職業若しくは実際生活に必要な能力を育成し，又は教養の向上を図ることを目的として次の各号に該当する組織的な教育を行うもの（当該教育を行うにつき他の法律に特別の規定があるもの及び我が国に居住する外国人を専ら対象とするものを除く。）は，専修学校とする。

1　修業年限が一年以上であること。
2　授業時数が文部科学大臣の定める授業時数以上であること。
3　教育を受ける者が常時四十人以上であること。

第125条〔課程〕　専修学校には，高等課程，専門課程又は一般課程を置く。

❷　専修学校の高等課程においては，中学校若しくはこれに準ずる学校を卒業した者若しくは中等教育学校の前期課程を修了した者又は文部科学大臣の定めるところによりこれと同等以上の学力があると認められた者に対して，中学校における教育の基礎の上に，心身の発達に応じて前条の教育を行うものとする。

❸　専修学校の専門課程においては，高等学校若しくはこれに準ずる学校若しくは中等教育学校を卒業した者又は文部科学大臣の定めるところによりこれに準ずる学力があると認められた者に対して，高等学校における教育の基礎の上に，前条の教育を行うものとする。

❹　専修学校の一般課程においては，高等課程又は専門課程の教育以外の前条の教育を行うものとする。

第126条〔高等課程，専門課程の名称〕　高等課程を置く専修学校は，高等専修学校と称することができる。

❷　専門課程を置く専修学校は，専門学校と称することができる。

第12章　雑則

第134条〔各種学校〕　第1条に掲げるもの以外のもので，学校教育に類する教育を行うもの（当該教育を行うにつき他の法律に特別の規定があるもの及び第124

条に規定する専修学校の教育を行うものを除く。）は，各種学校とする。

❷　（以下略）

◆ 教育職員免許法（抄）

　　　　昭和24年5月31日法律第147号
　　　　最終改正年月日：平成28年11月28日法律第87号
第1章　総則
第1条（この法律の目的）　　この法律は，教育職員の免許に関する基準を定め，教育職員の資質の保持と向上を図ることを目的とする。
第2条（定義）　　この法律において「教育職員」とは，学校（学校教育法（昭和22年法律第26号）第1条に規定する幼稚園，小学校，中学校，義務教育学校，高等学校，中等教育学校及び特別支援学校（第3項において「第1条学校」という。）並びに就学前の子どもに関する教育，保育等の総合的な提供の推進に関する法律（平成18年法律第77号）第2条第7項に規定する幼保連携型認定こども園（以下「幼保連携型認定こども園」という。）をいう。以下同じ。）の主幹教諭（幼保連携型認定こども園の主幹養護教諭及び主幹栄養教諭を含む。以下同じ。），指導教諭，教諭，助教諭，養護教諭，養護助教諭，栄養教諭，主幹保育教諭，指導保育教諭，保育教諭，助保育教諭及び講師（以下「教員」という。）をいう。
②以下　（略）
第3条（免許）　　教育職員は，この法律により授与する各相当の免許状を有する者でなければならない。
②　前項の規定にかかわらず，主幹教諭（養護又は栄養の指導及び管理をつかさどる主幹教諭を除く。）及び指導教諭については各相当学校の教諭の免許状を有する者を，養護をつかさどる主幹教諭については養護教諭の免許状を有する者を，栄養の指導及び管理をつかさどる主幹教諭については栄養教諭の免許状を有する者を，講師については各相当学校の教員の相当免許状を有する者を，それぞれ充てるものとする。
③　特別支援学校の教員（養護又は栄養の指導及び管理をつかさどる主幹教諭，養護教諭，養護助教諭，栄養教諭並びに特別支援学校において自立教科等の教授を担任する教員を除く。）については，第1項の規定にかかわらず，特別支援学校の教員の免許状のほか，特別支援学校の各部に相当する学校の教員の免許状を有する者でなければならない。
④　義務教育学校の教員（養護又は栄養の指導及び管理をつかさどる主幹教諭，養護教諭，養護助教諭並びに栄養教諭を除く。）については，第1項の規定にかかわらず，小学校の教員の免許状及び中学校の教員の免許状を有する者でなければならない。
⑤　中等教育学校の教員（養護又は栄養の指導及び管理をつかさどる主幹教諭，養護教諭，養護助教諭並びに栄養教諭を除く。）については，第1項の規定にかかわらず，中学校の教員の免許状及び高等学校の教員の免許状を有する者でなければならない。
⑥　幼保連携型認定こども園の教員の免許については，第1項の規定にかかわらず，就学前の子どもに関する教育，保育等の総合的な提供の推進に関する法律の定める

ところによる。
第3条の2（免許状を要しない非常勤の講師）（略）
第2章　免許状
第4条（種類）　免許状は，普通免許状，特別免許状及び臨時免許状とする。
② 　普通免許状は，学校（義務教育学校，中等教育学校及び幼保連携型認定こども園を除く。）の種類ごとの教諭の免許状，養護教諭の免許状及び栄養教諭の免許状とし，それぞれ専修免許状，一種免許状及び二種免許状（高等学校教諭の免許状にあつては，専修免許状及び一種免許状）に区分する。
③ 　特別免許状は，学校（幼稚園，義務教育学校，中等教育学校及び幼保連携型認定こども園を除く。）の種類ごとの教諭の免許状とする。
④ 　臨時免許状は，学校（義務教育学校，中等教育学校及び幼保連携型認定こども園を除く。）の種類ごとの助教諭の免許状及び養護助教諭の免許状とする。
⑤以下（略）
第4条の2　特別支援学校の教員の普通免許状及び臨時免許状は，一又は二以上の特別支援教育領域について授与するものとする。
② 　特別支援学校において専ら自立教科等の教授を担任する教員の普通免許状及び臨時免許状は，前条第2項の規定にかかわらず，文部科学省令で定めるところにより，障害の種類に応じて文部科学省令で定める自立教科等について授与するものとする。
③ 　特別支援学校教諭の特別免許状は，前項の文部科学省令で定める自立教科等について授与するものとする。
第9条（効力）　普通免許状は，その授与の日の翌日から起算して十年を経過する日の属する年度の末日まで，すべての都道府県（中学校及び高等学校の教員の宗教の教科についての免許状にあつては，国立学校又は公立学校の場合を除く。次項及び第3項において同じ。）において効力を有する。
② 　特別免許状は，その授与の日の翌日から起算して十年を経過する日の属する年度の末日まで，その免許状を授与した授与権者の置かれる都道府県においてのみ効力を有する。
③ 　臨時免許状は，その免許状を授与したときから三年間，その免許状を授与した授与権者の置かれる都道府県においてのみ効力を有する。
④ 　（以下略）
第9条の2（有効期間の更新及び延長）　免許管理者は，普通免許状又は特別免許状の有効期間を，その満了の際，その免許状を有する者の申請により更新することができる。
② 　（以下略）
第9条の3（免許状更新講習）　免許状更新講習は，大学その他文部科学省令で定める者が，次に掲げる基準に適合することについての文部科学大臣の認定を受けて行う。(以下略)
② 　前項に規定する免許状更新講習（以下単に「免許状更新講習」という。）の時間は，三十時間以上とする。
③ 　（以下略）
第9条の5（二種免許状を有する者の一種免許状の取得に係る努力義務）　教育職員で，その有する相当の免許状（主幹教諭（養護又は栄養の指導及び管理をつかさ

どる主幹教諭を除く。）及び指導教諭についてはその有する相当学校の教諭の免許状，養護をつかさどる主幹教諭についてはその有する養護教諭の免許状，栄養の指導及び管理をつかさどる主幹教諭についてはその有する栄養教諭の免許状，講師についてはその有する相当学校の教員の相当免許状）が二種免許状であるものは，相当の一種免許状の授与を受けるように努めなければならない。

第3章　免許状の失効及び取上げ

第10条（失効）　　免許状を有する者が，次の各号のいずれかに該当する場合には，その免許状はその効力を失う。
　① 第5条第1項第3号，第4号又は第7号に該当するに至つたとき。
　② 公立学校の教員であつて懲戒免職の処分を受けたとき。
　③ 公立学校の教員（地方公務員法（昭和25年法律第261号）第29条の2第1項各号に掲げる者に該当する者を除く。）であつて同法第28条第1項第1号又は第3号に該当するとして分限免職の処分を受けたとき。
②　（略）

第11条（取上げ）　　国立学校又は私立学校の教員が，前条第1項第2号に規定する者の場合における懲戒免職の事由に相当する事由により解雇されたと認められるときは，免許管理者は，その免許状を取り上げなければならない。
②　免許状を有する者が，次の各号のいずれかに該当する場合には，免許管理者は，その免許状を取り上げなければならない。
　① 国立学校又は私立学校の教員（地方公務員法第29条の2第1項各号に掲げる者に相当する者を含む。）であつて，前条第1項第3号に規定する者の場合における同法第28条第1項第1号又は第3号に掲げる分限免職の事由に相当する事由により解雇されたと認められるとき。
　② 地方公務員法第29条の2第1項各号に掲げる者に該当する公立学校の教員であつて，前条第1項第3号に規定する者の場合における同法第28条第1項第1号又は第3号に掲げる分限免職の事由に相当する事由により免職の処分を受けたと認められるとき。
③　免許状を有する者（教育職員以外の者に限る。）が，法令の規定に故意に違反し，又は教育職員たるにふさわしくない非行があつて，その情状が重いと認められるときは，免許管理者は，その免許状を取り上げることができる。
④　（以下略）

第4章　雑則

第16条の2（免許状授与の特例）　　普通免許状は，第5条第1項の規定によるほか，普通免許状の種類に応じて文部科学大臣又は文部科学大臣が委嘱する大学の行なう試験（以下「教員資格認定試験」という。）に合格した者で同項各号に該当しないものに授与する。
②　（以下略）

◆ 教育公務員特例法（抄）

昭和24年1月12日法律第1号
最終改正年月日：平成28年11月28日法律第87号

第1章　総則

第1条（この法律の趣旨）　この法律は，教育を通じて国民全体に奉仕する教育公務員の職務とその責任の特殊性に基づき，教育公務員の任免，給与，分限，懲戒，服務及び研修等について規定する。

第2条（定義）　この法律において「教育公務員」とは，地方公務員のうち，学校（学校教育法（昭和22年法律第26号）第1条に規定する学校及び就学前の子どもに関する教育，保育等の総合的な提供の推進に関する法律（平成18年法律第77号）第2条第7項に規定する幼保連携型認定こども園（以下「幼保連携型認定こども園」という。）をいう。以下同じ。）であつて地方公共団体が設置するもの（以下「公立学校」という。）の学長，校長（園長を含む。以下同じ。），教員及び部局長並びに教育委員会の専門的教育職員をいう。

② この法律において「教員」とは，公立学校の教授，准教授，助教，副校長（副園長を含む。以下同じ。），教頭，主幹教諭（幼保連携型認定こども園の主幹養護教諭及び主幹栄養教諭を含む。以下同じ。），指導教諭，教諭，助教諭，養護教諭，養護助教諭，栄養教諭，主幹保育教諭，指導保育教諭，保育教諭，助保育教諭及び講師（常時勤務の者及び地方公務員法（昭和25年法律第261号）第28条の5第1項に規定する短時間勤務の職を占める者に限る。第23条第2項を除き，以下同じ。）をいう。

③ （略）

④ （略）

⑤ この法律で「専門的教育職員」とは，指導主事及び社会教育主事をいう。

第2章　任免，給与，分限及び懲戒

第11条（採用及び昇任の方法）　公立学校の校長の採用（現に校長の職以外の職に任命されている者を校長の職に任命する場合を含む。）並びに教員の採用（現に教員の職以外の職に任命されている者を教員の職に任命する場合を含む。以下この条において同じ。）及び昇任（採用に該当するものを除く。）は，選考によるものとし，その選考は，大学附置の学校にあつては当該大学の学長が，大学附置の学校以外の公立学校（幼保連携型認定こども園を除く。）にあつてはその校長及び教員の任命権者である教育委員会の教育長が，大学附置の学校以外の公立学校（幼保連携型認定こども園に限る。）にあつてはその校長及び教員の任命権者である地方公共団体の長が行う。

第12条（条件附任用）　公立の小学校，中学校，義務教育学校，高等学校，中等教育学校，特別支援学校，幼稚園及び幼保連携型認定こども園（以下「小学校等」という。）の教諭，助教諭，保育教諭，助保育教諭及び講師（以下「教諭等」という。）に係る地方公務員法第22条第1項に規定する採用については，同項中「六月」とあるのは「一年」として同項の規定を適用する。

② （略）

第3章　服務

第17条（兼職及び他の事業等の従事）　教育公務員は，教育に関する他の職を兼

ね，又は教育に関する他の事業若しくは事務に従事することが本務の遂行に支障がないと任命権者（地方教育行政の組織及び運営に関する法律第37条第1項に規定する県費負担教職員については，市町村（特別区を含む。以下同じ。）の教育委員会。第23条第2項及び第24条第2項において同じ。）において認める場合には，給与を受け，又は受けないで，その職を兼ね，又はその事業若しくは事務に従事することができる。
② （略）
第18条（公立学校の教育公務員の政治的行為の制限）　公立学校の教育公務員の政治的行為の制限については，当分の間，地方公務員法第36条の規定にかかわらず，国家公務員の例による。
② （略）
第4章　研修
第21条（研修）　教育公務員は，その職責を遂行するために，絶えず研究と修養に努めなければならない。
② 教育公務員の任命権者は，教育公務員の研修について，それに要する施設，研修を奨励するための方途その他研修に関する計画を樹立し，その実施に努めなければならない。
第22条（研修の機会）　教育公務員には，研修を受ける機会が与えられなければならない。
② 教員は，授業に支障のない限り，本属長の承認を受けて，勤務場所を離れて研修を行うことができる。
③ 教育公務員は，任命権者の定めるところにより，現職のままで，長期にわたる研修を受けることができる。
第23条（初任者研修）　公立の小学校等の教諭等の任命権者は，当該教諭等（政令で指定する者を除く。）に対して，その採用（現に教諭等の職以外の職に任命されている者を教諭等の職に任命する場合を含む。附則第4条第1項において同じ。）の日から一年間の教諭又は保育教諭の職務の遂行に必要な事項に関する実践的な研修（以下「初任者研修」という。）を実施しなければならない。
② 任命権者は，初任者研修を受ける者（次項において「初任者」という。）の所属する学校の副校長，教頭，主幹教諭（養護又は栄養の指導及び管理をつかさどる主幹教諭を除く。），指導教諭，教諭，主幹保育教諭，指導保育教諭，保育教諭又は講師のうちから，指導教員を命じるものとする。
③ 指導教員は，初任者に対して教諭又は保育教諭の職務の遂行に必要な事項について指導及び助言を行うものとする。
第24条（中堅教諭等資質向上研修）　公立の小学校等の教諭等の任命権者は，当該教諭等に対して，個々の能力，適性等に応じて，公立の小学校等における教育に関し相当の経験を有し，その教育活動その他の学校運営の円滑かつ効果的な実施において中核的な役割を果たすことが期待される中堅教諭等としての職務を遂行する上で必要とされる資質の向上を図るために必要な事項に関する研修（中堅教諭等資質向上研修）を実施しなければならない。
第25条の2（指導改善研修）　公立の小学校等の教諭等の任命権者は，児童，生徒又は幼児（以下「児童等」という。）に対する指導が不適切であると認定した教諭等に対して，その能力，適性等に応じて，当該指導の改善を図るために必要な事項

に関する研修（以下「指導改善研修」という。）を実施しなければならない。
② 指導改善研修の期間は，一年を超えてはならない。ただし，特に必要があると認めるときは，任命権者は，指導改善研修を開始した日から引き続き二年を超えない範囲内で，これを延長することができる。
③ （以下略）

第5章 大学院修学休業

第26条（大学院修学休業の許可及びその要件等）　公立の小学校等の主幹教諭，指導教諭，教諭，養護教諭，栄養教諭，主幹保育教諭，指導保育教諭，保育教諭又は講師（以下「主幹教諭等」という。）で次の各号のいずれにも該当するものは，任命権者の許可を受けて，三年を超えない範囲内で年を単位として定める期間，大学（短期大学を除く。）の大学院の課程若しくは専攻科の課程又はこれらの課程に相当する外国の大学の課程（次項及び第28条第2項において「大学院の課程等」という。）に在学してその課程を履修するための休業（以下「大学院修学休業」という。）をすることができる。

1. 主幹教諭（養護又は栄養の指導及び管理をつかさどる主幹教諭を除く。），指導教諭，教諭，主幹保育教諭，指導保育教諭，保育教諭又は講師にあつては教育職員免許法（昭和24年法律第147号）に規定する教諭の専修免許状，養護をつかさどる主幹教諭又は養護教諭にあつては同法に規定する養護教諭の専修免許状，栄養の指導及び管理をつかさどる主幹教諭又は栄養教諭にあつては同法に規定する栄養教諭の専修免許状の取得を目的としていること。
2. 取得しようとする専修免許状に係る基礎となる免許状（教育職員免許法に規定する教諭の一種免許状若しくは特別免許状，養護教諭の一種免許状又は栄養教諭の一種免許状であつて，同法別表第3，別表第5，別表第6，別表第6の2又は別表第7の規定により専修免許状の授与を受けようとする場合には有することを必要とされるものをいう。次号において同じ。）を有していること。
3. 取得しようとする専修免許状に係る基礎となる免許状について，教育職員免許法別表第3，別表第5，別表第6，別表第6の2又は別表第7に定める最低在職年数を満たしていること。
4. 条件付採用期間中の者，臨時的に任用された者，初任者研修を受けている者その他政令で定める者でないこと。

② 大学院修学休業の許可を受けようとする主幹教諭等は，取得しようとする専修免許状の種類，在学しようとする大学院の課程等及び大学院修学休業をしようとする期間を明らかにして，任命権者に対し，その許可を申請するものとする。

◆ 地方教育行政の組織及び運営に関する法律（抄）

昭和31年6月30日法律第162号
最終改正年月日：平成28年11月28日法律第87号

第1章　総則

第1条（この法律の趣旨）　この法律は，教育委員会の設置，学校その他の教育機関の職員の身分取扱その他地方公共団体における教育行政の組織及び運営の基本を定めることを目的とする。

第1条の2（基本理念）　地方公共団体における教育行政は，教育基本法（平成18

年法律第120号）の趣旨にのつとり，教育の機会均等，教育水準の維持向上及び地域の実情に応じた教育の振興が図られるよう，国との適切な役割分担及び相互の協力の下，公正かつ適正に行われなければならない。

第1条の3（大綱の策定等）　地方公共団体の長は，教育基本法第17条第1項に規定する基本的な方針を参酌し，その地域の実情に応じ，当該地方公共団体の教育，学術及び文化の振興に関する総合的な施策の大綱（以下単に「大綱」という。）を定めるものとする。

② 地方公共団体の長は，大綱を定め，又はこれを変更しようとするときは，あらかじめ，次条第1項の総合教育会議において協議するものとする。

③，④　（略）

第1条の4（総合教育会議）　地方公共団体の長は，大綱の策定に関する協議及び次に掲げる事項についての協議並びにこれらに関する次項各号に掲げる構成員の事務の調整を行うため，総合教育会議を設けるものとする。
  1　教育を行うための諸条件の整備その他の地域の実情に応じた教育，学術及び文化の振興を図るため重点的に講ずべき施策
  2　児童，生徒等の生命又は身体に現に被害が生じ，又はまさに被害が生ずるおそれがあると見込まれる場合等の緊急の場合に講ずべき措置

② 総合教育会議は，次に掲げる者をもつて構成する。
  1　地方公共団体の長
  2　教育委員会

③ 総合教育会議は，地方公共団体の長が招集する。

④以下　（略）

第2章　教育委員会の設置及び組織

第3条（組織）　教育委員会は，教育長及び四人の委員をもつて組織する。ただし，条例で定めるところにより，都道府県若しくは市又は地方公共団体の組合のうち都道府県若しくは市が加入するものの教育委員会にあつては教育長及び五人以上の委員，町村又は地方公共団体の組合のうち町村のみが加入するものの教育委員会にあつては教育長及び二人以上の委員をもつて組織することができる。

第4条（任命）　教育長は，当該地方公共団体の長の被選挙権を有する者で，人格が高潔で，教育行政に関し識見を有するもののうちから，地方公共団体の長が，議会の同意を得て，任命する。

② 委員は，当該地方公共団体の長の被選挙権を有する者で，人格が高潔で，教育，学術及び文化（以下単に「教育」という。）に関し識見を有するもののうちから，地方公共団体の長が，議会の同意を得て，任命する。

③ 次の各号のいずれかに該当する者は，教育長又は委員となることができない。
  1　破産手続開始の決定を受けて復権を得ない者
  2　禁錮以上の刑に処せられた者

④ 教育長及び委員の任命については，そのうち委員の定数に一を加えた数の二分の一以上の者が同一の政党に所属することとなつてはならない。

⑤ 地方公共団体の長は，第2項の規定による委員の任命に当たつては，委員の年齢，性別，職業等に著しい偏りが生じないように配慮するとともに，委員のうちに保護者（親権を行う者及び未成年後見人をいう。第47条の5第2項において同じ。）である者が含まれるようにしなければならない。

第5条（任期）　教育長の任期は三年とし，委員の任期は四年とする。ただし，補欠の教育長又は委員の任期は，前任者の残任期間とする。
② 教育長及び委員は，再任されることができる。
第12条（委員長）削除
第13条（教育長）　教育長は，教育委員会の会務を総理し，教育委員会を代表する。
② 教育長に事故があるとき，又は教育長が欠けたときは，あらかじめその指名する委員がその職務を行う。
第16条（教育長）削除
第17条（教育長の職務）削除
第18条（指導主事その他の職員）　都道府県に置かれる教育委員会（以下「都道府県委員会」という。）の事務局に，指導主事，事務職員及び技術職員を置くほか，所要の職員を置く。
② 市町村に置かれる教育委員会（以下「市町村委員会」という。）の事務局に，前項の規定に準じて指導主事その他の職員を置く。
③ 指導主事は，上司の命を受け，学校（学校教育法（昭和22年法律第26号）第1条に規定する学校及び就学前の子どもに関する教育，保育等の総合的な提供の推進に関する法律（平成18年法律第77号）第2条第7項に規定する幼保連携型認定こども園（以下「幼保連携型認定こども園」という。）をいう。以下同じ。）における教育課程，学習指導その他学校教育に関する専門的事項の指導に関する事務に従事する。
④ 指導主事は，教育に関し識見を有し，かつ，学校における教育課程，学習指導その他学校教育に関する専門的事項について教養と経験がある者でなければならない。指導主事は，大学以外の公立学校（地方公共団体が設置する学校をいう。以下同じ。）の教員（教育公務員特例法（昭和24年法律第1号）第2条第2項に規定する教員をいう。以下同じ。）をもって充てることができる。
⑤以下　（略）
第20条（教育長の事務局の統括等）削除
第3章　教育委員会及び地方公共団体の長の職務権限
第21条（教育委員会の職務権限）　教育委員会は，当該地方公共団体が処理する教育に関する事務で，次に掲げるものを管理し，及び執行する。
　① 教育委員会の所管に属する第30条に規定する学校その他の教育機関（以下「学校その他の教育機関」という。）の設置，管理及び廃止に関すること。
　② 学校その他の教育機関の用に供する財産（以下「教育財産」という。）の管理に関すること。
　③ 教育委員会及び学校その他の教育機関の職員の任免その他の人事に関すること。
　④ 学齢生徒及び学齢児童の就学並びに生徒，児童及び幼児の入学，転学及び退学に関すること。
　⑤ 学校の組織編制，教育課程，学習指導，生徒指導及び職業指導に関すること。
　⑥ 教科書その他の教材の取扱いに関すること。
　⑦ 校舎その他の施設及び教具その他の設備の整備に関すること。
　⑧ 校長，教員その他の教育関係職員の研修に関すること。

⑨ 校長，教員その他の教育関係職員並びに生徒，児童及び幼児の保健，安全，厚生及び福利に関すること。
⑩ 学校その他の教育機関の環境衛生に関すること。
⑪ 学校給食に関すること。
⑫ 青少年教育，女性教育及び公民館の事業その他社会教育に関すること。
⑬ スポーツに関すること。
⑭ 文化財の保護に関すること。
⑮ ユネスコ活動に関すること。
⑯ 教育に関する法人に関すること。
⑰ 教育に係る調査及び基幹統計その他の統計に関すること。
⑱ 所掌事務に係る広報及び所掌事務に係る教育行政に関する相談に関すること。
⑲ 前各号に掲げるもののほか，当該地方公共団体の区域内における教育に関する事務に関すること。

第22条（長の職務権限）　地方公共団体の長は，大綱の策定に関する事務のほか，次に掲げる教育に関する事務を管理し，及び執行する。
① 大学に関すること。
② 幼保連携型認定こども園に関すること。
③ 私立学校に関すること。
④ 教育財産を取得し，及び処分すること。
⑤ 教育委員会の所掌に係る事項に関する契約を結ぶこと。
⑥ 前号に掲げるもののほか，教育委員会の所掌に係る事項に関する予算を執行すること。

第4章　教育機関

第37条（任命権者）　市町村立学校職員給与負担法（昭和23年法律第135号）第1条及び第2条に規定する職員（以下「県費負担教職員」という。）の任命権は，都道府県委員会に属する。
②　（略）

第47条の5（学校運営協議会）　教育委員会は，教育委員会規則で定めるところにより，その所管に属する学校のうちその指定する学校（以下この条において「指定学校」という。）の運営に関して協議する機関として，当該指定学校ごとに，学校運営協議会を置くことができる。
②　学校運営協議会の委員は，当該指定学校の所在する地域の住民，当該指定学校に在籍する生徒，児童又は幼児の保護者その他教育委員会が必要と認める者について，教育委員会が任命する。
③以下　（略）

◆ 教員の地位に関する勧告（抄）

　　　1966年10月
Ⅰ　定義
1　本勧告の適用上，
　(a)「教員」（teacher）という語は，学校において生徒の教育に責任をもつすべての人々をいう。

(b) 教員に関して用いられる「地位」(status) という表現は，教員の職務の重要性およびその職務遂行能力の評価の程度によって示される社会的地位または尊敬，ならびに他の専門職集団と比較して教員に与えられる労働条件，報酬，その他の物質的給付等の双方を意味する。

II 範囲

2 本勧告は，公立・私立ともに中等教育終了段階までの学校，すなわち，技術教育，職業教育および芸術教育を行なうものを含めて，保育園・幼稚園・初等および中間または中等学校のすべての教員に適用される。

III 指導的諸原則

3 教育は，その最初の学年から，人権および基本的自由に対する深い尊敬を植えつけることを目的にすると同時に，人間個性の全面的発達および共同社会の精神的，道徳的，社会的，文化的ならびに経済的な発展を目的とするものでなければならない。これらの諸価値の範囲の中で最も重要なものは，教育が平和のために貢献すること，およびすべての国民の間の，そして人種的，宗教的集団相互の理解と寛容と友情に対して貢献することである。

4 教育の進歩は，教育職員一般の資格と能力および個々の教員の人間的，教育学的，技術的資質に依存するところが大きいことが認識されなければならない。

5 教員の地位は，教育の目的，目標に照らして評価される教育の必要性にみあったものでなければならない。教育の目的，目標を完全に実現するうえで，教員の正当な地位および教育職に対する正当な社会的尊敬が，大きな重要性をもっているということが認識されなければならない。

6 教育の仕事は専門職とみなされるべきである。この職業は厳しい，継続的な研究を経て獲得され，維持される専門的知識および特別な技術を教員に要求する公共的業務の一種である。また，責任をもたされた生徒の教育および福祉に対して，個人的および共同の責任感を要求するものである。

7 教員の養成および雇用のすべての面にわたって，人種，皮膚の色，性別，宗教，政治的見解，国籍または門地もしくは経済的条件に基づくいかなる形態の差別も行なわれてはならない。

8 教員の労働条件は，効果的な学習を最もよく促進し，教員がその職業的任務に専念することができるものでなければならない。

9 教員団体は，教育の進歩に大きく寄与しうるものであり，従って教育政策の決定に関与すべき勢力として認められなければならない。

◆ 索　引 ◆

■ 人　名 ■

伊藤博文　21
ウェーバー（M. Weber）　135
ケルシェンシュタイナー
　　（G. Kerschesteiner）　6, 53
佐藤学　5, 60
シュプランガー（E. Spranger）　53
ショーン（D. A. Schön）　29, 120
スコット（M. M. Scott）　20
ソクラテス（Socrates）　62
谷崎潤一郎　22
中野好夫　56
西周　21
灰谷健次郎　157
福沢諭吉　21
ペスタロッチ（J. H. Pestalozzi）　56
本庄睦男　24
向山洋一　58
森有礼　21
矢川徳光　24
山下徳治　24
山田詠美　148
ワイク（K. Weick）　136

■ 欧　文 ■

ILO/UNESCO 教員の地位に関する勧告
　26, 27, 102

■ あ ■

暗黙知　31, 149
生きる力　37, 68, 181
育児休業法　158
威重　21, 84
一種免許状　94
一般教育　65, 66

インフォーマル・グループ　137
『兎の眼』　157
エートス　49

■ か ■

介護等の体験　96
開放制の教員養成　65
学芸学部　88
学芸大学　88
学習指導　10
学習指導要領　168, 169, 179
学制　20
課題別・専門別研修　105
学級　10
学級経営　12
学級担任　11
学級づくり　12
学校教育法　168
学校教育法施行規則　169
学校支援ボランティア　75
学校の常識　51
課程認定制度　86
変わりゆく社会　179
官僚制　135
官僚制組織　135
機会均等性　101
教育界の常識　51
教育学部　88
教育課程委員会　115
教育基本法　168
教育公務員　14
教育実習　147-149
教育実習期間　89, 118
教育実践　153
教育者　2, 5
教育職員免許法　66, 94
教育大学　88

教育的愛情　53
教育の神　63
教員　2, 130
教員研修制度　100
教員採用試験　99
教員採用制度　99
教員社会　131
教員集団　137
教員評価制度　128
教員文化　141
　　——の正当性　144
教員免許更新制　73, 95, 108, 127
教員免許状　94
教員免許制度　94
教員養成カリキュラム　65, 90, 115
教員養成コア科目群　76, 116
教員養成制度　82
教科　166
教科指導　168
教科専門教養　65
教材　166, 174
　　——の開発　175
教師　2, 130
　　——の仕事　9
　　——の質　33
　　——の人気　2
教師聖職論　17, 19, 21
教師専門職論　27
教師の倫理綱領　22, 24
教師文化　141
教職課程　85
教職実践演習　119
教職専門教養　65
教職大学院　73, 89, 93, 120
教職の意義　1
教職の特性　5
教師労働者論　22
行政研修　101, 104
協働　141
教養　51
教養教育　66
教労　23
経験年数別研修　105
啓明会　23

研修　101
現職教育　102
現場体験学習　74
行軍旅行　21
公式組織　137
高等学校　45
高等学校教員資格試験　96
校内研修　104
公民的資質　172
校務分掌　13
国民教育制度　20
個人研修　104
コミュニケーション能力　52
米騒動　22, 23

■　さ　■

再教育　102
三気質　21
3歳児神話　159
ジェンダー不平等　159
資質能力　34, 49
　　教員として最低限必要な——　40
自主研修　101, 104
自主的・主体的研究奨励　103
師匠　2, 17, 19
実習生　147, 149
実践知　116
実践的指導力　53, 90, 120
実務的能力　53
指導技術　53
指導の在り方　166
指導力不足教員　15
師範型　22, 84
師範学校　20, 21, 83
師表　5
使命感　62
社会人としての常識　51
集会条例　21
自由教育　65
自由性　101
充電　102
授業　9
授業者　5

216

熟練教師　31
準官僚制的組織　136
準拠集団　138
順良　21, 83
小一プロブレム　42
小学校　42
小学校教員心得　21
小学校教員資格試験　96
情操教科　167
職業上の義務　14
職業的社会化　143
職能　29, 31
職能別研修　105
職務性の公認　101
職務内容　9
初代文部大臣　21
初任者研修制度　107
処分　14
信愛　21, 84
人格者　5
新興　23
新興教育研究所　23
新構想教員養成大学　88
スクールサポーター　75
スクールリーダー　122
優れた教師の条件　35, 39, 50
ストレートマスター　122
生活指導　11
精神の情熱　62
性役割分業　159
責任感　62
全教　26
選考　99
専修免許状　94
全日本教職員組合協議会　26
全寮制　21
ソフィスト　2

■　た　■

体育・健康教育　182
大学における教員養成　65, 82
対人関係能力　52
タイトな統制　137

確かな力量　40
多忙化　10
『小さな王国』　22
知識基盤社会　180
中一ギャップ　43
中学校　43
懲戒処分　15
強い情熱　40
ティーチャーズ・ファミリー　142
ティーチングアシスタント　75
寺子　18, 19
寺子屋　2, 17-19
道具・用具教科　167
同僚性　59, 138, 152, 153, 164
徳育　182
特別支援学級　46
特別支援学校　46
特別支援学校教員資格認定試験　96
特別非常勤講師制度　97
特別免許状　94

■　な　■

内容教科　167
なわばり無責任論　115
二種免許状　94
日教組　24
日本教育労働組合　23
日本教職員組合　24

■　は　■

バーンアウト　10, 160
反省的実践家　29-32, 120
半専門職論　28
東アジア的教師　5
評価　176
『風葬の教室』　148
フォーマルな組織　137
不確実性　5, 60
部活動　10
服務義務　14
普通免許状　94
不適格教員　15

筆塚　19
普遍的な資質能力　66
プライバタイゼーション　140
フレンドシップ事業　74
分限処分　15
兵式体操　21
ペーパーティーチャー　90, 117
法教育　175
ホームルーム　11

■　ま　■

身分上の義務　14
魅力ある教員を求めて　34
無境界性　5, 60
無定量性　5, 60
明六社　21
免許状主義　94
免許状授与の開放制　85
モデル・コア・カリキュラム
　　76, 91, 116
模範　5

モンスター・ペアレンツ　58

■　や　■

ゆとり　37, 68
ゆるやかな結合モデル　136
幼稚園　41
予定調和論　115

■　ら　■

ライフコース　146
リアリティ・ショック　152
力量　30, 32
リフレクション　120
理論知　116
臨時免許状　94

■　わ　■

わざとらしい同僚性　141

編著者略歴

新井保幸（あらいやすゆき）

1972年	東京教育大学教育学部卒業
1976年	東京教育大学大学院教育学研究科博士課程中退
1983年	北海道教育大学助教授
1999年	筑波大学教育学系教授
現　在	筑波大学名誉教授

主な著書

教育哲学（共編，樹村房）
今，教育の原点を問う（共著，勉誠出版）
教育哲学の再構築（共編，学文社）
日中教育学対話Ⅰ（共著，春風社）

江口勇治（えぐちゆうじ）

1976年	東京教育大学教育学部卒業
1981年	筑波大学大学院博士課程教育学研究科中退
	筑波大学助手，長崎大学講師等を経て
現　在	筑波大学名誉教授

主な著書

中学校の法教育を創る
　　　　　　　（共編，東洋館出版社）

Ⓒ　新井保幸・江口勇治　2010

2010年　5月31日　初版発行
2022年　4月 1 日　初版第 8 刷発行

教職シリーズ 1
教　職　論

編著者　新井保幸
　　　　江口勇治
発行者　山本　格

発行所　株式会社　培風館

東京都千代田区九段南4-3-12・郵便番号 102-8260
電話(03)3262-5256(代表)・振替 00140-7-44725

東港出版印刷・牧 製本

PRINTED IN JAPAN

ISBN978-4-563-05851-7 C3337